探索沪郊公办初中转型变革路径

提升学校学习领导力的实践研究

薛晨红／主编

上海三联书店

图书在版编目(CIP)数据

探索沪郊公办初中转型变革路径：提升学校学习领导力的实践研究/薛晨红主编.—上海：上海三联书店，2021.1
ISBN 978-7-5426-7124-0

Ⅰ.①探… Ⅱ.①薛… Ⅲ.①初中-教育改革-研究-上海
Ⅳ.①G632.0

中国版本图书馆 CIP 数据核字(2020)第 140319 号

探索沪郊公办初中转型变革路径——提升学校学习领导力的实践研究

主　　编 / 薛晨红

责任编辑 / 方　舟
装帧设计 / 一本好书
监　　制 / 姚　军
责任校对 / 张大伟　王凌霄

出版发行 / 上海三联书店
(200030)中国上海市漕溪北路 331 号 A 座 6 楼
邮购电话 / 021-22895540
印　　刷 / 上海普顺印刷包装有限公司

版　　次 / 2021 年 1 月第 1 版
印　　次 / 2021 年 1 月第 1 次印刷
开　　本 / 787×1092　1/16
字　　数 / 290 千字
印　　张 / 13.25
书　　号 / ISBN 978-7-5426-7124-0/G·1569
定　　价 / 78.00 元

敬启读者，如发现本书有印装质量问题，请与印刷厂联系 021-36522998

序

在办学资源日益充沛，尤其是各级政府支持项目、家长资源、社会资源面向学校，使得学校课程领导力的关注点不在于如何发现和配置更多、更丰富的资源，而是转移到如何“切中学生的学习特点和需求”。从这个意义上讲，青溪中学经过七年的办学历程后对学习有自己的理解和主张，并以此为基点，重新建设学校课程和教学，并充分认识到学习领导力是课程领导力的关键。

青溪中学也意识到在学校事务越来越多，越来越复杂的情况下，避免分散精力，平均用力，容易让学校忙忙碌碌，不利于学校脱颖而出。他们觉得如果学校能够更擅长于聚焦和整合，就能显著提升工作效率，持续推动学校发展。如果学校围绕学生学习，特别是有创新性的学习，聚焦于这点，去发现各项工作的价值，建立评价、统筹推进、资源整合。从这个意义上讲，他们觉得学习领导力是复杂时代下学校创新发展的关键。

青溪中学是上海市市级新优质项目学校，学校肩负着新时期公办学校的价值使命，也就是更加公平、更有质量。这几年来，学校坚持着公平而有质量的教育观，学校不是让学生都获得一样的分数，而是通过激发学生潜能，并持续发展学生内在成长的力量；学校坚持因材施教，让孩子在自己起点基础上持续进步；学校坚持让每个学生掌握关键技能，胜任未来的需求和挑战；学校坚持让每个学生夯实必备品格，更好地探索自我，融入社会。这些都需要学生学习的发生和改变，并通过个性化学习、真实性学习、项目化学习、主动学习、社会性学习……得以实现。当然聚焦学习，不是说学校的课程、教学、教师不重要。恰恰相反，学校的课程、教学和教师更加重要，只是“用力下手的方式”在改变，即从学生学习的特点和需要来思考和改进。

青溪中学提升学习领导力的几点路径：

1. 提升理念—目标—评价的一致性。学校能够根据自身办学环境、新优质学校理念、办学哲学，形成学校的发展目标即“学生开心有进步，教师安心有担当，家长放心有认可”，并且能够把该理念转化为对学生成长的“期望”，即“五有学子”（“五有”指知书达理有修养、见多识广有智慧、体魄强健有活力、一专多能有特长、躬耕实践有力量）培养目标。这种期望是高的，但也不是过高的。最后，这个目标不仅仅是方向，能够转化为学生的综合性和过程性评价。

2. 提升评价—教师——课程教学的一致性。(1)评价—教师。教师是优秀的评价者，能够根据目标和评价要求，生成“有质量的评价数据”。教师也是优秀的分析者，能够根据各种数据进行诊断和决策。相应的，在管理层面，学校创设“安全和有温度的工作氛围”，让教师真诚参与评价；在研修层面，学校提供有针对性的培训机会，提升教师能力。(2)评价—课程教学。学校注重在课程开发和教学改进时把评价前置，开展“逆向设计”，注重评价的引领作用。学校注重通过评价所产生的数据，对课程和教学进行诊断和改进。最高境界就是在教师层面实现评价—教师—课程教学的一致性，即学校的教师懂评价、会评价、能够善于根据评价的反馈改进课程教学，最终为学生创设更好的学习环境，支持学生更好的学习。

3. 不仅赋予教师学习领导力，亦促进教师之间有效合作。学校通过技术手段，提升教师学习领导力。譬如学生行为养成系统探索中，应用信息技术跟踪学生心情和感受，这有助于学校导师长和导师们对班级的管理创新，创设更加个性化、有温度的班级学习和成长环境。鉴于学生的学习不仅仅是学科学习，更是一个人的成长。因此学校从人的发展的角度，让班主任和学科教师合作，组建班级“导师制”育人团队，为学生成长创设更好的学习环境。

4. 关注中层学习领导力的提升。传统意义上来讲，执行力是中层的核心能力，特别是构建起计划——实施——反思——改进的闭环。在一个日益变化的时代，在一个学习和教育被不断重新定义的时代，青溪中学的中层的角色不仅仅是执行者，更是成为一位积极的学习者，自己具备创新性学习素养；成为一位融通的管理者，能把握条块工作之间内在联系和与学习之间的联系；成为一位专业的指导者，能将日常对教师的管理聚焦到促进“学生的学”上来。

5. 关注家长学习领导力的提升。家长参与学生学习，有利于学生发展，这是显而易见的。但如何更有效地参与，则有利于学校的有效沟通和积极引导。处理不好，家长的参与，不仅不利于学生的发展，也不利于区域教育生态。譬如家长盲目给孩子报各种校外补习班，让学生忙于各种补习(也许很多补习是一种变相的接受式学习)，学习内容与在校学习孤立，碎片化，家长日益焦虑。青溪中学立足于学校理念与目标，与家长建立信任与共识，聚焦学生的学习，特别是创新性学习，通过技术、课程、沟通、互动等，提升家长的学习领导力，与学校一起为学生创设更好的学习生态。

社会对学校的期望越来越高，希望学校能培养出适应社会发展需要的新型人才。因此，青溪中学抓住了“学习领导力提升”这个牛鼻子，迫使学校进行变革，逐步实现学校改进与转型。

冯　明

(作者系上海市新优质项目研究所副所长)

目　录

第一章　校长学习领导力提升策略

在实施“以学习为中心”的学校文化之前，青溪中学自 2013 年 9 月办学以来，学校始终秉承“青出于蓝、溪汇成海”的校训，确定“契合奉贤新城发展脉搏、培育新型现代人综合素质、使学校成为与奉贤新城发展相匹配的老百姓满意的家门口好学校”的办学目标。以“扁平式分层分级管理”为管理模式，坚持高标准精细化管理；以“学生开心有进步、教师安心有担当、家长放心有认同”为学校发展目标，构建人文和谐、蓬勃向上、充满活力的师生放飞梦想的精神家园。

在学校持续稳定发展的七年之际，学校重新定位发展新方向，并确定构建“‘以学习为中心’的学校文化”为管理新目标，发挥校长学习领导力，在教育实践中不断深化改革，引领中层、师生、家长学习领导力共同提升，并培养各层面的合作意识，使其为学校转型发展提供动力和方法，从而进一步平稳推进强有力的、动态的、创新型的“以学习为中心”的校园文化建设。

第一节　校长在“以学习为中心”的学校文化建设中的基本要求

一、建设“以学习为中心”的学校文化的必然性

学校要进行文化的变革并不是浅层次的校园环境的改变，是一种定力、向心力的凝聚，要比环境改变复杂、艰难但更重要。随着新中考改革和高中招生制度改革的推进，要求初中学校的教育要日益关注学生综合素质评价，日益关注学生学习品质和学习方式；同时义务教育优质均衡发展的深入推进，也迫切需要初中学校提升适应学生差异，促进不同基础学生适应性发展的能力。为了满足学校、校长、中层、师生对学校及自身发展逐渐增多的需求，重塑“以学习为中心”的学校文化迫在眉睫，要求改变学校固有的“思维方式”以追求重大改进，变革学校领导者和教师的教学实践，并且系统性提供丰富的“一步接一步”的支持，尤其是师生、社会开始接受“我们需要更多的协作和联系”时，更要紧密联系各个层面，发挥其各自的学习领导力。

当有目的地进行各层面学习领导力的培育时，组织新的日常活动就可能成为变革学校实践的有力工具，变革不是替代现有的所有实践，而是重构聚焦学习的实施策略，吸引师生、家长、社会参与到学习合作中，让专业学习共同体运行起来，达成可见的成效，而学

习领导力则通过专业学习共同体的参与发展着，生长着，维系着。它是一种团队努力，依赖于谨慎规划的用以加深、拓宽和维系学习的协作活动。

二、明确校长建设“以学习为中心”的学校文化的基本要求

校长学习领导力是学校文化建设的基础，提供许可和空间，并把广泛的团队召集在一起；校长学习领导力是学校文化建设的关键，肩负更多的责任，要精心安排并保证学校范围内政策和领导实施过程的协调性、连贯性和一致性；要设立更加扁平的管理结构使校长和中层领导与课堂中的教师的职能关系更加紧密；要看到学校整体改革的需求，致力于创建新型的学习环境，获得家长的支持；还要为教师教学实践能力和科研能力的提升，提供大量的专业支持和经费支持，提高教师的整体素养和参与学校文化建设积极性。

提升校长学习领导力，意味着校长自身需掌握学习领导力具备的关于学校管理、关于教与学本质的知识基础，预备好开展创新并承担可估算的风险，还意味着校长要具备带领教职工、家长和学习共同体向着长期的变革迈进的能力，让学校转型目标成为各个层面共同的愿景，汇聚动力维护学校愿景，保证改革逐渐驶向该愿景而不偏离轨道。

“以学习为中心”的学校文化建设的领导，更是进一步要求校长利用基于研究的资源，帮助制定改革计划并推动改革进行；利用学校自上而下的扁平式分层分级管理模式，给各个层面上的领导者赋权、赋能——使管理结构更加扁平，过程更加民主，实现资源利用最大化；利用自己的专业知识、基本技能和关键能力，与各个层面建立紧密、可靠的合作关系，从校级其他领导领会使命到中层分管教育教学任务到每位师生、每个家庭用角色建模的方式成为学习者，再到调配学校财力资源、组织资源和专业资源，支持学校转变为一个学习型组织。

一位校长要能够迎接这些挑战，扮演好领导者的角色，有勇气和能力领导和管理学校，具备接受并承担领导职位和身份的个人能力和专业能力，才能淋漓尽致地发挥出校长学习领导力的魅力。

第二节 校长在“以学习为中心”的学校文化中的角色体现

校长在学校发展过程中扮演着重要的角色，是审时度势、积极引领学校进行改革的“先行者”；是通过强有力的领导力、帮助学生和教师取得成功的“催化剂”；是通过自身领导力、远见和努力让来自不同家庭背景、学习能力的学生都能变得优秀的“源动力”。

一、“以学习为中心”的学校文化重塑中校长的角色担当

1. 校长在“以学习为中心”的学校文化重塑中担当了规划者

校长通过与学校教职工一起，分析过去、把握现在、预测将来，融合校长个人的教育理

想、信念和价值观，重塑学校文化发展新方向，确立学校文化发展新目标，制定与实施“以学习为中心”的学校文化的顶层设计，以确保学生的全面发展和学校的转型。

2. 校长在“以学习为中心”的学校文化重塑中担当了保障者

校长必须以“五育并举”及学生核心素养的培育作为重塑学校文化的基础，校长必须按照党和政府的教育方针，整合学校、家庭和社区的教育力量，努力创设以学习为中心的育人文化和环境，培养德智体美劳全面发展的社会主义建设者和接班人。

3. 校长在“以学习为中心”的学校文化重塑中担当了领导者

校长应当创设新型的教学环境，尤其在2020年初发生疫情后在线学习模式的应运而生，返校复学后学校要建立创新的课堂教学行动力，重构教学秩序，推行有效的教学活动，实施监督和评价教学新制度与方法，培养学生新型的学习行为与习惯，提升学生学习领导力，使之形成终身学习的意愿与能力。

4. 校长在“以学习为中心”的学校文化重塑中担当了引领者

校长应当营造教师学习的新文化氛围，建立与实施激励教师专业发展的新制度，选择与推行评价教师专业品质与成就的新方法，引领全体教师的行为达到新标准。疫情发生以后体验式、沉浸式、情景化、项目化、问题化和研究性的学习，丰富的形态和历程都已经出现了，这就赋予了教师专业发展的新方向。

5. 校长在“以学习为中心”的学校文化重塑中担当了协调者

校长要建立学校与政府职能部门、学生家庭、集团成员学校及其它学校的合作关系，为社区提供必要的人力与物力资源支持，也为教师和学生的发展获取机会与资源，创设学校发展的社会环境。校长应当指导和帮助教师与学生家长及其它部门的沟通协调，鼓励教师和学生积极为社区服务，参与同集团成员学校及其它学校的合作活动，不断扩大学校的文化影响力。

二、“以学习为中心”的学校文化重塑中校长应具备的关键知识和能力

学习领导力是一种全新的治理学校理念，它是新时期引领学校发展的重要基石，我们通过学习领导力的研究，把握时代的脉搏，持续关注教育教学发展的现状和未来，探索未来学校发展的路径。为了掌握全新的治理理念，成为有效的规划设计者、德育保障者、课程领导者、专业引领者和沟通协调者，校长应该具备一系列关键知识、必备技能、思想方法和行为方式，并形成提升校长关键知识与必备技能的可观察的、可测量的指标。

关键知识一：规划学校发展

1. 专业知识

- 国家教育法律法规、党和政府的教育方针政策；
- 政府教育行政部门的规章制度；

- 国内外教育发展的变革与创新；
- 学生身心发展的特点和影响因素；
- 学校发展的过程、特点与机会；
- 学校发展规划的制定过程、技术与策略。

2. 专业能力

- 制定与实施学校中长期发展目标及其规划；
- 明确学校工作计划及其相应的实施方案；
- 激励师生员工实现学校的发展目标；
- 保持学校发展规划落实的领导力；
- 评价与完善学校发展规划及其实施方案。

关键知识二：保障德育实施

1. 专业知识

- 党和政府有关学校德育工作的方针政策；
- 教师师德的基本准则与规范；
- 学生思想品德形成的特点与规律；
- 课程教学在学生思想品德形成中的作用；
- 少先队、共青团、班主任、导师在德育工作中的作用；
- 心理健康教育的一般原理和方法；
- 艺术和体育对学生良好个性成长的作用；
- 人文精神和团队合作能力对培养社会主义接班人的意义；
- 学校、家庭和社区对学生思想品德形成的影响与作用；
- 学生综合素质评价的原理和方法。

2. 专业能力

- 建立学校德育工作组织体系、优化育人环境；
- 规范、培育与维护教师师德的制度与措施；
- 指导教师在学科教学中德育渗透；
- 开发与实施体现优秀文化的校本课程；
- 组织各类体卫艺科和专题教育活动；
- 实施教师和学生的心理健康教育；
- 培育学生的健康人格和良好个性；
- 开展个性化的德育工作和个别教育；
- 指导少先队、共青团、班主任及导师开展德育工作；
- 建立完善德育工作监督、检查、考评和奖励制度；
- 创建学校、家庭和社区有效合作的德育工作网络；
- 创设以培养学生学习领导力为核心的校园文化；

- 提升自身的道德修养，恪守道德行为规范；
- 借鉴其它学校先进的德育工作经验。

关键知识三：领导课程教学

1. 专业知识

- 国家教育行政部门的课程设置及其标准；
- 学校教育质量保障体系的原理与构建；
- 课程实施和管理的基本原则与程序；
- 有效教学的一般原理与基本准则；
- 课堂教学行为及其管理的有效方式；
- 提升学生学业成就的多样性策略；
- 监控和评价教学的原理与方法；
- 信息技术对课程教学的影响极其效果；
- 校本课程开发的指导思想与一般原理；
- 家庭与社区对学生学习质量的影响和作用。

2. 专业能力

- 全面落实国家规定的课程设置及其标准；
- 确保学校教学秩序达到政府教育行政部门的要求；
- 保障教学在学校工作中的核心地位；
- 组织校本课程的开发与实施；
- 创设提高学生学业成绩的学校环境与制度；
- 制定改善教学行为提高教学质量的行动方案；
- 分析和解释教学质量的数据和事例；
- 选择达到课程质量标准的合理策略；
- 创设满足学生个性化学习需求的条件；
- 提供课程教学改革的政策与资源；
- 组织与指导教师开展教学研究；
- 建立课程与教学实施状况的评价机制；
- 形成与实施提高教学质量的激励制度和措施；
- 研究和借鉴其他学校提高教学质量的制度和措施。

关键知识四：引领教师成长

1. 专业知识

- 教师专业的性质与特点；
- 教师专业发展的阶段、途径与支持条件；
- 教师专业发展互助合作团队的意义和策略；

- 校本培训的策略与方法；
- 教师的专业发展和学校的可持续发展；
- 学校的组织管理理论与专业知识。

2. 专业能力

- 创设满足教师专业发展愿望与需求的条件；
- 建立与实施科学合理的教师工作绩效评价制度；
- 制定与实施激励教师专业发展的制度和措施；
- 选择与开发校本培训的资源、策略与途径；
- 形成促进教师专业发展的互助合作机制；
- 指导与激励教师的相互尊重、理解和欣赏；
- 发现与矫正教师的工作失误与不足；
- 制定和实施校本培训的制度与措施；
- 提供教师继续学习的资源和机会。

关键知识五：协调公共关系

1. 专业知识

- 社区的历史文化传统、现状及发展趋势；
- 社区人力、物力等资源以及可利用方式；
- 学校与学生家庭、社区及相关机构合作的方式与途径；
- 学生家庭、社区及相关机构支持学校的方式与途径；
- 社区资源和学校课程的开发与整合；
- 家庭教育的功能、特点与多样性；
- 学校、师生的成就获得社会认同的意义、条件与途径；
- 本地区以及国内外其他学校的状况、特点与发展趋势；

2. 专业能力

- 建立和维护家长、社区及相关机构的合作关系；
- 建构学校、家长、社区共同为学生成长负责的机制；
- 指导和帮助家长理解、接受和认同学生的学业成就；
- 指导和帮助教师了解学生家庭以及同家长的沟通；
- 选择家长和社区满意的行动以改善学校教育行为；
- 提供家长和社区机构参与学生学习与活动的条件；
- 提供社区建设所需的学校设施设备以及人员；
- 创设家长和社区认同的学校文化与校本课程；
- 寻求、发掘与整合学校发展所需的社会资源；
- 把握与选择向社会展示学校及师生成就的时机和方式；
- 帮助教师获得上级部门、学术机构以及校外同行的支持与认同；

- 帮助学生获得校外交往的态度、技能、经验以及高一级学校的认同；
- 开展与本地区以及国内外学校之间的多种合作。

三、“以学习为中心”的学校文化重塑中校长应具备的几种关键能力的再认识

能力一：基于规划学校发展和保障德育实施的领导力

校长的领导力是学校形成凝聚力和感召力的重要特质，主要通过愿景能力、决策能力和执行能力来展现。首先，校长要具有高瞻远瞩的能力，结合具体的学校情况制定学校发展的愿景，并将与师生、家长和社区分享，形成共同的学校治理目标。其次，校长要从学生发展、教职工专业成长等不同的层面为本校的发展进行诊断，利用科研大数据、实践成功、失败经验和教训帮助其做出积极、有效地决策，不断促进学生和学校的发展。最后，校长要有将战略愿景转化为具体教育行动的重要意识，创建发展规划的信息库，制定专门计划，拿出专门的时间在校园、社区与师生、家长、社区进行交流，确保学校的发展目标顺应时代的要求。

能力二：基于高瞻课程教学和远瞩学生成长的创新力

关注教学，领导教学。校长虽然不能详细地了解每一位学生的课堂学习情况和教师的教学情况，但可与时俱进，了解最新的可以促进学生学习和教师教学的策略和方法，并鼓励师生将这些策略和方法运用到教与学的实践中。校长还可以通过适时引入教学项目并对其进行监督和评估，从而建立促进学生学习的高效率课堂教学；坚定实施创新驱动发展战略，在学校治理过程中提升学校的创新力和发展力。创新力不仅是引导校长创新思维方式和工作思路的重要能力，而且已经融入校长的治理文化之中。不断根据学校的具体情况，分析学校创新发展的基本趋势、战略架构和实施路径，以创新谋发展，从而实现学校的跨越式发展。

能力三：基于引领教师专业发展和培养敬业爱岗的研究力

学校是教师实现专业发展的关键场所，促进教师的专业成长、实现专业发展是学校的工作重心、是校长的使命。校长对促进教师专业发展具有不可或缺的引领作用。教师的专业发展有其特殊性，引领教师走专业发展之路，对校长的专业素养有较高的要求，校长需具备先进的、与时俱进的思想和理念来管理学校，让教师明晰专业发展的内涵，以情感激励、价值渗透为教师营造良好的成长氛围、构建完善的教师管理机制、制定有效的激励措施、形成科学的培训模式、建立多元的评价体系，来全方位提升教师的专业能力和敬业爱岗精神。

能力四：基于协调公共关系和建设社会资源的协作力

校长通过建立家委会、家校日等活动，鼓励师生、家长乃至社区成员共同参与学校治理，加强彼此间的沟通与协作，集思广益，共同管理，从而实现学校治理的目标，为学生学业的成功和学校的发展奠定良好的氛围；校长要为学校打造稳定的信息环境，保持与外部环境畅通沟通，与政府职能部门保持良好的沟通，争取更多的办学经费，为学校发展提供信誉支持与良好口碑。同时，校长在分析所在地区学生、教师、社区和文化的基础上，确立能够促进学校发展的、令人信服的目标愿景，并严格地执行达成目标所制定的行动方案；从学校发展愿景的提出到发展目标、规划的宣传，从推门听课到示范教学公开课再到教师发展项目的积极参与，从完善学生纪律守则到学生学习团体的定期出席，积极参与学校发展的活动，通过有意识的情绪控制，积极主动地为学校、学生发展做出决策并勇敢地去执行决策。在这个过程中，校长领导力向学生、家长、教职工以及社区传递出强大的感召力，感染并引领学校走向成功。

第三节　校长在“以学习为中心”的学校文化建设中的行动要点（以奉贤区青溪中学为例）

奉贤区青溪中学是奉贤大型居住区内一所全日制初级中学，2013 年 9 月正式开办。七年来，学校在校园文化建设、课程建设、队伍建设、特色打造等方面进行了比较系统地挖掘、培育和凝练，初步形成了一整套科学的办学体系。学校现为上海市新优质项目学校、上海市教委教研室教学联盟协作单位、上海市学校乡村少年宫、中国教育追踪调查研究基地、上海市教师专业发展优秀校、上海市依法治校示范校，奉贤区绿色学校、区教育系统师德建设“十佳先进集体”、区“五一劳动奖状”、区文明单位、区评价创新校、区教育信息化示范校，连续多年荣获区“和润品质奖”，是区内一所百姓认可、家长放心的家门口优质学校。为了学校在新的五年能实现突破性的新成长，因此结合学校实际，重塑“以学习为中心”的学校文化，并据此设定建设中的行动要点。

一、学校要建立一套提升学习领导力的运行程序和常规

2004 年国务院印发了《全面推进依法行政实施纲要》，教育部相继出台了《加强教育法制工作的意见》、《加强依法治校的实施意见》、《依法治校示范校评估标准意见》等文件。目前，学校师生、家长的法律意识越来越强，要求依法管理的呼声也越来越高，依法管理的观念已为广大公众所认可并接受，实为大势所趋。这就要求学校制定一套提升学习领导力的运行程序和常规时，既注重学习领导力的提升，还要注重坚持依法管理的理念和做法，使运行程序和常规标准化。

一套提升学习领导力的运行程序和常规，既要始终围绕“以学习为中心，提升学习领导力”的中心思想不偏移，还要有指导思想、组织架构、工作要求、主要任务、工作机制等基础框架要求，除此之外，工作行事历、教学教研机制、班级管理机制、家校协作沟通机制、应急处理预案等也必不可少。

附件 1：

奉贤区青溪中学关于提升学习领导力的运行程序和常规工作实施方案
（试行稿）

随着社会、社区、家长以及师生对学校及自身发展逐渐增多的需求，学校把重塑“以学习为中心”的学校文化作为新的立足点和突破点，以提升学习领导力为抓手，从不同层面重构聚焦学习的实施策略，吸引师生、家长、社会共同参与到学习合作中，现结合本校实际，特制定此实施方案。

一、指导思想

教育部于 2014 年 4 月 8 日正式印发《教育部关于全面深化课程改革　落实立德树人根本任务意见》，这份文件中有个关键词引人注目：核心素养。核心素养的提出，就是明确学校要培养什么样的人？如何培养学生的核心素养？各学段学生发展核心素养体系，明确学生应具备的适应终身发展和社会发展需要的必备品格和关键能力，突出强调个人修养、社会关爱、家国情怀，更加注重自主发展、合作参与、创新实践。

同时，我们学校经过七年的努力，教育教学成效显著，但“与立德树人的要求还存在一定差距”，主要表现在——重智轻德，比较偏重教育教学成绩和升学情况，培养学生的社会责任感、创新精神和实践能力较为薄弱。因此基于此指导思想，结合学校实际情况，我校制定关于提升学习领导力的运行程序和常规工作实施方案，牢牢把握“以学习为中心”的核心思想，通过学校中层、师生、家长学习领导力的提升，全面提升学生、教师、学校优质发展。

全体教职工要充分认识新形势下学校转型的必要性，高度重视、积极谋划、认真履职，积极投身学校“以学习为中心”提升学习领导力的变革中，确保提升学习领导力教育教学工作的有效性，并根据实际提前准备开学后的教育教学安排预案。

在办学资源日益充沛之下，社会对学生的学习自然而然会有新理解、新主张、新要求，学校以此为基点，建设学校课程和教学，引领家长教育和启迪，发挥中层影响和能力，切中学生的学习特点和需求。

二、组织架构

组　长：薛晨红（总体部署）

副组长：侯　敏（课程计划与执行，三类课程为主）

　　　　包蓓姹（课程计划与执行，德育课程为主）

组　员：徐　冲（教师管理）

杨心美、马心怡(宣传报道)

王　芸、顾佳红、周　雯(学生管理、家校沟通)

严　悦、李文杰(后勤保障)

周　丹、庄　巍(技术支持)

各年级组长、教研组长、备课组长、全体教职员工

三、工作要求

(一) 明确发展新方向

校长根据具体学校情况重塑学校“以学习为中心”的校园文化,并让文化潜移默化影响、深入学校每位师生、家长、社区以及社会的思想观念中,使其重视学习领导力的提升,以各层面向着同一个发展新方向使力,实现学校的转型发展。

(二) 建立工作新机制

在校长室的总体协调安排下,各部门加强联动,做好开展提升学习领导力的工作。学校以“扁平式分层分级管理”从学校中层到各年级组、各教研组、各备课组、各班全面促进学生、教师和家长学习领导力的提升。

(三) 积聚建设新优势

学校已有的中层力量是学校开展教育教学的优势,同样也是学校提升学习领导力的建设新优势。学校中层干部通过对学习领导力深入学习,拥有对教育教学的新理解、新解读,敢探索、敢思考、敢行动,以提升中层学习领导力促学校文化建设新高度。对于“年轻”的学校,校内青年教师占大多数,因缺乏教学经验而暴露出的劣势,但同样也是校园文化重塑的新优势,青年教师接受能力较强,能较快适应新的教学理念和模式。

(四) 拓展提升新途径

传统的教育但凡谈到提升学习,往往总是从学生方面入手,而学校重塑“以学习为中心”的校园文化,聚焦学生学习生活中与之息息相关的层面,从学生自身、教师教学、家长教育、社区联动、社会认同等方面全面提升学习领导力,促学生学习成长。

(五) 探索试点新路子

以每位教师心怀教育,提升学习领导力,促课堂凸显学习领导力的引领;以每个备课组、教研组紧紧围绕“以学习为中心”开展的备课、教研活动为依托,突破传统课堂模式和教法,让学生从“听教”转变为“乐学”;以学校中层干部学习领导力思想学习,形成教育有方法,教研有思想,领导有能力的团队,为学校建设注入新动力。

(六) 保障技术新环境

从传统走向新型,从抓好成绩走向“以学习为中心”,自然离不开学校技术的先行,保障技术新环境,让师生能借助新技术、新资源,教师加速教学技术和能力的提升,学生加快学习领域的扩大、新知识的储备、新方法的学习。

四、主要任务

(一) 部门统筹与协同推进

1. 统筹安排师生提升学习领导力的活动,协调做好教学部、德育部、办公室及后勤保

障部门间相应的人财物保障及组织管理工作。(校长室)

2. 指导学校中层、教师、家长积极参与提升学习领导力讲座、培训和活动，并指导班主任及教师在日常教学期间开展学生学习领导力提升的教育活动。(校长室与各部门)

3. 加强对师生、家长正面宣传引导，正确、全面认识学习领导力，确保提升学习领导力相关工作的平稳有序推进。(校长室与德育部)

4. 推进课程的多样化发展新局面，更新教师教育理念和方式的优质化新面貌，建立学校提升学习领导力的系统化实施新跨越。(校长室与教学部)

(二) 理论学习与技术保障

1. 完成全校 69 名教师的学习领导力丛书学习，撰写心得体会工作。(校长室与教学部)

2. 完成对班级家长提升学习领导力理念的宣传工作。(德育部)

3. 加强学校使用的教学平台的技术保障工作，确保提升学习领导力的辅助教学管理有效实施。(教学部)

(三) 资源准备与互动指导

1. 充分依托市、区资源并结合校本资源有效实施提升学习领导力教学，建立学科协作教学教研机制、班级学习领导力管理机制、师生及家长学习领导力培养、指导机制等。(教学部与德育部)

2. 根据学校“以学习为中心”全面提升学习领导力的理念引领，加强教师、班级家委会、学校家委理论学习，将学校文化辐射到教师和家长层面，让教师和家长认同并自发参与学习领导力提升工作。(教学部与德育部)

3. 规范教师课堂教学，提升教学实效，关注学生学习领导力培育，让学生感受到“以学习为中心”的家校氛围，激发学生学习的兴趣和动力。(教学部与德育部)

(四) 组织实施与过程管理

1. 制定学校提升学习领导力工作方案，成立提升学习领导力工作专班，做好团队组建工作，充分考虑师生家长理念接受情况，认真组织实施本校提升学习领导力工作，确保师生有序参与。(校长室)

2. 加强课程教学管理，抓好每一堂课，从课前备课、课堂上课、课后反思到作业评价。每年开展教师教学教育工作评价，全方位测评工作态度和质量，挖掘教师特色，以校本课程方式充分发挥教师风采。(教学部)

3. 做好师生提升学习领导力培育，支持鼓励教师探索和创新教学新方式。(教学部)

4. 加强过程管理，确保提升学习领导力的学习有效性，利用学校辅助教学新技术，实施分层分类、个性化指导学习。(教学部)

5. 定期开展家校提升学习领导力互动活动，在提升教师学习领导力和家长学习领导力的基础上，共同加强对学生学习领导力的培养，有效指导学生自主、有效地学习。(德育部)

五、工作保障

(一) 过程督查。加强提升学习领导力教学过程监督，组织人员不定期检查、抽查实施情况。学校成立校长领衔的督查小组，对年级组、教研组、备课组以及教师个体进行教学情况督查，及时进行反馈指导，有好的经验及时进行分享。

（二）技术支持。提升学习领导力教学过程中，为教学的正常开展做好网络技术、网络安全等保障工作；协助教学部完成课程教学创新工作。

（三）激励考核。提升学习领导力教学人员的工作计入工作总量，在职称晋升、考核评优、绩效工资分配时予以综合考量，对推进“以学习为中心”教学工作做出突出贡献的个人，通过适当方式予以奖励。

上海市奉贤区青溪中学

2020 年 4 月

二、学校要建立一系列重塑学校文化发展的目标和措施

学校始终把学生置于教育的中心，将以“学生开心有进步、教师安心有担当、家长放心有认同”的“三心”愿景为学校发展目标；将以培育“知书达礼有修养、见多识广有智慧、体魄强健有活力、一专多能有特长、躬耕实践有力量”的“五有”学子为育人目标；将以建设协同育人平台，合力构筑学校家庭社会“三位一体”为育人新模式，并把这些目标放在学校关注点的首要位置。

（一）以追求“三心”愿景，促师生上下一心

校长通过深化学校文化系统的具体内容，倡导“三心”主导价值观念即“学生开心有进步、教师安心有担当、家长放心有认同”，引导教师教育学生，使他们习得且共同具有体现青溪中学特色的主导思想观念和行为方式。同时通过重心下移式的扁平管理，探索分级管理、分层负责的扁平化管理模式，传递管理理念，形成管理制度文化。

【重点措施】

1. 逐年修改完善办学理念、校训、三风，并加强教职工对其深刻理解，组织全体教师开展领会办学理念、校训、愿景等文化认同活动。

2. 形成完整的青溪中学管理系统。修改完善科学完善的管理制度、有序规范地落实制度，探索分级管理、分层负责的扁平化管理模式，传递学校管理理念，形成管理制度文化，修订并完善《青溪中学章程》和《青溪中学管理手册》。

3. 专项投入经费进行校园文化布置与完善，整体构建学校文化与理念保持一致。逐年完善长廊特色文化的布置，形成本土文化传统底蕴与国际视野相融合、人文氛围与科学精神相统一的育人氛围。

4. 形成具有一定特色的校本节庆文化项目，环境布置与日常开展的各类日常行规教育、家校共育、心理健康教育、法制和禁毒教育、礼仪教育等进行梳理整合，统整为学校“每月一节”活动项目，充分与中西方各类节庆、各种教育契机整合，实现活动项目主题化、序

列化。举办校园文化主题特色活动，弘扬学校办学精神。如建校纪念日、文化艺术节、体育科普节、英语文化节、光荣劳动节等。

5. 完善学校网站管理网络，统筹协调，发挥功能。同时开辟并不断完善新窗口，逐步形成青溪特色文化网站。

（二）以实施一体化德育课程，育“五有”学子成长

学校落实“全程育人”，以推进“五有”学子校本德育课程实施和开展学科德育探索为抓手，将社会主义核心价值观和中华优秀传统文化有效融入各学科（课程）之中，完善课程实施、管理与评价环节，形成与新中考相匹配的“五有”学子成长学分制评价体系。以开展各类主题活动为切入点，推进社会主义核心价值观的培育与践行。

【重点措施】

1. 构建校本德育课程体系。全面实施“五有”学子德育校本课程，结合社会主义核心价值观“六进”要求，进一步丰富内容、优化实施和管理细则，形成较完善的“五有”学子课程体系。

2. 打造学科德育精品课程。紧密结合中小学课程改革，深入实施各学段、各学科落实社会主义核心价值观的教学指导意见，每学年开展学科德育渗透为主题的教学评比或案例评比，形成一批学科德育精品课程。

3. 开展多样主题教育活动。系统梳理学生主题教育活动，明确各年级的日常主题教育目标和重点，结合区“七彩成长项目”、校“每月一节活动”，系统开展优秀传统文化教育、行规养成教育、安全教育、劳动教育、法制教育、禁毒教育等各项主题教育活动，争创上海市文明校园。

4. 加强团队活动阵地建设。加强少年儿童思想政治教育工作，大力开展理想信念教育。以重大节日、纪念日为契机，广泛开展“红领巾心向党”“红领巾相约中国梦”系列主题教育实践活动以及离队、入团仪式教育，坚定少年儿童听党的话、跟党走的理想信念。开展“核心价值观记心中”、“争当四好少年”、“优秀传统文化在我身边”、“学习雷锋好榜样”等系列活动，传播社会主义核心价值观，号召少年儿童争当践行社会主义核心价值观的小模范。争创上海市少先队红旗大队。

5. 提升心理健康教育水平。健全学生心理危机干预机制，加强心理危机事件专题研究，提高心理危机预防与干预能力。加强学校心理健康教育教师队伍建设，在针对全体教师开展心理健康教育的基础上培育 1—2 名心理健康教育骨干人才。

6. 完善“五有”学子评价机制。对接新中考要求，优化“五有”学子评价机制，依托“五有”学子学分平台开展学生综合素质评价，关注学生全面发展和个体差异。

（三）以建设协同育人平台，构筑育人新模式

学校落实“全方位育人”，营造育人环境。以“学生开心有进步，教师安心有担当，家长放心有认可”的学校发展目标，整合学校资源，做细教育工作；整合家庭资源，做大教育文章；整

合社会资源，开拓教育眼界，合力构建学校家庭社会“三位一体”的育人模式，增强教育效力。

【重点措施】

1. 加强学生生涯发展指导。针对中学生特点，开展职业生涯认知教育。加强学生职业生涯发展教育师资队伍建设，组建一支校内校外专兼职指导队伍。充分利用家长资源、社区资源和共建资源推进学生生涯辅导工作。

2. 构建家校共育良好格局。加强家庭教育指导资源库建设，形成家庭教育指导校本教材。加强家庭教育指导师队伍建设，培育一批家庭教育指导师，提升教师的家庭教育指导水平。组建“家长志愿者”、“家长讲师团”、“家长辅导员”三支队伍，开展“家校节”活动，打响学校家庭教育品牌。

3. 拓宽学生校外实践渠道。在继续做好与红星居委、巴士集团等结对单位的共建工作的基础上，继续挖掘校外教育资源，拓展德育活动基地，开展多样活动。

三、学校要培养师生及家长提升学习领导力的共同信念

教育界有句名言：一个好校长等于一所好学校。校长如何发挥自身学习领导力，使其春风化雨润物无声，滋养每一位中层、师生、家长呢？答案显而易见，应从细节入手，校长率先垂范，以强感召力的校长学习领导力，凝聚人心，建立以学习为中心的学校文化，再携领团队共同塑造学校愿景。只有这样才能培养中层、师生、家长学习领导力提升的共同信念及合作意识。

（一）校长塑造愿景：率先垂范，携领团队营造向心力

1. 躬身垂范日常言行，榜样激励促担当

校长始终践行率先垂范准则：要求中层、教师做到的，自己首先做好；要求他们不能做的，自己坚决不做；要求他们廉洁从教，就带头做好“五表率”、抵制“五不准”，廉洁从政；要求他们心中有校、心中有学生，就俯身捡拾每一张废纸，张开双臂在清晨迎接每一个学生的到来，凭借自身的情怀与责任感成为学校教师队伍的榜样，让队伍具有向心力、感召力。

管校先管人，管人先管心。学校中层和教师团队效而仿之，便能形成全校师生主动参与、紧紧追随的局面，为青溪中学的校园文化奠定了纯粹而美好的底色。

2. 俯身倾听教师心声，春风化雨润成长

随着教育改革的深入发展，教师的专业成长得到了进一步的重视，职初教师处于教师职业生涯的关键期，对于个人而言，其初任阶段的专业成长不仅决定着他们能否顺利地渡过入职期，还影响着她们随后整个教师职业生涯的发展走向。对于国家而言，职初教师的专业成长不仅对于整体师资队伍建设具有重要意义，而且对于国家教育事业的发展乃至未来人才培养都具有深远的影响。

因此校长特别重视倾听职初教师和青年教师的心声，设立《倾听成长的声音》教师座

谈会，从职初教师到 0—3 年期教师，逐步扩大范围，铺开式倾听教师们的心声，为教师们在教育教学中遇到的问题答疑解惑，再通过优秀教师的教育经历分享激励年轻教师要对教育有情怀，对生活有信心，对学生有办法。

（二）校长培养中层：机制跟进，提升中层统筹协调力

1. 设立中层轮岗机制，由表及里，明确轮岗的重要性

从全面育人角度看，只有将德育和教学有机融合，才能成就学生的全面发展；从学校整体发展来看，轮岗打破了部门间的“壁垒”，使中层在不同岗位的历练中掌握教育教学管理的基本规律，在德育管理中思考教学，在教学管理中渗透德育，推动学校工作质效的全面提升；从中层的成长规律看，通过岗位的轮换，中层能积累不同岗位的管理经验，不仅有了基于本岗位的工作视野，还有了居高临下、承前启后的高站位大格局。

2. 开展 AB 角制度和轮岗制度，由点到面，进行中层管理探索

学校在创办三年后，启动了 AB 角制度和轮岗制度，如德育部主任与教学部主任、大队部与团支部的 AB 角设置，AB 角同时参与部门工作，能更客观全面地了解学校各条线的推进情况，也免去了后续执行中再协调的麻烦。

学校又将轮岗制度广而用之，推广到四大部门的正副职。根据轮岗人员的能力素质和个性特点，在工作性质相关的岗位间进行轮岗。如侧重统筹协调的办公室主任和总务主任进行轮岗，侧重管理技能的教学部与德育部进行轮岗。当然，轮岗也要遵循自主自愿原则，轮岗后更要强化在职辅导与互相协作。

校长以独到眼光，选拔中层干部队伍；以高瞻远瞩的目光，设立中层培养机制，全方位提升中层统筹协调力。

（三）校长培养教师：内外兼修，提升教师细节实践力

1. 常规积累系统提升，全员培训扎实开展

1）研训一体，主题明确，形成特色模式

每学期初，各教研组都会以学校教学部工作计划为指导，积极进行组内研讨，针对日常教学中的困惑确立本学期的校本研训主题，并进行全校范围内的交流展示，以便各教研组互相学习，切磋共进。每两周一次的主题教研活动、每月一次的市级学科专家的指导为固定的校本研训时间。各教研组也在实践中做着创新与实践，如语文教研组的文本细读、英语教研组的听评课模式、数学教研组的“五步法”研讨模式等等。如 2019 学年第一学期，学校在市域范围内开设了消防安全体验课 1 节，区域范围内共开设了近 10 节区级公开课，涵盖语文、数学、探究、音乐、生命科学等多门学科，基于常规的研训活动针对教师的教学实际，是助推教师专业发展的最有效力量。

2）系统提升，专题讲座，输送成长养分

每学年，学校都会通过召开专题会议及邀请专家共同商讨本学年的校本培训重点并拟定项目申请书，如 2016 学年的《融合课程开发培训》、《德教合一班级导师制培训》、2017

学年的《提升人文素养培训》、《“五有学子”德育校本课程的开发与实践培训》、2018 学年的《“家校共育”数字化提升校本培训》、2019 学年的《“青溪源”教师工作室教师学习领导力项目培训》、《“立德树人　教之根本”校本培训》等，遵循教师的专业成长规律，层层深入地提供有效的支撑与保障。

学年伊始，学校根据《青溪源教师工作室年度工作计划》进行专题讲座安排，分别利用寒暑期集中培训、日常专题培训等形式开展。如 2019 学年“为有源头活水来”暑期培训中，我们围绕着学校龙头课题《提升学习领导力，促进公办初中学校转型的行动研究》特邀了 4 位专家分别从学习领导力、德育工作、教师个人成长、信息技术应用等四个方面开展了专题讲座。讲座后，学校分别安排教研组、年级组、分层式教师团队等多种形式开展了深度研讨，专题与系统培训促进教师专业成长延续性发展。

2. 内外合力开展自培，“三支队伍”稳步前行

适应型、成熟型、特色型教师是学校发展的中坚力量，他们在个人专业成长方面有更高的期望，如何帮助他们突破“瓶颈”，朝着更高的职业目标奋进。为此，学校主要做到：

1）借助外力，立足课堂

借助外力进行集中培训、在岗自学、区域内跨校交流、跟踪指导等方式。比如积极委派教研组长参加市区级层面的培训，STEM 课程培训。此外，学校也输送一些骨干教师赴闸北八中、进才北校、卢湾初级中学、风华初级中学等兄弟校跟岗培训，选派语文组、数学组、体育组等骨干教师参加扬州、深圳、成都等地举行的全国大型学术研讨活动，培训归来，他们会通过师徒结对、骨干教师展示等活动，发挥更为广泛的辐射作用。

2）科研领航，系统发展

进一步提升青年教师教研和科研的能力，以此引领学校的教研和科研工作跨上一个新的台阶。各组的教研活动由青年教师主导，确立教研主题，明确教研目标，通过研训活动达成每个教师的成长。并通过每一次的小主题，引领课题立项，在骨干教师的带领下，进行课题的研究。每个教研组都有一至两个由骨干教师负责的校级或区级课题。

3）课程建设，校本实施

通过骨干教师的引领和示范作用，使学校推进的各项有特色的课改计划能落到实处并取得突破。我校在骨干教师引领下，分别在语、数、英学科抓住“三维目标”和教材的整合运用，进行国家基础型课程校本化实施的探索。如英语组各年级段的教案课件集，数学组的周周练，语文组的品读资源库建设。

4）开发教材，课程领航

结合学校师资特点，挖掘教师潜能，学校卓越教师团队也会利用教职工大会、教研活动时间，为各个层级的教师开展各类专题式培训。如名校长薛晨红的《中学英语教龄 2—5 年教师课堂教学技能培训》、名教师杨心美的《中学体育教师课堂教学能力培训》，区优秀青年教师、优秀班主任王萍丽开设班主任工作坊，区家校中心组成员邹丽娜的心理工作室。同时，我们充分利用学校各类教师资源，开设了人文修养类、专业技能类等多项校本培训课程。

(四) 校长培养家长：家校共育，提升家长教育协同力

由于各方面的原因，教育体系中，学校教育与家庭教育的关系一度出现了极大的偏差，前者被赋予了过多的教育职能，后者参与程度明显不足。自 20 世纪 90 年代以来，家校合作趋势在我国也开始受到重视与关注，但无论是在合作的内容与形式上，还是在家长参与学校教育的广度和深度上，我国家校合作皆处于较低层次和较低水平。因此学校充分意识到构建家校教育共同体是学校建设责任教育迫切需要提上日程的建设性工作，除了常规的家校培训、活动之外，在重塑“以学习为中心”的学习领导力视角下的家校共育，进一步提出对家长学习领导力提升的要求。

1. 家校主题工作例会，规范家校制度建设

为了进一步强化班级管理，增进家校联系，提高班主任的管理水平，学校每月召开家校主题班主任例会，由校长及中层干部从管理角度畅谈家校工作设想和解读学校家庭教育工作要点等，再由班主任、年级组长从班级、年级层面分析、总结当月情况，将真实案例、可行性举措以及对家校工作的思考一一记录、分享。

2. 家校主题教师培训，提升教师家校协作力

每学期学校会聘请家校教育专家、骨干教师以及优秀班主任，对全体教职工进行家校主题教师培训，通过教育理念学习、教育故事分享、教育经验传授、教育问题解惑等，全方位提升教师自身的专业素养和家庭教育指导力、协作力，加强与家长的沟通与交流，建立顺畅的家校沟通渠道，赢得家长的理解和认可。

3. 聚焦学生学习成长，召开主题家长会

家长会是传统的教师和家长沟通交流的桥梁，是最为家长和学校所熟悉的家校合作形式。在开展家长会的过程中，教师与家长、家长与家长都面对面零距离，可以横向、纵向了解学生在校生活，还可以相互交流、分享教育的好方法。召开聚焦学生学习成长的家长会，给家长提供教育指导的抓手，让家长更有目的性和方向性助力学生学习。

4. 面向家长开放校园，开展家长讲师团、家校日活动

为丰富学生的校园生活，拓展学生的课外知识，也为家长、社会更了解学校的文化和教育，学校根据学情开展家长讲师团、家校日等活动，为学生搭建了解社会的学习平台，家长们也各显神通，使出自己看家本领，为各个年级、班级的学生带来一场场精彩纷呈的讲座，让学生享受丰富的课程资源的同时，掌握实用的生活技巧，开阔学习的视野。

5. 提升家长学习领导力，设立“青溪杯”家长征文比赛

在丰富多彩的家校活动开展的同时，学校进一步思考，如何更高层次提升家校共育的实效，并借重塑“以学习为中心”的学校文化之机，通过设立“青溪杯”家长征文比赛，深入家庭教育，细探优秀家长的教育经，并将好的教育方式或理念或经验做法，借助学校平台，让其他家长借鉴效仿，共同提升家长的引领力和学习领导力，为学生的成长保驾护航。

四、学校要提供教师成功执行工作任务及专业发展需要的保障

(一) 建章立制,规划引领,提供有力保障

1. 成立领导小组,构建管理网络

2013年建校初,学校成立青溪中学教师专业发展工作领导小组。校长室领衔,各处室共同协调配合教学部、德育部开展教师培养工作,下设年级组、教研组,建立了教师专业发展三级管理网络。构建了新手型教师、适应型教师、成熟型教师及特色型教师的分层推进式校本培训模式,推动学校队伍建设。

2. 确保经费时间,提供机制保障

学校支持教师的各类培训学习,制定了《青溪中学教师队伍建设经费保障及使用制度》,做到专款专用,鼓励、支持教师参加各种级别、形式的培训;规定教师每年参加校本培训学习时间不少于240个学时,分为集中学习(寒暑假培训)、专题学习、分散学习等,有效地保障了教师培训学习的时间。

3. 制定长远规划,建立成长档案

学校明确发展方向,确定发展目标,认真制定青溪中学教师队伍五年发展规划、校本研修三年发展规划及年度(学期)工作计划,对队伍建设积极谋划,引导教师进行自我专业反思定位,找出优势,分析不足,确立目标。此外,学校给每位教师都建立了教师成长档案,要求每位教师制定发展规划及工作计划,并每学年上交"教师成长档案袋"存档,指标包括教师的教学理念、教学态度与专业精神、经典教学设计、教学组织与实施、课堂管理、作业布置、教学辅导、学习结果的检查与评定、教学研究与反思、教学效果、两类课程的设计与开发等。

(二) 依托集团,夯实根基,助力新手起跑

学校身为青溪·明德教育集团理事长单位、"新城联盟体"盟主学校,考虑到几所学校内职初教师比例高的特点,针对他们职业角色转变,缺乏教育教学经验的劣势,在集团内开展了一系列有针对性的新教师培训活动,促使新教师成长。

1. 双导师制,促进全面发展

除本校的师傅带教外,学校为每位新教师聘请校外专家作为带教师傅。制定并不断完善《青溪中学师徒带教制度》,逐年规范并精细过程化管理。每年度举行"双导师制"师徒带教拜师签约仪式,加强对师徒互相听课的检查力度,落实于常规工作中。成果展示有:师徒备课本的展示,师徒同课异构课的课堂展示,以及每学年的"青溪源"新教师综合能力现场展示活动。

2. 学识测试,提升专业素养

每学年学校都会组织各种形式的新教师学识水平测试,如各学科中考题的基础能力

素质考试、综合卷命题能力考核、对课程标准掌握的专题测试等。旨在更好地引导青年教师准确把握任教学科的主干知识体系，全面熟悉任教学科课程标准，有效提升学科专业素养。此外，新教师的成长也并不仅仅局限于教育教学能力的成长，更在于其综合能力的发展。青年教师三笔字大赛，青年教师朗诵演讲比赛，新教师的才艺比赛，0—3 年新教师座谈会等，激发教师的职业归属感和幸福感。自 2016 学年至今，学校每年出版《倾听成长的声音》，将青年教师的成长和心路历程、教育心得和教学智慧一一记录，汇聚成册，让他们与学校同成长、共发展。

3. 聚焦课堂，快速历练成长

每学年“青溪源”工作室都会举行“新教师”亮相课、比武课和汇报课，并不断在市、区两级层面上给新教师搭建多种锻炼并展示自我的舞台。三年内的新教师已经在市、区域层面开设公开课 20 余节，集团、跨省市交流等其他层面 50 余节，在每学年的见习期教师考核中，均有教师荣获优秀奖。2019 年 12 月，教龄仅为 5 年的数学组青年教师朱瑛洁，将代表上海市参加全国青年教师教学评比大赛，充分彰显了我校新教师培养的成效。

4. 科研引领，推进专业入门

依托校长领衔的市级课题《“新城教育联盟体”学校新教师成长的实践与研究》，立足于专业学科，学校各级子课题立项，更有针对性的对新教师成长进行研究与实践，扎扎实实地培养新教师。新教师们也勤于思考，乐于反思，发表的文章发布于校园网灯下漫笔，建校至今已经出版了多本《清思集》。由薛晨红主编，彰显学校新教师培养效能的专著《静水深流——青溪中学迈向新优质学校的探索之路》也已由上海三联书店出版，全面问世。

5. 新城联盟，共促新手成长

2015 年 3 月，“新城教育联盟体”正式成立，重点解决六所学校共同存在的问题：如何促进 1—3 年期新教师的成长。几年来，在我校的引领下，六所学校抱团合作，探索了联盟体合作培育新教师的“N 对 N”多维导师支持机制、跨校同伴专业互助自组织机制和需求-证据驱动的校际研修机制，有效促进了各所学校新教师的快速成长。校长薛晨红在四川成都教育部 2019 年基础教育学区化集团化办学城市论坛中代表发言，做了题为《新教师联盟体合作培育机制初探——以上海市奉贤区“新城教育联盟体”为例》的专题发言。

(三) 由面到点，扎实研修，促进全面发展

学校现为上海市新优质项目学校，同时作为青溪・明德教育集团的理事长学校、强校工程四团中学的支援学校、民间自发组成的新城教育联盟体盟主学校，教育教学成绩位于区域前列，在区域内各层面有良好的口碑。因此，我们不忘发挥学校的示范辐射引领作用，带动引领其他同类学校的发展。

1. 帮扶区域联盟，达成办学共赢

学校与集团内成员兄弟进行了新教师的师徒结对和中层干部的师徒结对，学校领导和骨干教师定期到兄弟学校进行全科视导、九年级教师送教上门、质量分析研讨等，同时也邀请兄弟学校的教师们来我校进行教师质量分析和班主任学期工作计划等相关的主题

培训。同时,学校也共享集团资源,成立集团考试、非考试学科大备课组。每年暑假,学校都会以集团为单位开展暑期培训,以教学节为契机开展了"青溪杯"青年教师教学比武、考核等活动,在集团学校的共同努力下,多次荣获奉贤区教学节优秀组织奖,各校教师专业水平、办学水平也都有大幅提升。

2. 跨省校际交流,拓宽辐射影响

学校与韩国等境外姐妹学校、外省市、外区的兄弟学校开展各类校际交流活动有20余次,如与韩国济州东中学互访,安徽,河南,浙江省学科骨干教师代表团的来访,外派骨干教师赴贵州遵义务川等地讲学等,我校教师的风采受到外省市学校领导和教师的一致好评与点赞。

3. 研修成果显著,教师成长迅速

学校在校本研修实践过程中形成了一定教师专业发展的特色项目,由薛晨红校长领衔的市级课题《"新城教育联盟体"学校新教师成长的实践与研究》2018年成功结题。区级重点课题《多元联盟背景下新城学校新教师校本培训模式的探索与实践》2017年结题,并获得奉贤区学校教育科研成果一等奖。《集团化办学背景下学校中层干部选拔培养机制的实践研究》2019年立项为区级重点课题。学校语文、数学、英语、体育、综合1组、综合2组、综合3组共七个教研组均通过了区合格教研组的验收。

校长学习领导力不仅仅是校长身上具备的,还需呈现校长带领团队建设与发展学校的综合能力,包括确立学校发展愿景、营造特定的文化氛围、影响中层、师生、家长做出合理决策等多方面能力,具体来说,校长领导力还包括人格领导力、课程领导力、科研领导力、学校发展规划领导力等。一个具有较强领导力的校长必定是学校的精神领袖,我们常说,思想有多远,路就走多远。现在也可以这样说,校长的眼界有多高,校长领导力有多强,思路就有多开阔,学校的出路就会有多远,发展的空间也就会有多大。

参考文献

[1] OECD教育研究与创新中心.促进21世纪学习的领导力[M].华东师范大学出版社.2016
[2] OECD教育研究与创新中心.重新设计学校教育[M].华东师范大学出版社.2018
[3] 魏志春,高耀明.中小学校长专业标准研究[M].北京大学出版社.2010
[4] 陈永明.《中小学校长专业标准》解读[M].北京大学出版社.2011

(本章主要负责人:薛晨红　沈　林)

第二章　中层学习领导力提升策略

第一节　中层的角色担当

在学校管理中，中层管理者同时扮演着多种角色，他们既是教师，又是管理者；既是管理者，又是被管理者；既是领导者，又是被领导者。中小学中层管理者的角色和地位决定了其在执行中进行策划、组织、协调、监控和指引的职能。

（一）策划者

中小学中层管理者在对一项工作的执行过程中，将分派的工作重新编译，进行策划和统筹，认真做好开展思路的设计，是这项工作能否有效开展，能否顺利进行的保障，一切工作始于策划。在这一过程中，中层需要首先领悟学校发展战略的精神，以确保本部门的执行工作与学校总体发展目标在方向上的一致性。在不偏离正确方向的前提下，中层管理者还需要紧跟教育与科技的发展步伐，创新执行的途径和方法，以提升执行效果。

（二）组织者

在执行团队任务的过程中，中小学中层管理者只有根据需要组织好相关的参与人员，最大程度地发挥团队的合力，才能保证本职能部门的工作目标的充分实现，更好地体现出自己在执行团队中的管理者作用。在组织的过程中，中层管理者的主要工作是与团队成员进行沟通，在传达上级指示的同时根据需要将部门工作任务合理分派给基层教师或管理者，更重要的是中层需要在以身作则的前提下学会激励基层教职员工，提高执行团队的士气，以提高团队工作效能，将部门工作目标落到实处。

（三）协调者

作为学校某一职能部门的负责人，中小学中层管理者在执行任务的过程中，不仅需要协调好本部门内部的各项工作，而且必须重视与学校其他职能部门的协调。因为每一个职能部门的工作目标都是根据该部门的职责从学校总体发展目标中分解出来的，相互之间本质上存在着紧密的联系。各职能部门之间理应保持经常性沟通与合作，保持方向上的一致，在整体上相互协调，使得各部门分工不分家，共同服务于学校总体发展目标的实现。在协调的过程中，中层管理者必须结合在日常工作中所了解和掌握的信息，全面考虑，认真分析，以充分利用与整合学校的人、财、物等各项资源，及时有效地解决好各方面矛盾，保障执行工作的顺利进行。

(四) 监控者

为了保证部门决策和计划的贯彻执行，中小学中层管理者必须及时跟进基层的执行情况，并做好信息反馈和激励约束工作，善于观察和分析工作的重难点和执行过程中出现的问题，及时总结经验和纠正偏差，通过监控激发基层教职员工的工作动力。在行使该项职能的过程中，信息的搜集与处理工作格外重要，中层管理者必须设法搜集到客观、有效且全面的信息，才能够了解到执行的真实情况，这是保证后续工作有效的前提。另一方面，在向基层教职员工进行监督与考核信息反馈时，中层需要注重沟通的方法和技巧，针对不同的人和不同的情况灵活采用不同的鼓励和约束方式，以提升团队成员的工作动力为目的，以服务部门决策和学校整体发展目标为宗旨。

(五) 指引者

学校决策最终要落实到基层，基层教职员工不仅人数较多，各人价值观也往往不同，其对学校发展目标的理解也就不尽相同，而对目标的理解直接影响到执行的效果。因此，中小学校中层管理者作为沟通上下级之间的桥梁，在执行的过程中必须努力引导他们深刻领会学校决策的精神实质和本职能部门的分解目标，以免在其执行偏离学校的总体发展目标。另外，作为执行团队的领导者，各中层管理者有责任对教师的教学和班级管理工作提供建议和指导。若想行使好该项管理职能，中层管理者尤其需要努力学习与实践，不断丰富知识结构，开阔视野，增长见识，提升各方面的能力和素质。

第二节　中层提升学习领导力的关键知识

就中层管理者团队中的个体而言，其学习领导力的关键知识主要体现为管理者个体的主动发展的意识与能力、整体策划与设计的能力、组织实施与转化的能力、过程调控与反思的能力；就团队整体而言，则主要体现为责任人与合作者的意识、合力积聚与创生的能力。

(一) 主动发展的意识和能力

作为个体的中层管理者，居于学校管理变革时代复杂多变的真实情境，是被动地被卷入这种新环境，“被”成为中层管理者的一员，还是主动地去适应这一新环境，担当起中层管理者的责任，其关键在于具备一种主动发展的意识和能力，尤其是对自我发展与自我提升的觉醒。这就意味着每一个中层管理者，需要以不断自我追问的方式——“我是谁”，“我想要什么”，“我如何行动”，“我何以可能”……不断地促使自己反思、实践、超越，不断地提升自己的精神生命自觉。只有开启了每一个中层管理者自身主动发展的动力之门，才有可能凝聚成这一学校管理团队的领导之力，也才有可能创造出学校整体转型的一片蓝天。

(二) 整体策划与设计的能力

拥有了自身主动发展的意识和能力，中层管理者还必须具备整体策划与设计的能力，这是对学校管理变革以及各个管理部门变革的蓝图勾勒和愿景创设，更是对学校发展规划、部门工作计划和常规例行事宜的总体明晰和细致确定。就角色行为而言，至少包括“研究自己”、“形成办学指导思想和具体目标”、“对学校变革的时空与实践进行具体策划”、“执行中的不断调整”等内容，以此形成切合学校自身发展的战略规划，生成有效推进学校转型的具体路径，从而真正成为学校变革各个领域的责任人。在越来越凸显学校管理变革“中间力量”的现今，学校各部门的中层管理者需要在学校转型性变革的大背景下，立足于自身和部门发展的真实需求和现实条件，针对变革实践过程中的问题反思和目标追求，有针对性地形成各自部门的工作或活动计划，进而提升每位中层管理者的整体策划与设计能力。

(三) 组织实施与转化的能力

如果说中层管理者的整体策划与设计的能力，更多指向于学校变革与发展的理念关照，那么组织实施与转化的能力，则是进一步体现中层管理者对于学校变革的实践追寻，是反映学校管理团队中个体维度之变革领导力强弱的显著标志之一。在将学校管理的各种策划与设计付诸教育实践的过程中，对于每一个中层管理者而言，首要的并非是马上做每一件具体的事情，而是需要在已有的策划与设计的基础上形成一定的策略能力，构建管理组织的多元网络，下移学校管理的权责重心，以此将学校管理中制定出来的各种策划与设计，在教育实践的肥沃土壤中进行合理的组织和有效的实施，否则，中层管理者很可能是囿于繁杂琐碎的事务主义的工作方式，尽管忙碌的手脚总是处于机械运动之中，但是其智慧的大脑思维却一直是安静睡眠状态。换言之，中层管理者的工作方式，需要实现由“事务型”向“研究型”的转变，即管理者不只是去“管事”，更是以研究的姿态从事管理工作。每个中层管理者不仅是在他人的管理活动中注意到“成事”与“成人”的一致性关系，而且还需在自己的学校管理变革实践研究中转变思维方式与生存方式，在活动的组织和实施过程中提升作为中层管理者的研究能力与转化能力。

(四) 过程调控与反思的能力

学校变革不是一个事件，而是一个过程。每个中层管理者在身体力行学校变革大业之时，急需特别关注过程调控与反思的能力，这是发展学校管理团队中的重要构成。这一过程调控与反思的能力，首先体现为中层管理者的自我诊断能力，通过适时的自我“把脉”、自我“诊疗”，清醒地看到自身在管理过程中的优劣势，找到提升自身领导力与管理能力的现实空间和可能路径。这就意味着，中层管理者需要有必要的危机意识和时机意识，善于发现管理过程中的各种问题，准确把握有助于学校及部门变革与发展的潜在机遇，进而在日常管理过程中和关键时刻到来之际，实现可靠稳健的调控与长远明智的选择。另一方面，这一过程调控与反思的能力，还体现为中层管理者个体之间互动式反思与重建的能力。在互相的评断、倾听、交流的过程中，管理者个体的观点、思路、策略在民主开放的环境中不断涌现，为提升整个管理团队的变革领导力提供了多种可能。

（五）责任人与合作者的意识

在学校管理团队中，每个人在不同层面上分别承担着责任人与合作者的双重角色。学校管理团队每位成员同时承担着引领行动的“责任人”和参与行动的“合作者”的双重角色。如对于学校教学工作负责人来说，其既是负责学校教学管理与变革的责任人，又是参与这一学科教学管理与变革的合作者，与此同时，相对于教学管理以学科教学为主要责任领域，德育管理工作则是以学生工作为主要责任领域，但是两者分工而不分家，以相互合作共同服务和促进学生整体的生命成长。如此一来，既需要每一位“责任人”正确合理地向下赋权使得管理中的责权利达到统一，又要求其以“合作者”的积极姿态和主动行动投入到日常的学校变革实践中。在“责任人”与“合作者”这一关系意识引领下，学校管理团队才能有助于形成整个团队的变革领导力。

（六）合力积聚与创生的能力

立足于“责任人”与“合作者”这一关系，在学校管理团队中，不论身处哪一位置的中层管理者，都需要具有一定的策划与设计、组织与实施、调控与反思等意识和能力，因而从学校管理团队维度出发，合力积聚与创生的能力就显得尤为关键。在学校管理团队中，学校校长需要凝聚整个管理团队，不断引领每位管理者的主动意识和发展能力，从而保证中层管理者在整个管理团队中不仅各司其位、各尽其职，而且通力合作地应对和处理学校变革中可能遭遇的问题与挑战。对于各个部门的管理者来说，其主要任务则是需要密切与本部门及相关部门的发展与协作，让每一位部门成员都能够在团队发展中贡献出智慧和才华，用心凝成管理团队本身力量的一股绳，并将这一富有学校自身特色和活力的管理团队文化提炼出来、稳定下来，聚成积极推动学校转型性变革与发展的持久动力。

第三节　中层在“以学习为中心”的学校建设中的行动要点

对于整个学校而言，校长是第一责任人；对于学校各部门而言，各部门负责人是第一责任人。学校管理变革中特别需要激发学校各个部门“第一责任人”的主动发展，让其承担起不可替代的责任和创造性贡献，从而自我提升本部门或本领域整个管理团队的学习领导力。具体而言，以“第一责任人”为价值引领的主动发展，既需要学校中各个部门“第一责任人”树立把握学校全局的观念和意识，又需要其担负起部门内的责任和能力，并付诸实践。

(一) 价值引领,以责任为核心激活团队的主动发展

1. 主动了解和认识学校发展的全局。随着学校管理变革的日益纵深,是否具有学校的全局意识,是否能够把握学校的整体全局,是否能够引领学校管理团队每位成员形成共同价值与信念,已成为衡量每位学校管理团队"第一责任人"能否引领和促进本部门或本领域管理团队每位成员主动发展的关键因素。一方面,是增强学校管理中不同部门或领域之间的沟通与合作,让某一领域的管理团队成员能够充分了解本领域之外的其他不同领域的具体工作状况,并通过与不同领域之间的交流与合作,拓展自身的工作思路。另一方面,每位管理团队成员主动了解、理解和把握学校发展的全局,有助于帮助和丰富校长对于学校全局的判断和决策,共同与学校管理团队携手走出学校变革与转型之路。

2. 承担学校公共事务中非领域性工作。在复杂繁多的各项学校领导与管理事务中,尽管在实际工作开展之前已有各种各样的具体安排,但却难免会在某些事务或事务某些方面,特别是在学校公共事务中存在不同程度的遗漏或疏忽。于此,能否乐于承担这些学校公共事务中非领域性的具体工作,一定意义上折射出的是学校管理团队成员,尤其是每位学校管理团队成员对学校整体全局的把握能力和责任担当。由此,引领学校管理团队成员的主动发展,不只是囿于每位管理团队成员自身部门或领域中的"份内"工作,还需要以整个学校工作为"份内"己任,在成就学校工作之事的同时,提升自我主动发展的意识和能力,以促进学校管理团队变革领导力发展。

(二) 规划制定,赋予学校管理团队成员的权责担当

学校管理团队不仅需要高瞻远瞩、高屋建瓴地从学校层面落实学校规划制定过程,而且还需要重心下移、权责下放地赋予学校每位管理成员担当起本部门和自身个体的规划制定,从而让学校整体管理团队之中的每位管理成员开展部门建设和自我发展的具体策划和设计,焕发和提升这一学校每位管理成员的学习领导力。

1. 基于部门建设的规划制定。制定部门的工作规划,以学年或学期为节点,主要包括总结部门的基本现状,如已取得的成绩,尚存在的问题等明确下一阶段部门的工作指导思想和总体目标细化下一阶段部门的工作具体措施。在这一部门规划制定过程中,最为关键是赋予管理团队每位成员真正承担起某一部门建设在学校整体变革与发展中的权责,让管理团队每位成员立足于本部门自身建设的独特性,为整个学校的变革与发展贡献部门的独创性力量。由此,在制定本部门规划的具体实践中,在把握学校变革整体全局的同时,更需自觉关注和凸现本部门的特殊性,使得管理团队每位成员能在其位,谋其政,负其责。

2. 基于个体发展的规划制定。相对于部门建设的规划制定而言,基于个体发展的规划制定包括个体发展的优势与不足、个体发展的需要等。从这个意义上看,基于管理团队成员个体发展的规划制定,与其相应部门或领域建设的规划制定是紧密关联、不可剥离的。只有在学校变革和部门建设这一整体中透视和聚焦管理团队成员个体发展状态,才

能真实赋予管理团队成员自身的权责，同时，只有将管理团队成员个体发展状态放在整个学校和部门这一层次上来探索和研究，才能激活与施展每位管理团队成员的策划意识、实践能力，进而推动整个学校管理团队变革领导力的内在提升。

（三）制度变革，促进学校管理团队成员的分工合作

学校管理领域中的组织变革与制度创新，不仅是学校变革实践本身由外入内、由上至下、层层递进与纵深的集中体现，更是彰显学校管理团队在变革实践过程中的领导力与管理智慧。

1. 以组织变革促进分工合作。面对信息化时代的多元开放的要求与挑战，学校管理需要从组织结构系统的变革入手，为学校组织结构的运行和完善注入新的活力与动力。针对于传统的"金字塔"式管理组织结构体系，一方面需要减少纵向的管理层级，使得学校管理的重心稳定在管理层次相对较低的层级中，给予学校管理团队更大的发挥主动性、参与性和创造性的平台与空间，同时也是让校长从日常事务管理中解放出来，更多地思考和研究学校整体变革和学校管理团队全面发展等的重大问题。另一方面，对于学校管理组织结构中的已有各类组织进行横向的职能定位、成员调整和机构重组，使得学校管理中的每一组织结构、每一组织结构管理成员成为学校管理扁平化结构中的"全息点"，彼此之间相互紧密关联且有机结合，从而共同创建学校整个管理团队的互动、合作、开放和共享的组织结构网络。

学校组织不仅各自有具体的部门职责与组织功能，各自对学校管理中某一领域内的各项工作担负着责任者的重要角色，主动开展本部门或本领域内的变革实践活动，而且不同的组织或部门之间、同一组织或部门的不同个体之间，相互协作、相互搭台、相互补台，以此促进各个管理组织在自身"高度自治"的基础上，有机地形成学校管理组织和学校管理团队的整体合力。对于这一组织结构变革之后的管理团队成员而言，不再是目光一致朝上看，而是团结一心为团队，充分展现新团队管理成员在参谋、指导、协调和服务等方面的实践能力，使得学校管理团队的变革领导力得以焕发和稳健提升。

2. 以制度更新促进分工合作。我校在实行学校管理内部组织结构扁平化变革的同时，立足于学校管理自身现状与发展需求，建立了年级管理制度，制定了年级管理成员的工作职责，进而推动了整个学校管理领域的系统变革，提升了学校管理团队的领导力。从年级管理与学校管理的关系上来看，既体现了年级管理的独立性，也照顾到了学校管理全局的统一性。从年级管理内部看，既维持了各个年级之间发展的协同性，也保持了不同年级之间管理的特殊性。在这个意义上来看，学校管理制度并非是管人的"枷锁"，并非是限制和束缚人的创造与发展，而是具有指导价值的"工具"，是为了更好地满足和促进学校中每个人的内在成长与进步需要，是为了学校管理团队每位成员能够积极参与学校整体变革和自身个体发展而创设各种有利条件和优质环境，学校管理制度的创新并非是学校校长或学校管理团队中某个成员的一厢情愿、一拍脑袋的"我"的制度，而是学校全体成员所一起遵循和一同维护的"我们"的制度。

(四) 实践研究,提升学校管理团队成员的研究能力

学校管理变革不只是“破旧”,更是“立新”,需要学校管理团队在扎实开展日常的学校变革实践研究过程中,提升学校管理团队成员的研究意识和研究能力。由此,促进学校管理团队变革领导力的发展,就需要在这一学校变革实践过程中,关注日常变革实践,开展日常实践研究,从而增强学校管理团队每位成员的研究能力,自觉地调控学校转型性变革的全过程,真实呈现学校管理与运行之新平衡系统中的日常化。

1. 带头开展转型变革的实践研究。薛晨红校长《聚焦、交融与融通——青溪中学学习领导力提升的探索实践》一文中,对于学校各部门提出了提升学习领导力的具体要求。对于管理团队每位成员而言,带头开展转型变革的实践研究,首先需要每位成员自身投入到学校日常变革实践中,善于觉察和准确把握本部门或本领域中的现存问题,并示范性地开展具体问题探讨与研究。因此,各部门负责人率先开展了本领域内提升学习领导力的实践探索,如教学管理部第一负责人的《“学习领导力”视角下优化备课组校本教研路径的探索实践》,信息化分管领导的《浅谈信息化学习环境建设促进学习领导力提升的实践与思考》,德育部负责人的《建设班级自主管理体系,提升学生主动学习能力》实践研究,家校教育分管领导的《赢得孩子,而不是赢了孩子——促进家长与孩子间有效沟通的学习领导力》实践研究,以及教研组长的《学习领导力引导下聚焦探究拓展型课程管理智慧》的案例研究等。

在此基础上,作为本部门或本领域的责任人,学校管理团队每位成员还需要引领本部门内部每位教师进行自主合作的实践研究,形成本部门内部教师群体的研究层次,发挥教师群体中骨干教师的二次引领作用,鼓励每位教师积极参与研究过程的热情和动力,营造整个部门的研究氛围和研究文化,从而在促进不同层次或水平教师研究能力发展同时,推动学校管理团队变革领导力的提升。在这一带头学习、主动实践、真切体悟的研究过程中,努力形成一个扎根变革实践的研究型学校管理团队。

2. 成为教师实践研究的支持系统。如果说学校管理团队成员带头开展变革的实践研究是促进其研究能力形成的重要基点,那么,建立起学校变革中日常研究的支持系统则是实现其研究能力整体发展的核心载体。不可否认,在学校转型性变革实践过程中,每个实践研究进程中都可能会遭遇到这样或那样的现实困难,可见日常实践研究并非是一帆风顺的,也绝非一蹴而就的。在引领教师群体开展日常实践研究的同时,学校管理团队还需要形成一个促进日常研究长效开展的支持系统,真正成为一个具有专业引领的专业型学校管理团队。一方面,这一支持系统是为教师开展日常实践研究提供必要的智力支持,协助教师在研究困难中寻求解决之良策,成为教师顺利开展研究过程中的“智囊”,给予教师研究实践中有利的条件创设和宽广的平台展示;另一方面,这一支持系统是为教师在日常实践研究中予以积极的行动支持,与教师共同承担起研究实践中的各种责任和可能风险,切实成为教师有力展开研究过程的坚强“后盾”,从而在日常变革实践中不断提高学校管理团队每位成员的研究能力。

(本章主要负责人:侯　敏)

第四节 论文案例

聚焦、交融与融通
青溪中学学习领导力提升的探索实践

薛晨红

奉贤区青溪中学是奉贤新城内一所新的公办初级中学,创办于 2013 年 9 月,现为上海市新优质项目学校、上海市教委教研室教学联盟协作单位。创办以来,以“学生开心有进步、教师安心有担当、家长放心有认可”为学校发展目标,确立了“知书达理有修养、与人为善有爱心、知难而上有毅力、开拓进取有创意、见多识广有眼界”的“五有”学子的育人目标;七年来,学校管理科学规范精细,注重内涵提升;教育教学推进有序精致,追求高效落实;后勤保障及时有力,追求精益求精。我们这所年纪轻轻的学校被评为“奉贤区优质校”,多次获奉贤区“和润品质奖”,连续四年获“课程教学奖”。

我们深深地体会到,我们这样年轻的公办初中的发展不仅仅是追求更高的分数,而是要提升“育人的品质”,不仅仅关注学校在区域的排名,更要回应家长的新需求,所以我们需要树立新的办学文化以及实践系统即学习领导力的提升,推动学校新发展。这是我们的体会:

一、聚焦:将“学习”置于教学精细化管理的中心

精细化的管理并不能直接推动学生学习,所以我们通过影响教师,精细管理教师“教学五环节”,对“教师的教”、“学生的学”中存在的问题实现精准解决,帮助学生在校学习期间制定明确的学习目标,养成为目标排除万难的学习品质。

(一) 关注指导管理全覆盖,确保教师和学生问题的精准解决。

教学管理部对于学校各个层面的听课量都做了详细的规定,如中层以上领导每学期听课不少于 30 节;教研组长、年级组长、师徒带教、职初教师等每学期听课量不少于 20 节。通过课堂观察更深入了解教师的教学常态,关注学生的学习状态,解析学生的学习过程,深入发现学生学习的共性和个性问题,帮助教师和学生精准解决。

(二) 加大不同课型指导力,解决学生从新知识接受到复习巩固不同阶段的难题。

学校加大除新授课之外不同课型的听课指导力度,倒逼学科教师研究复习课、评讲课等各类课型,促使他们系统梳理分析各学科知识结构,加强对练习和试卷命题设计质效的研究,切实开展对学生的指导,帮助学生解决从接受新知识到复习巩固阶段中出现的各类

问题。

(三) 关注学生真实的"学",确保学生有清晰的学习计划并养成优秀的学习品质。

听课、上课都要关注学生的"学",如教师与学生间的互动,教师的"教"是否面向全体学生,学生在课堂教学中的参与度,班内学困生的表现等。教师指导每位学生对自己有正确的认识,并制定合理稍有拔高的目标。教师在教学过程中引领学生为其目标持之以恒,帮助学生养成不畏艰难为之奋斗的学习品质。

我校英语学科从学校成立到现在短短六年间快速发展。借着英语教研组的教学成果,试着分析我校英语学科的教学特色。首先所有的英语教师开放自己的课堂,接受来自不同层面的教师听课,并积极听取课后反馈从而了解自己的教学问题和学生的听课问题。其次教师们耐心帮助学生分析英语学习上的优点与不足,协助学生制定符合自身情况的英语学习计划与目标。有了计划,就需要执行力,才知道计划得合理与否,是否能达成目标,是否效益最大化,有无需要改进的地方。另外值得一提的是在学生接受知识的过程中,英语学科错题集为提高成绩起到了不少助力。教师督促学生做好集错,遇到难题错题记一笔,有助自己的知识掌握与巩固。学生在校期间感受到来自教师严谨的教学、悉心的指导、有效的引领,英语学科的学习可以说突飞猛进。

因此我校通过指导管理全覆盖、加大不同课型指导力、关注学生真实的"学"等手段,精准地解决了"教师的教"、"学生的学"中存在的问题,尤其是针对性地对教师的备课、上课进行有效指导,切实关注教学设计中对于学生学习力提升的体现与落实。

二、交融:"德教合一"班级导师制促进学习多维度交融

学习领导力是创新型学习环境的设计及其持续有力的实施,也是联结式学习领导网络的构建。为促进学生的个性化发展,我校于 2016 年提出"德教合一"班级导师制这一新型的管理模式,构建了以学生为主体、导师为主导的学习共同体,使不同层面的学习得到相互交融,具体体现在认知、道德和情感三个学习维度。

(一) "双向选择"提升学生认知能力,推动自我学习

"认知维度"是指对"自我认知或心智"的认识,初中生不同于高中或大学生,认知能力跨度较大,尤其需要具体的指导,这就需要学校根据学生个性化的需求,为其选择适合的导师。因此,我校在理解和尊重不同学生在学科、个性等方面差异的前提下,根据其特点实行导师双向选择制,让学生轻松、自由选择适合自己的导师。同时构建多元化的导师团队,将青年教师与有经验的教师、考试学科教师与非考试学科教师加以组合,使得每个导师团队中的 3 名导师优势互补、通力合作,既有各自重点负责的 10 名左右的学生,又作为一个团队负责整个班级的各方面工作。

导师制的实施,使每个学生能在导师的个性化指导下,制定更适合自己的成长发展规划,明确不同阶段的学习目标和与之相对应的有效措施,并在实施过程中接受导师在学习

方法、计划调整和活动开展等方面更个性化的建议和指导，这不仅推动了学生的个性化发展，也促进了学生认知能力和自我学习能力的提升。

（二）“理解尊重”突破道德教育传统，助力道德学习

随着社会的变化和发展，学校德育工作不仅在内容上，而且在方法上必须改革，单靠强制性的规定对学生进行约束，容易使学生形成依赖或叛逆的人格。因此，我校“德教合一”导师制要求以“理解尊重”为抓手，提升学生的道德行为能力。我们通过建立学生独立的成长档案，使导师对学生有更全面也更立体的了解。导师们除了利用午会、班团队开展针对性的学生的思想品行教育外，更多的是利用课间、放学后等碎片时间与学生进行单独谈话、针对不同时期产生的问题和困扰进行单独辅导。

此过程不仅是导师道德教育的过程，也是学生不断思考，不断自我道德学习的过程，尤其是“先聆听”再“给建议”的模式，让学生的真实需求得到尊重的同时，更让学生学习到真正的道德教育是从理解和尊重开始的，帮助学生逐渐树立正确的生活观、人生观和价值观。

（三）“对话交流”建构情感沟通素养，促进社会性学习

“对话是提升学习的重要原则”，唯有通过对话引导学生们学会正确认识自己的情感，学会合理表达自己的情感，他们才能够学会发展自己的情感，同时也建立与他人的更为积极的关系，促进社会性学习能力。“德教合一”导师制使学生德育工作由过去的班主任一个人做，转化成全体导师一起做，而导师工作的重点便在于与学生沟通，每周至少与一名学生个别谈心一次，就学生思想、生活、学习、纪律等方面取得进步，存在的问题及今后的努力方向进行交流。

社会性学习表现在社会群体各种交流活动和交流过程中，“对话交流”这种积极的情感沟通方式使他们感受到来自老师的关心和帮助，体会到像家一样的温暖，更重要的是使他们学会在社会交往中用正确的态度和方法与人沟通交流，也会对未来有更多的希望和寄托。

三、融通：以学习型管理团队建设促学习生态的形成

创新型学习环境的设计及其持续有力的实施需要有一个好的管理团队。他们不能仅是某一方面的专家，更要突出管理者的专业性和全面性，他们必须精通学校管理工作的各个层面，这样才能承担对学习的领导责任。

（一）搭好支架，提升中层自我学习力

与常规培养一致的是，每次培训考察，中层都是带着问题，带着任务前往，培训结束后，及时梳理资料、分析他人工作经验，联系自我工作现状，进行阶段性总结反思，形成学习报告，向校长室进行汇报。有别的是，学校大胆放手，不断创造机会，让他们将培训学习所得的好的工作思路马上转化为可借鉴、可操作的实践项目；同时，借助学校“青溪源”教

师工作室和校本培训平台，及时将培训收获总结提炼，在全校教师面前进行反馈，让全校教师见证成长。让中层首先成为具有系统思考能力的学习领导者，极大带动了整个教师队伍学习力的提升，而这一切也将最终作用于学生。

(二) 技能更新，提升中层的数据分析力

为整体反映学生全面发展情况和个性特长，引导学生践行社会主义核心价值观，弘扬中华优秀传统文化、革命文化和社会主义先进文化，增强学生社会责任感，培养创新精神和实践能力，让每一位学生都能健康和谐发展，成为与奉贤新城发展相匹配的青溪“五有”学子，学校开发了“‘学分制’成长平台”，各中层深入分管年级组参与“学分制”成长平台的运用与管理。由学生对自己在每一个阶段的表现根据“五有学子”的20多项指标进行自评、互评、他评。在整个项目运作过程中，中层要基于学生综合素养提升的立场，对于学分指标进行诊断、增补并修改，所有的执行都要源于对数据的分析与判断，保证项目平台功能不断完善，确保以“学分制”大数据为基础的学生生态发展保持绿色、综合、均衡的特质。

(三) 机制跟进，提升中层统筹协调力

我校在创办第一个三年后，启动了AB角制度和轮岗制度。年级组层面，也实行年级分管领导与年级组长负责制，由分管的中层和年级组长全面负责该年级组的德育和教育工作。在此过程中，我们发现，这种新的角色定位，有助于中层站在更高的角度、更客观全面地了解各条线的工作、对年级组的工作作出更针对性的指导。而后，亲历了AB角制度和轮岗制度的德育管理部和教学管理部负责人，又试图将这一理念向下延伸，落实到班级管理中。并对此进行了专题研究，最终提出“德教合一”班级导师制这一新型的班级管理模式。

从学校整体发展看，中层是一个部门的领导，也是整个学校行政的中层阶级，要构建以学习为引导力的新型学校组织体系，转变中层观念，提升中层基于学生学习的系统思考和设计能力是关键之一。而我校在开展AB角制度、轮岗制度等针对中层的培训和组织运作优化探索过程中，中层干部通过不同岗位的经验，超越条块局限，有了更高一级领导者所应具备的视野，这才有了将德育管理、教学研究等工作有机融合的探索和尝试，也有效推动了学生的全面发展和个性化发展。

四、展望：汇溪成海，提升每位青溪人的学习领导力

学习领导力的提升要求我们将关注点从学生学习扩展至整个教育社群的学习即从校长、中层、教师、学生和家长，从校长领导扩展至整个教育社群的领导。所以我们将重点要做以下几个方面的研究：

1. 探索校长在重塑以学习为中心的学校文化中的角色当担、关键知识和行动要点。

2. 探索中层培训和组织运作的优化，超越条块局限，提升基于学生学习的系统思考和设计能力。

3．探索构建学生学习发展证据系统，嵌入教师研修系统，进而重建教师实践改进路径，建立教师基于学生学习过程和结果的教学改进机制。

4．探索多样化学习活动设计，提升学生合作、创新性学习能力和元认知能力。

5．探索家校合作新关系，特别是面向家长的系列培训课程，提升家长对学生学习的感知度，缓解家长焦虑。

我们相信，通过探索提升学习领导力，以学生更加主动的、创新性与个性化学习为目标，推动创新型的、强有力的、整体性的学习环境设计、实施与维系，重塑教师发展和领导管理，将青溪中学办成一所以学生学习为中心的现代公办初中，为上海公办初中建设提供新的学校样态。

（作者系上海市奉贤区青溪中学校长）

“学习领导力”视角下优化备课组校本教研路径的探索实践

侯　敏

摘要：教师是学校教学的主体，教研是教师发展的生命线，而作为教师教研活动的最小阵地——备课组在教师专业发展中承担着举足轻重的作用。为此，如何提升备课组校本教研的效能，如何让“学习”真正发生在备课组教研活动中，如何在日常的教研活动中提升教师个体及备课组的生命力……笔者试图引入“学习领导力”这一概念，并在学习领导力视角下探索备课组校本教研的优化路径。

关键词：学习领导力、备课组、校本教研、优化路径

备课组作为学校的一个基层组织，承担着本学科、本年级最基本的教研任务，是教师学习的重要载体，是校本教研中最小、最重要的学习组织。然而，传统的备课组校本教研存在着很多问题，如教师参与度不高，活动流于形式，缺乏组室凝聚力；骨干教师引领作用有限，不能促进备课组整体水平的提高；备课组教研活动，内容上与教研组活动大同小异，方式上是往往照本宣科、上传下达等，这样的教研效果可想而知。

近日，随着对“学习领导力”一词的深入研究，我认为，在学习领导力提升的指引下，应用科学的方法、适切的路径，可以构建更具学习领导力特质的备课组，这将会极大促进我校教师的个体学习，提高教研效能，促进学校内涵发展。

一、“学习领导力”概念阐释

“学习领导力”与“教学领导力”、“课程领导力”有着紧密的联系，它属于更广泛意义上的“教育领导力”的范畴，但不同之处在于它将领导力的方向更明确地引导到学习上。而

且由于学习通常与创新、发展和变革紧密相联，因此“学习领导力”本质上是创新性的，需要创造和变革的勇气，是在变革的环境中和努力打破现状的过程中发生的。

“学习领导力”是创新型学习环境的设计及保证其持续有力实施的管理与影响能力。领导力的实施不再属于某个处于特定领导地位的领导者，与设计和实施创新型学习环境有关的不同层面的人都可以承担对学习的领导责任，并由此形成了一个联结式的学习领导的网络。

笔者认为，学习领导力的几大核心要素分别为：共同愿景，创新型学习环境，持续有力的制度保障，多元的责任主体及创造变革的勇气。

二、“学习领导力”视角下的备课组特征

与学习领导力核心要素相对应的，其视角下的备课组也应该是一个创新型的、学习型的组织，也就是指备课组内的全体成员拥有共同愿景，它能培养教师自主学习和团体学习的能力，并能充分发挥教师个体的创新思维，为实现备课组和学校的共同愿景而创造性工作的备课组。在这样的备课组中，全体成员把学习作为生存方式，把学习作为工作和生活中不可缺少的组成部分，在全身心投入工作的同时，通过坚持不断创造性的学习，得到教育、教学、教科研和管理的能力，拓宽思考方式，更新教育思想和理念，促进自身发展，造就适应发展的人才。

简言之，学习领导力视角下的备课组应具有以下特征：①备课组成员拥有共同愿景，备课组拥有持续有力的、备受认同的制度保障；②备课组的校本教研拥有创新型的学习环境与学习氛围；③备课组结构趋于扁平，并非等级化、集权化的“金字塔式”模式；④每一位成员都具有系统思考和应变能力，都具有创造与变革的勇气，且持续的、创造性的学习已经成为备课组发展不竭的力量源泉。

三、“学习领导力”视角下优化备课组校本教研的路径

（一）基于共同愿景，建立规章制度

教师个人发展的愿景是教师实现共同学习和实现自身专业发展的基础，挖掘教师潜藏在内心的愿望和价值，厘清教师发展的愿景，是建立学习型备课组不可或缺的基础和条件。在具体实践中，我们向全校 15 个备课组提出以下几个命题，来帮助教师明确个人愿景：

① 我希望我的备课组是一个什么样的地方；

② 展望备课组四年后的未来，你希望它在哪些地方与目前有所不同？

③ 我希望我的学生怎样学习；

④ 我希望我的学生学习些什么；

⑤ 我希望我的学生为了什么而学习；

⑥ 如果学生不学习，我们能为他们做些什么？……

最终，经过几人的讨论、磨合来建立备课组的共同愿景，实现教师个体愿景的最大达成。在归纳比较集中的个人愿景的基础上，邀请专家指导备课组工作，通过座谈、访谈等各种形式，最终确定共同愿景。当真心的愿景建立起来的时候，每个个体才会追求卓越，用心学习，积极上进。这不是因为有人叫他们这么做，而是因为他们想这么做。这种共同愿景会激发他们真正的信念和行动意愿，而并非机械的服从；这种共同愿景基础上的备课组制度的确立，也才会有扎实推进的根基。随后，由各备课组自行制定教研活动需要遵循的要点，由教学部汇总提炼、推广应用：

1. 定时间，按照备课组实际，规定集体备课的时间，一般为每周 1 次，每次 1 节课时长。

2. 定地点，固定集体备课地点，还要考虑场所要具备集体备课的硬件设施，有时集体备课要用到投影仪、电子白板等，都要事先考虑好，调试到位。

3. 定人，一要求全员参与，二是要有专人负责。全员参与，能保证大家都投入到集体备课中，出谋划策，同时集体备课的成果也落实到每位成员。专人负责，即要落实主讲人，主讲人要认真准备，对指定的内容要详细学习课程纲要，分析教材，谈透教学的设计构想。

4. 定主题，根据教研组的教研主题，结合备课组自身实际，制定备课组教研计划，将学期工作分解到每周，并按照计划规定的内容展开，每次活动尽量只聚焦一个问题。

（二）践行创新理念，改善教研环境

基于“学习领导力是创新型学习环境的设计及保证其持续有力实施的管理与影响能力”的这一基本概念，在“互联网＋”的环境下，创新型学习环境要着重思考运用互联网技术创新教研形式，改变原来教研的传统、单一和僵化的状况，让教研更加新颖，更加灵活，更加丰富多样，更加人性化。

1. 互动式专家指导。由专家完全讲座逐渐调整为专家与教师互动，专家手把手现场教教师操作，让指导活动更具针对性、指导性。如语文备课组采用①专家提出一个问题供大家讨论，②组员根据问题发表见解、进行现场研讨，③专家现场研读存在问题，④专家与教师现场交流，列出教师设计的多种解决问题的形式等。总之，翻新的专家指导就是要让活动生动起来，互动起来，有趣起来。

2. 学习型讨论活动。每次就一个课改话题展开讨论，不强求统一的结论，旨在开阔思路，引导思考，加深教师对某一问题的认识，寻求更多的教学策略。这有利于对教师不易理解或存在争议的问题的澄清，或是对教学策略最优化的讨论。如数学备课组以“教学中如开展探究式学习，创设生生学习共同体”为主题举行沙龙式教研活动，教师可围绕探究哪些内容、教学模式、教师的作用如何发挥等问题自由发言。通过交流，教师们自然加深了对探究这一学习方式的认识，同时还可形成许多教学策略与方案，经过进一步的比较筛选，便可用于指导教学实践。

3. 课例分析式教研。需要一定的技术条件和设备，如录播或录音设备、计时设备、相关统计量表等；参与研究的教师要有明确而细致的分工，对教师们的技术要求相对较高；

所费时间与精力也较多。但可以帮助教师更科学更深入地认识日常教学中未发现或不重视的许多问题，再通过教学策略的改变有效地提高教学效率，将新课程理念落实得更到位。如我校借助区教学节契机，开展了文科综合、理科综合跨学科教研活动等，此类活动安排要做到少而精，要精心挑选教师和实践中典型的课例进行分析，才能举一反三。

4. 循环式教研模式。循环式教研模式要求每一周教研活动实际上都是从上一周教研活动的后半段开始，结束于本周教研活动的中段；而本周教研活动的后半段就是下一周教研活动的开始，形成教研活动的连续和循环。以英语组的具体做法为例，每次活动的第一节通常安排备课组内课堂观察，并邀请专家参加听课；第二节针对课堂观察情况进行组内评课交流和小结；第三节重点研讨下一周课堂观察内容，先由下周上课教师说课，备课组教师探讨交流，确定下周课堂观察的重点和具体安排。这样强化了活动的针对性、计划性，同时也解决了课堂观察的时效性和导向性，并很好地克服了以往教研活动的盲目性和随意性。

（三）优化扁平结构，提升个体能力

备课组长拟定计划、分配任务时，要走出流于形式、完成任务的误区。要根据组内教师的不同情况，充分优化现有的“扁平化”管理模式，即所有组员协同工作模式，而非传统意义上的备课组长一人管理模式。备课组长要学会将学期教学内容进行科学分解，将教研、备课任务具体分解到主讲人。主讲人的主要任务有：研究课程标准及相关材料，熟悉钻研教材，分析教学目标和重、难点；了解分析学生的实际水平，摸清学情，使教学设计有的放矢；在此基础上，写出符合规范的教学设计，并制作出课件；收集整理相关数字化材料，为组员提供共享资源库；记录备课中的想法，遇到的问题，以便集体研讨时讨论。在组长的引领下，备课组研讨活动主要应经历以下几个环节：

1. 个案变共案。在集体研讨时，主讲人首先拿出个人方案，陈述备课思路和方案，阐述主备内容，并提出备课时遇到的问题。全组集体交流讨论，各抒己见。一般要求集体备课达到“五统一”，即统一进度，统一教学目标，统一重难点，统一作业，统一检测。主讲人在集体讨论的基础上，修改后形成共案。

2. 共案变个案。在共案基础上，教师根据自己的教学风格，结合不同班级学生实际，对教学各环节进行调整，形成自己的教案。如此这样，每个教师的教案就避免了千篇一律，既充满集体智慧，又突出个人风格。

3. 及时反思。在下一次备课组研讨活动时，全组交流意见，肯定优点，指出不足，完成对共案的反思。

4. 修改存档。主讲人根据讨论结果，完成调整，形成修改稿，存入资料库，为下一轮教学做好储备。

（四）搭建分享平台，实现优质推广

有了专业发展规划，有了分布实施方案，关键还要推动教师去实践，而这就需要学校

层面为备课组、教师个体提供更为强有力的支持。如加大培训的针对性，为教师量身定做培训方案；联系教育教学杂志，为教师论文发表提供平台；积极推进教师参加各类竞赛，促进教学水平提高；结合学校师干训工作，推进师徒结对工作的开展等。

此外，我们还聚焦备课组建设，搭建了备课组之间分享的平台，结合学校“青溪源”教师工作室的特色项目，开展了校本经验分享活动。每学期，学校层面都会对优秀备课组进行成功经验的总结与提炼，组织备课组长层面进行成功经验的分享和交流活动，并以制度确保备课组长对总结出的经验进行实践。一个备课组的优秀做法，可以通过这个平台，推广至其他备课组，不同学科间也可以实现互补、共促。

参考文献

[1] 李子建.专业学习共同体与课程发展[J].课程·教材·教法.2006.12
[2] 罗玉英，卢久红.备课组应具备哪些功能[J].现代教育.2007.2
[3] 李丹丹.通过学习领导来推动学校改进的理论与实践研究[D].华东师范大学，2016
[4] 王美，任友群.从教学设计走向学习环境设计：学习科学视角下的教学变革[J].上海教育.2013

（作者系上海市奉贤区青溪中学副校长兼教导主任）

浅谈信息化学习环境建设促进学习领导力提升的实践与思考

徐　冲

摘要：信息化学习环境建设，是对传统的教和学模式的改革与探索，是提升学习领导力的重要支撑和途径选择。基于应用水平不高，创新能力不够及与学科教学深度融合不够的突出问题，学校可以从信息化实践项目驱动，教师培训任务驱动及“智慧课堂”的实践应用着手，以达成新技术助力下的创新型学习环境的设计及其持续有力的实施。

关键词：信息化学习环境建设　学习领导力　教学变革

2018年4月教育部印发《教育信息化2.0行动计划》，它是推进“互联网＋教育”的具体实施计划，是顺应智能环境下教育发展的必然选择。智能环境不仅改变了教与学的方式，而且已经开始深入影响到教育的理念、文化和生态。基于“坚持育人为本”，“坚持融合创新”，“坚持系统推进”，“坚持引领发展”的四项基本原则，作为一所普通学校，如何让每一位教师都能够成为参与者、实践者、推动者和创造者，创新学习环境，从而促进学生的学习与成长，是学校信息化建设的关键。

一、信息化学习环境建设的实际意义

经济合作与发展组织（OECD）认为学习领导力“与积极地促进强有力的、创新的

学习环境的设计、实施和维系相关。它通过分布式、联结式的活动和关系来实现。它不仅涉及正式的领导者，还包括其他不同的参与伙伴，在整个学习系统的不同层面得以实施。”由此可见，学习领导力的具体指向是创新型学习环境的设计及其持续有力的实施。

学习通常与创新、发展和变革紧密相联，因此“学习领导力”本质上是创新性的，需要创造和变革的勇气，是在变革的环境中和努力打破现状的过程中发生的。将现代信息技术融入教育教学管理，正是对传统的教和学模式的改革与探索。因此，教育信息化是提升学习领导力的重要支撑和途径选择。

1. 信息化建设为学习环境改变提供硬件保障

信息化学习环境包括多媒体教学场所、互联网接入、移动终端等硬件设施，校园网络、通信系统、远程交互、移动 APP 等软件平台，全媒体、可交互、多样化的教学资源，完善的知识传授、解决问题、自我更新的信息化教学流程等四大基本组成部分。如安装多媒体电教平台，建设学科网站、数字图书馆等系列数字化资源，建设录播室、语音室等数字化实验教室，建设多平台服务的校园网综合应用系统等举措，都能为促成一个网络化、多媒体化和智能化的学习环境提供重要的支撑保障。

2. 信息化建设为学习环境改变提供途径选择

信息技术与教育教学的深度融合对教学过程产生深刻的影响，并为新的教学模式的产生提供了条件和依据，赋予教师在教学过程中更广泛的选择余地和更丰富的创作空间。如智能运动手环在体育教学中的运用，以数据实时追踪，促进体育课堂的转变。如微课制作打破传统的学习空间（课堂）与学习时间（在校），把传统的讲授进行前移或后延，是混合式学习的途径之一。信息技术应用在课堂的实践，改变了教师的传统教育观，学生的传统学习方式和学习行为。

二、信息化学习环境建设的突出问题

从教育信息化 1.0 到 2.0，教育信息化已经经过了多年的探索实践，但也暴露出了一些突出问题。

1. 信息化学习环境建设与应用水平不高

信息化学习环境的建设非常容易出现“重硬件，轻软件；重建设，轻应用”的现象。学校在硬件环境基础实施建设不惜重金投入，但忽视了软件平台系统的选择与更新。学校领导层缺乏系统的、长远的规划和设计，急功近利，只满足于解决当前的一些局部需求，过后便弃之不用，造成许多投入和教育资源的浪费。

2. 信息化学习环境建设与创新能力不足

教师是信息化学习环境建设的重要实施者。教师自身信息素养及信息技术运用能力的提升，是推动创新型的、强有力的、整体性的学习环境设计、实施与维系的基础。但显然，教师群体中缺乏现代教育技术的先进教学理念，信息化的教学应用水平较低，信息化教学创新能力不足。

3. 信息化学习环境与学科教学深度融合不够

信息化教学环境的建设，不是一种作秀，更不是一项任务。有些老师追求表面，这堂课上放了一段视频、用了一个软件，就是将信息技术与教学结合了。有些老师被信息技术牵着鼻子走，反倒违背了教学规律，看似花哨热闹的课堂，却没有达到基本的教学目标，甚至反而使教学效率降低。

三、信息化学习环境建设的实践思考

基于上述三个突出性的问题与矛盾，信息化学习环境的建设关键在于硬软件的长效应用、师生信息素养的提升以及信息与学科的深度融合。

1. 以信息化实践项目驱动学校整体信息化学习环境建设的逐步推进

学校信息化工作是学校三年规划及每学年学校工作计划的重要组成部分，以信息化专项三年规划作为顶层设计的重要依托，以项目驱动形式可以更加有效地推动各项具体任务。项目方案包括实施目标、内容、过程和相关技术指标，并以阶段性推进计划及总结做好及时的调整与改进。在实践项目设计上务必做到两个基于，即基于学校发展的实际需求和基于由点到面的逐层推进。

如学校信息化实践项目《微视频在教学中的有效应用》，是综合一组（理化生）在教学研讨过程中，因发现一些高危险、高难度的实验很难在课堂中实现，于是思考微视频能否在教学中有效应用，从而发起的课题研究。该课题被列为学校的信息化实践项目后，也引发了其他教研组的深入思考与探索。如数学组就微视频助力学生预习、复习习惯养成的研究，英语组就微视频拓展学生学习资源拓展与积累的研究等。同时，学校也组织了全校范围内的微课制作培训和评比，将此项目真正做到扎实推进，并全员参与。

又如《"五有学子"学分平台建设与应用》项目是以"五有学子"学分平台为抓手，关注学生综合素质的过程性评价与跟踪，以达到新中考要求人才培养标准。自学校创办以来，学校一直致力于培养"五有"学子的育人理念，同时基于新中考改革趋势，为培养德智体美劳全面发展的学生，该项目应运而生。此项目的推进同时涉及到软件平台的建设，因此除了教师培训与实际运用外，及时收集使用过程中发现的问题与漏洞，进行平台的更新建设与调整。

因此，项目驱动下的信息化学习环境建设，是保证硬件软件落到实处，真正应用起来的有效模式。

2. 以信息化培训任务驱动提升教师信息化学习环境建设能力与积极性

为提升教师信息素养，开展各类培训是必不可少的。但是，真正的学习必须内化到自身，只有通过实践与创造，才能提升真实的能力。因此，信息化校本培训项目及基于运用实践的评比活动，是促进教师素养提升的有效抓手。

如校本培训项目《大数据背景下质量分析的有效性研究》，使教师在每一次期中、期末考试后的质量分析中，能够运用精准数据，做到更加科学的分析。教育大数据的应用本身改变传统的教学模式，实现个性化教学。教师在每一次质量分析的不断磨练中，更快、更准确地掌握学生在学习中的不足并了解哪些知识点未完全掌握，从而设计出适合学生的教学模式，有针对性地开展教学。

又如每学期的“智慧课堂”的教学评审，要求每学期每位教师在录播室录一节课，作为期末对教研组的考核，对每位教师课堂教学能力的考核。虽然看似是一种硬指标，但是正是基于这样的“考核”，推动了教师的思考与实践，促进了区级优秀课例、部级、市级“一师一优”课的获奖数提升。

有所学、有所思、有所做，是提升教师信息化学习环境建设能力与积极性的唯一路径。

3. 以“智慧课堂”为载体，促进信息技术与学科教学的深度融合

信息技术与学科教学深度融合，不仅是把信息技术作为辅助教或学的工具，更是强调要利用信息技术来营造一种新型的教学环境，以实现一种既能发挥教师主导作用，又能充分体现学生主体地位的以“自主、探究、合作”为特征的教与学的方式。

聚焦“智慧课堂、有效教学”，各教研组积极探索课程教学与信息技术的有效结合，并作为教研组工作的重要组成部分和教研组校本研修活动的重要研讨内容。如数学组运用希沃白板、希沃授课助手、几何画板等工具，将抽象的数学思维更形象化地展现在学生面前，从而高效解决各类数学问题；综合二组（音美）运用 logic，cubase，巧影等 App 将艺术的魅力真切展现在学生面前，同时也是翻转课堂的重要技术支持；综合三组（史地法）运用 Aischool 课前预习功能及思维导图功能，培养学生自主学习能力及学科核心素养的提升；体育组通过学生信息的积累，有效实现了各个年级的衔接，并尝试将 pad 引入课堂，更加清楚地展现并分解动作要点，提高课堂效率。

以综合三组顾佳红老师获得全国中小学创新课堂教学实践观摩活动一等奖的《哈萨克斯坦》一课为例。整节课的活动设计主要分两块：一是教师在课前将学生分成三个学习小组，要求课前收集“哈萨克斯坦”资料，学生可以通过上网、书籍报刊等渠道进行收集并整理。二是课堂上通过对课前收集的资料进行筛选与整理，理清地理要素间的联系，用 pad 上的 App 做出“哈萨克斯坦”思维导图。学生在收集信息的过程中，互相协作，共同参与，提高了利用信息技术获取信息、筛选信息的能力。课堂上对信息的再次筛选整理，提升了学生分辨真实有效信息与虚假无用信息的能力，同时通过与同伴的交流分享，信息量进一步扩大，并提升了合作学习能力。

课堂上使用的各类软件、技术都仅仅是学习的一种载体、一个平台，信息技术与学科教学的深度融合关键是教学效果的提升和学科核心素养的培养。

学习领导力的关键在于学习者学习方式的变革。随着时代的变迁与研究者们研究的深入，作为教育工作者，必须对学习者学习方式的实践样态与发展进行思考。信息化学习环境的建设，不只是一种时尚，一种噱头，归根结底还是要以人为本，以学生的发展为本。其最终目的不是使用在线平台，不是去建设数字化教学资源，也不是去开展花样翻新的教学活动，而是有效提升绝大部分学生学习的深度与延续。

（作者系奉贤区青溪中学副教导）

参考文献

[1] 王美.学习领导力：区域层面学校改进的新视角[J].教育发展研究.2018.10.18

建设班级自主管理体系，提升学生主动学习能力

王　芸

摘要：班级的主体是学生，要提升学生的主动学习能力，就要让学生参与到班级的自主管理体系中，让学生参与班级文化创造。构建班级自主管理体系需要体现走近学生的心灵与实施符合素质教育要求的管理模式原则；在具体的班级自主管理体系创建中可以从聚焦学生与学习、重视青春期个性化特质、重视养成与行规教育、开展班级个性工作与优化班干部团队结构入手进行实践。自主管理的班级能够营造和睦的班级氛围，能够增加班级凝聚力，使班级学生有更强的责任感，也有利于发挥学生的特长，提升学生自主学习的渴望与期待。

关键词：班级自主管理　主动学习　学习领导力

苏联教育学家苏霍姆林斯基说:“真正的教育是自我教育”。班主任是班级的领导者，班级的主体是学生，班主任在工作中为学生创造自主管理的平台，学生用自己的智慧与能力，制定自主管理班级的措施，在自主管理和运行的过程中，体现了自我教育的本质，提升了学生自身的学习力和领导力。这样有针对性的班级管理方式为学生提供了自主管理、自我教育的机会，从各方面锻炼和培养了学生的学习领导力。

学生自主管理班级能够营造和睦的班级氛围，增加班级凝聚力，使班级学生有更强的责任感，在这种协作的环境中会形成一种责任分担意识，这恰好体现了学习领导力的原则，这种内在的、彼此的责任感是对班级负责的先决和前提条件，是培养学生的主人翁意识和自我意识的途径。同时，班级的自主管理也有利于发挥学生的特长，提升学生自主学习的渴望与期待。

一、初中班级管理的现状与问题

（一）班级管理随意化与片面化

1. 侧重后进生转化，忽视班风的作用

班级中每一个学生的学习能力都不同，有学习能力强的学生，也有较弱的后进生，往往班主任在开展工作时会将更多的精力用在后进生转化上，“盯关跟”策略比比皆是，投入了大量的时间与精力，但是往往投入与产出不成正比，形成了低效的工作模式，而在班级整体的班风、学风创建上没有全身投入，忽视了班级整体学习环境和氛围的创建，这样侧

重抓“点”而忽视“面”的管理方式实则不利于班级整体学习环境和氛围的创造，穷追不舍的教育和管理方式无法起到将学生引导和培养成学习者。始终呵护学生主体所带来的探究和创造的本能，才是班主任工作的核心，是班主任的基本职责。

2. 班干部选举方式单一，带来不确定性

班级的自主管理离不开班干部团队，而班干部职位是班中少数学生可以得到的荣誉，是一种稀缺资源。班干部选举的方式以及所带来的效果在班级这个小社会中会产生不同的影响，班干部的产生若以班主任制定的方式虽然有利于稳定班级的管理，但由班主任一人决定，一手包办，这样“强势”的决策不利于班级民主化的管理，不利于班级建设自主化管理的目标，也不利于培养学生的民主意识，甚至会让部分学生认为只有成绩好的学生，或者只有老师喜欢的学生才可以担任班干部的工作。让一些平时成绩平平，表现普通的同学没有参与班级管理的积极性，更有甚者，会对这样的选举结果报以质疑，不利于班干部开展工作，也不利于班主任开展工作。

通过学生自荐，发表竞职演说，民主投票的方式产生的班干部都是在班中人气较高的同学，在班级中公信度高，有利于自主管理是工作的开展，但人气高，公信度高并不代表着能力强，不一定能胜任职务所要求的工作。特别对于一个新成立的班级集体，不排除有部分同学是根据平时同学间的关系或者候选人的成绩来投票，从某种程度上说是有失公允的表现。

（二）班主任权威绝对化与工作方法简单化

主要体现在用制度约束学生，忽视学生自我管理能力的培养。班级是学校中最小的单位，是教师发挥组织育人功能的有效阵地，同时也是学生共同成长的大家庭。班主任是世界上最小的主任，在班级这个集体中，班主任发挥着引导学生，教育学生，组织活动，管理班级等作用，但是班主任个人的力量是有限的，如何在班级管理的过程中运用教师的智慧，结合班级的实际情况，充分动员班级中占主体的学生主动参与班级的管理，是令班主任工作的难点之一，而成功组织班级自主管理，也是班级工作亟待突破的难点。

传统的以班主任为主体的管理模式被形象的比喻成“保姆式”或“警察式”，在这种模式中，班主任个人的威望度，管理能力，个人魅力，教学管理经验直接影响到班级整体的风貌以及管理的方式和成效。但这样的管理模式很难体现以学生为主体的教学理念，也无法长期依靠班主任一人的力量支撑整个班级的管理与可持续性发展。

（三）学生评价主观化

学生评价是对学生现实的或潜在价值做出判断的活动，它对学生的发展具有导向、激励、矫正、甄别等作用，目前对学生的评价存在着评价内容狭窄化、方式主观化、观点固定化等问题。班主任容易以学生成绩好不好、是否听话、是否遵守纪律作为评价学生的依据，也会仅以学生现有的表现评判学生，甚至会有定性思维，认为好学生总是好的，差学生不会变好。这种只重视学生的历史和现实表现，不注意对学生的潜力和发展过程进行分析的静态评价，不利于学生的健康成长，更不利于学生自主学习力的发展。初中的学生在生理与心理的发展上有很大的不确定性，从六年级到九年级正经历是青少年时期最关键的时期，更是要经历青春期的各种变化，而学生的家庭背景，家长的受教育层次，学生的生活习惯等都决定了学生的个性与差别，要在学生评价中融合学生的差别，让学生在班级活动中体会到快乐与成功，在学校体验到成功与快乐，才能实现以人为本的教育理念，提升学生学习的主动性。

二、构建班级自主管理体系的原则

(一) 学生自主管理的首要原则——走近学生的心灵

李商隐曾在《无题》诗中感慨道："身无彩凤双飞翼，心有灵犀一点通。"班主任与学生之间也应"心有灵犀一点通"。作为班级管理者，最基本的任务就是读懂学生的"心"，读懂了学生的心，就等于拿到了开启班级管理之门的钥匙。走进学生的内心深处，要求班主任加强与学生的沟通与对话，让学生的声音被听见。在此过程中，班主任要与学生进行对话，对话产生并保持着对学习的聚焦，也产生和保持着一种学习的文化，在对话中，"学习领导力"实践被外显化，变得可讨论和可传输，开启了学生的心灵便赢得了学生思想上和行动上的"归顺"，为学生的自主管理创造前提。

(二) 学生自主管理的基本原则——实施符合素质教育要求的管理模式

1. 以学生全面发展为目标

要有效开展班级自主管理，必须有明确的目标，班集体的目标是指班集体成员共同具有的期望和追求，是班级在各项活动中所要达到的预期目的。班主任要制定初中阶段三年的总目标，确立后要根据每个学年、每个学期、每个阶段的特点提出阶段性目标；同时也要有集体目标和学生的个人目标，特别是个人目标，反映了每个学生不同的兴趣爱好和成才方向，班主任要把集体目标和个人目标协调起来，以培养德智体美劳全面发展的人才为整体目标，同时要善于在集体目标中包容合理的个人目标，创造达到个人目标的机会和条件，这样才能发扬学生学习力中的创造意识和创新精神，使班级中每个成员的个性得到充分发展。

2. 以学生的自主管理为重点

班级管理制度的改革，不仅促进学生对班级管理观念的变化，更重要的是培养每一个学生的主体意识和管理能力。形成学生自主管理机制有利于班主任对班集体实行宏观管理，为了提高学生自主学习能力，应该让全体学生进入到班级工作的决策和管理过程中，无论是制定计划，执行决议，还是检查监督，总结评比，都让学生参与，及时采纳学生的正确意见，接受学生监督。

三、班级自主管理体系构建的实践

（一）聚焦学生与学习，激发自主学习动力

自主管理型班级的创建应聚焦在学生主体上，聚焦于学生的学习上是提升学生自主学习能力的关键，也是最经济的，最有效，强有力和具有挑战性的。

从小学进入初中学习，在学科知识上知识点更广泛了，内容增加了，难度加大了，作业量相对多了，学习方法改变了。所以会出现一部分同学求知欲增强，对知识十分渴求，总有一股生怕落后的不服输思想，学习很自觉；而有一部分同学则出现惰性，怕辛苦，或因为知识的缺陷而自信心丧失，破罐子破摔，成绩出现较大滑坡；还也有一部分同学协调不好不同学科的学习，出现偏科现象。第一种现象是可喜的学习状态，而后两者学习状态必定给同学们往后的学习生活带来隐患，所以应该从一开始就避免这样的情况，鼓励孩子积极的面对学习上将要到来的困难。

从班级自主管理的角度出发，可以根据不同科目班级学生的学习成绩为班中成绩相对落后的同学寻找学习伙伴，进行结对帮扶的工作，甚至可以采取"认领"、"拜师"这样轻松的形式让好同学与学困生自觉结对，请两位同学共同制定结对计划，短期长期目标，每日安排，每日考评等内容。而班主任所需要做的只是为班级同学提供互助学习，携手奋斗的平台。帮助学生自我管理的同时也管理他人，约束他人的同时也更加高要求规范自己。

（二）重视青春期个性化特质，唤醒主体自觉意识

初中阶段，从六年级开始，部分学生就开始进入青春期。处于这一特殊时期的孩子，无论从生理上还是心理上，都经历着一场巨变，从孩子的心理变化来看，主要表现为：求知欲增强，交往需要增加，有虚荣心，喜欢刺激，富于幻想，易接受暗示，模仿力强，有好胜心，易于冲动，爱感情用事，有较强的独立意向，希望根据自己的想法、兴趣去行事，认识问题直观、片面，缺乏成年人具备的分析判断、辨别能力。所以在班级自主管理上不可忽视学生青春期特质，要引导学生用积极的态度来面对成长。同时要定期安排不同主题的班会课让学生了解青春期，了解自己真正所需要表达与渴望的东西，唤醒学生渴望自觉、渴望成长的意识。

（三）重视养成与行规教育，规范自主学习路径

初中阶段是学生成长的一个关键过渡期，特别是初中的低年级阶段，家长和学生都希望学习好，各方面得到全面发展，作为班主任，要积极组织学生进行自我管理促使学生以最快的速度成长，以最好的行为习惯融入到班级集体的日常生活，帮助班级学生开展各种班集体活动。指导班级开展针对良好学习习惯的活动能够让学生从自身的角度出发，让行规教育的效果得到最大化。如开展班级戏剧节，让学生通过观察与表演的形式，从身边出发，从各个角度培养孩子们在学校里遵守纪律、遵守班规、校规的意识。六年级的学生

刚刚从小学的校园里走进初中校园，他们仍处于对于新环境的懵懂与好奇中，对于老师确立的规定不能完全理解与遵守，在认识与行为上可能需要偏差，六年级的学生可能会出现上课说小话、开小差等现象要及时杜绝并加以教育，而如果从学生自我管理的角度而不是从老师强硬教育的角度出发，让学生发现自己身上的问题并有针对性的通过各种形式自我教育，自我管理，相信效果要比教师严格监控来得好。帮助学生通过自主管理，树立正确的在校行为规范，能在第一时间让学生养成良好的习惯。

(四) 开展班级个性工作，扩大自主学习领域

班级各项活动的开展都应该是在学校各项工作的要求下进行的有规范的个性化的过程。班级自主管理也要遵循学校的各项要求进行设计和开展。学校注重学生德智体美劳的全面发展，为学生的成才创建了一系列的平台，组织开展各项促进学生身心一统的活动。为此，作为班主任，要在工作中积极配合学校开展每一次活动，组织并策划好班级同学的参与，培养学生的集体荣誉感与竞争合作意识。如在开展2019年庆祝建国70周年相关主题班会课中，让每位学生都积极参与到活动中来，学生根据活动主题，群策群力，提前准备了朗诵，讲小故事等节目，让学生从自身的体验中获得更多感染与受到更直观的教育。在班级卫生管理方面，一个整洁的学习环境，可以营造一种学习气氛，对于学生的学习与班级的管理十分重要。班级自主管理的形式下可以让学生在班级劳动委员的带领下，开学初拟定班级日常值日生名单以及大扫除名单，要求每位同学熟知自己的劳动职责，要求同学们做到“一日三小扫，每周一打扫”。每天放学后老师带领班级同学离校时，值日生负责打扫教室各角落，在值日组长检查后排队离校。每周进行一次大扫除，特别要对包干区进行彻底打扫，还可以根据班级流动红旗以及其它卫生评比的情况进行奖赏和惩罚，帮助学生在劳动的过程中得到锻炼，在自主管理的过程中虽然会碰到困难，但是经历不断调整与尝试让参与其中的学生体会职责的重要性，培养学生的责任感。

(五) 优化班干部团队结构，创设自主管理的氛围。

学生都希望自己的行为与努力能得到老师的肯定。反之，老师的肯定与鼓励又能促使学生不懈地奋斗与努力，做出更为骄人的成绩，对学生的发展起到至关重要的作用。班级的自主管理离不开班主任对于班干部队伍的建设，在班干部的培训上力度要加强。全国优秀教师魏书生老师说：“学生是班级的主人”，班干部是班级的中流砥柱，班干部队伍应该是班级中最强有力的队伍，是老师工作最得力的帮手团。在班级自主管理的过程中，班干部的工作定会暴露出各种问题，缺乏自理与责任感，缺乏合力与团队合作意识，缺乏工作能力与影响力都将给班级自主管理带来很大的弊端。这就需要班主任针对随时可能出现的状况做好预案，了解班干部的各种工作状态以及班级同学的反馈，帮助班干部们在为班级服务的过程中树立更强的服务意识，有更强的工作责任心，在班干部的岗位上得到更多的锻炼。这不仅对班级，对学生自身的发展与能力的提高也是一种宝贵的体验。

四、结论

管理的最终目的是学习。自主管理是为了培养学生的自主能力,树立自主学习的意识,提高自我学习的能力,促进学生养成自主学习的习惯。在班级管理这门学问中,如果能够针对班级的特性,运用科学合理的方式制定合理的班级自主管理制度,培养有责任心,有能力的班干部队伍,将为班级的整体发展助力很大。班主任在班干部培养、班级自主管理上都应该倾注更多的关注,这是构建班级文化的核心所在,没有民主的班级自主管理模式就不能最大化的发挥学生参与班级活动的积极性,学生的创造性与能力就没有平台加以展示。

同时,班级自主管理体系的创建也能让每一位参与的学生真正成为班级的主体,为班级出力,为班级负责。对于学生个体而言,参与的过程就是提升自主学习能力的过程,每一次活动的设计都需要学生运用自身的知识储备与能力,只有在这样的活动中学生的自主学习能力才能得到提升。学生的自主学习能力决定着一个班级的高度,而学校自主学习管理的水平将影响一所学校的办学水平。

参考文献

[1] OECD 教育研究与创新中心.促进 21 世纪学习的领导力[M].华东师范大学出版社.2017
[2] 顾陈惠.浅谈普通中学班干部培养中的“舍得”原则[J].新课程学习.2013.02
[3] 彭秀丽.初权利与权力:班干部的诞生[J].当代教育科学.2012.14
[4] 闫伟.特色引领班级文化建设[J]学校管理.2014.06
[5] 刘锡辉.加强班级建设 构建班级特色文化[J].教育教学论坛.2011.30

(作者系上海市奉贤区青溪中学副教导)

赢得孩子,而不是赢了孩子
——促进家长与孩子间有效沟通的学习领导力

顾佳红

摘要: 父母作为一个家庭的领导者,与孩子之间如何沟通,在处理孩子的问题上如何保持心平气和,让孩子在成长过程中如何更加自信……这都需要家长不停地学习,学习成为一个合格乃至优秀的家庭教育领导者。学习用自身的领导力,以互相尊重与合作为基础,以和善与坚定的态度引导孩子,培养孩子的各项技能。

关键词: 家长领导力

家庭是孩子的第一个课堂,父母是孩子的第一任老师。家长在孩子面前的引领作用如何,关系到孩子的全面发展。在很多家庭中,我们看到在教育孩子的过程中,家长总时不时会焦虑与烦躁，在处理孩子问题时会发生对着孩子吼叫，甚至动手的现象。当下你的孩子没有声音了没有反抗了，看似你赢了孩子，实则你彻底地输了，你的孩子会愈加叛逆愈加惶恐，不再和你敞开心扉，不再与你诉说心事。

家长作为长辈作为孩子的引路人，如何在处理孩子的问题上心平气和，如何让孩子在成长过程中更加自信……这都需要家长不停地学习。当然在学习的途中，肯定会面临诸多问题与挑战，因此通过学习领导力的过程中，不断解决问题接受挑战。《促进 21 世纪学习的领导力》一书中讲到：用一种新的、更清晰的眼光去看待我们自己的实践不是一种令人舒服的经验，因为我们会更准确的意识到在事情是怎样的和我们希望事情是怎样的之间存在这差距。笔者是一名教育工作者同时又是一位母亲，通过生活与工作中碰到的典型问题探讨家长的领导力作用。

一、家长引领，做到相互尊重

家长领导力在策略制定和创新行动中起着重要的作用，在教育引导孩子时需要设立一个创新型家庭环境。在很多家庭中，往往会因为孩子过度沉溺于电子游戏而吵得不可开交，父母很多时候恼羞成怒却无计可施，甚至出现丢掉或摔碎手机和平板的情况，但孩子并没有因此乖乖听话，反而产生一些不良的后果，比如反叛（你摔我手机，我就拒绝上学）。当父母与孩子发生冲突，双方都剑拔弩张之时，作为家长如何寻求一种尊重孩子的处理方式很关键，家长的领导力将会发挥重要作用。

（一）积极暂停，留出让彼此冷静的空间

家长先离开爆发争吵的场所，到另一间房间去。虽然不能迫使孩子先以尊重的态度对待家长，但家长可以自己以尊重的态度对待自己，“走开”就是以尊重的态度对待你自己；而且，这样做也给孩子树立了一个最好的榜样。

（二）寻找机会，心平气和地表达情绪

只有在情绪平静之时，心情转好才能把事情做好。家长作为领导者寻找机会先开口，表达理解孩子生气的感受也说出自己的真实感受（不接受孩子的错误行为）但永远爱他。几句简单的话语表达了父母对孩子感受的理解，这就是尊重。孩子会愿意交心，能静下来面对问题。当家长和孩子都平静下来的时候，可以和孩子明确——接下去把精力集中在找出解决问题的方法上，但必须考虑到彼此的情绪（也就是找出的解决方法必须建立在双方都能接受的范围中）。

（三）正视观点，生气时最不适合解决问题

在生气的时候，人们接通的是“原始脑”——其选择只有“战争”争夺权力或者“逃跑”拒绝沟通。家长不可以在“原始脑”运作的时候领导孩子，冷静下来直到能够用理性大脑思考时再解决问题才有意义。这也是家长应该教给孩子的一项重要技能。

以孩子沉迷于电子游戏，父母屡劝无果发生争吵为例。首先双方停战，父母先离开争吵的地方创设一个让彼此冷静下来的空间，继而寻找机会交流："我理解你被停止玩游戏而生气的心情，但并不认为你生气了就可以继续任由你玩游戏。透露给你一点，爸爸曾经也十分沉迷于电脑游戏，从里面抽身而出的确很难很痛苦。但我觉得我们还是应该解决这个问题，毕竟玩游戏不是我们的人生主业和目标，我想这一点你一定明白。接下去，你想想有没有一个什么办法，能让你慢慢走出这游戏瘾。"如果这时候孩子没有想法，家长可以提出一些建议，直到你们达成共识。当然戒网瘾和游戏瘾是很难的，所以一开始的建议可以比较缓和的，让孩子心理上有个缓冲与过度。

上面所述，归结为一点——家长引领孩子学会尊重自己尊重对方。通过四个步骤处理问题：第一步家长表达出对孩子感受的理解；第二步表达出对于孩子的同情，但不是原谅或认同。如果能举例自身类似的感受或行为的话，效果会很好，即感同身受；第三步告诉孩子你的感受。当然建立在真诚地进行了前面两个步骤；第四步让孩子关注与解决问题。家长尊重孩子在先，孩子自然就能学会尊重家长。家长将这种态度教给孩子的最好方法是以身作则。

二、家长把握，错误是学习的好机会

家长领导力的实施前提是家长遇事确立方向，并承担起自己的责任。每个人都不完美，家长应领导孩子需要达成的是有勇气面对错误，并从中汲取经验教训或者学到某项技能。家长把握时机并教会孩子把犯错误当成学习的大好时机，允许孩子经历失败，才能够在问题出现时学会怎样自己去解决。让孩子学会适应将受益无穷，知道如何对待人生中的跌宕起伏。

家长需要改变自己对错误的任何负面观念，认识并把握"犯错是学习的一个好机会"，关键在于大人的自身实践。这里以发生在笔者身上的一件事作为例子进行探讨：上课预备铃响过，教师走进教室，学生们还在交头接耳低声说话，没有意识到铃声的提醒作用。其中一个女生开始没好气地呵斥一声：都给我安静。但不知是这个女生威严不够还是学生们根本就是对着干并没有停下来的意思。可能她是班干部，可能是受班主任之托管理班级纪律，继续有一茬没一茬：都给我安静。从她的表现来看很显然她并有真的尽心，只是表面上履行她的责任，班主任问责下来有交代了。这时笔者已经不能忍耐，板书完课题，转身来了一句：不觉得最惹人厌的是你发出的这一句句"都给我安静"吗？顿时课堂内鸦雀无声。

（一）勇于承认错误，建立良好开端

教师的一句不当批评让女生始终低着头抗拒教师抗拒上课，笔者发现后开始尝试解决。午休时间与其交流，首先真诚承认老师的错误行为让其难受并进行道歉。她听后脸色明显好转。笔者表达真实的感受老师之所以发火并不是针对其个人，而是不满意毫无作用的那几句管教，反而让教室里显得更加零乱。她点头表示赞同，大人的领导力此时初

见成效。

(二) 发挥引领作用,有效解决矛盾

其次的交谈中笔者肯定她的责任心,但也指出方法不得当。她的接受程度越来越高,并有了眼神的交流……此后的每节课,她非常积极,无论是举手回答,还是小组讨论、代表发言,都有她的身影。最后的期末考试她挤进了为数不多的90分以上的行列。庆幸笔者作为教师及时纠正了自己,并且可以看出贯穿始终的领导力发挥了长期有效的作用。

整件事中通过教师起到了引领的作用,领导力在解决矛盾中起到了推动的效果,扭转整件事情并向着好的一面发展。其实家长也一样,明白犯错误并不可怕,关键是勇于承认自己的错误行为,并且把犯错误看做一种学习的途径去引领孩子。教师和家长的以身作则是最有效的教育方法。

三、家长实践,有效地运用鼓励

家长作为家庭中的领导者认识到要成功地进行全新的培养实践,领导力在平日如何发挥作用,在与孩子的沟通交流中就要有改变和创新。在平日里教育孩子的过程中,都希望让孩子得到鼓励,获得自信、勇气和进步。有这样一句话"好孩子是夸出来的",但究竟怎么"夸"是家长领导力的体现。

(一) 区分鼓励和表扬

表扬可能会促进一些孩子改善行为,甚至在短时间内立竿见影,可问题在于被表扬的孩子可能会变成"讨好者"或者总是在寻求别人的认可。这些孩子可能会慢慢形成一种完全依赖于别人观点的自我概念。表扬可能看上去挺管用,但考虑其长期后果,会让孩子依赖于他人。

鼓励是教给孩子们在日常生活和人际关系中所必需的人生技能和社会责任感。鼓励,是给孩子提供机会,让他们培养"我有能力,我能贡献,我能影响发生在我身上的事情,我能知道我该怎么回应"的感知力。鼓励也可以简单到是一个帮助孩子感觉好起来从而做得更好的拥抱。鼓励的长期效果在于它能让孩子获得自信。

(二) 找准鼓励的方向

家长作为孩子的领导者,需要找准从哪些方面鼓励孩子。1. 夸奖孩子做某件事情的态度。一方面肯定孩子的做事态度,另一方面鼓励孩子增强他的自信心。2. 肯定孩子身上所具备的精神品质。孩子做了好事善事,作为家长应该及时肯定孩子身上表现出来的品质,比如坚毅、耐心、大度、乐观等。孩子接收到家长的赞许,不断了解到优秀品质的定义并朝优秀的方向发展。3. 挖掘孩子做事的细节。当孩子在某方面能力有所提高时,细究这个具体的行为,越详细越好。细心不仅体现在谨小慎微,更体现在孩子考虑问题的全面性和多角度。

学会透过表面看本质，肯定孩子的坚毅品质、努力认真的状态、不断进步的热情等，孩子会越来越优秀。有效运用鼓励从心理学来看，鼓励是一种尊重，尊重孩子有权利选择自己的认识和行动。鼓励也是一种信任，相信并承认孩子有能力去认知和行动。

四、结论

在孩子成长的路上，他们需要自己走过漫长的努力期，家长在引领的过程中做到尊重孩子，适时把握好犯错误后的学习机会纠正孩子往更好的方向发展，同时适当正确地鼓励孩子，鼓励往往是激发一个孩子上进的最好方式。家长要做到确认自己领导者的角色，清楚自己发挥领导力的作用，不断创设良好的领导力环境去真正"赢得孩子"，而不是"赢了孩子"。发挥好家长的领导力作用，助力孩子健康快乐地成长，实现自我的价值。

参考文献

[1] [美]简·尼尔森. 正面管教
[2] OECD 教育研究与创新中心. 促进 21 世纪学习的领导力

（作者系上海市奉贤区青溪中学党支部委员、家校工作负责人）

学习领导力引导下聚焦探究拓展型课程管理智慧

沈梦微

摘要： 21 世纪初期以来，学习领导作为一种新的教育领导方式，引起了美英等发达国家研究者的广泛关注。学习领导是以学习为中心的一种教育领导，将学习视为领导的核心目标与价值追求。学习领导可以被视为通过改善师生学习，从而实现学校改进的一种教育实践形式。世界正处于一个不断变革的时代。社会对学校的期望越来越高。他们期望学校能够培养出适应社会发展需要的新型人才。学校在整体推进的同时，对探究型拓展型课程的实施和管理进行了探索和实践。

关键词： 学习领导　探究　拓展

学习领导是在一种有关教育的社会学中诞生的，这种社会学反映了学校在组织不平等现象产生的过程中遇到的种种阻碍，同时反映了教师有可能使这种状况得到改善。[1]将学习置于学生、教师与领导发展的核心位置，同时对学校进行关键步骤上的改进，是多数学者对该理论公认的特点。学习和领导之间存在一种相互影响的动态关系。[2]学习领导隶属于教育领导的范畴，是继课程领导、教学领导之后一种新的领导范式、领导形态；学习领导是学校领导以提升学习者的学习质量和效果为领导工作的焦点，将学校领导的职能、范围延伸至教师、学生和与学校密切相关的人员，共同领导学校的学习，在工作中建构一个“学习—领导”共同体；学习与领导在共同体活动中形成一种互惠的建构式关系，两者的紧密结合产生可持续发展的良好效果。

随着学习社会化、信息化、终身化的理念不断深入，师生如何获取学习的讯息和资源、把握学习的方向和边界、提高学习的能力和效率，需要得到他人的正确领导和管理。有效的领导和管理，有助于促进各层次有目的地学习，促成改进探究拓展课程建设。

一、激活教师课程主体意识，培育课程整合的师资力量

首先，使教师认识到探究拓展型课程的重要意义，认识到这两类课程不是可有可无的，而是必须要深入贯彻实施的，认识到实施探究拓展型课程是国际课程改革的大势所趋，也培养未来社会需要人才的重要途径。其次，在学校教师队伍中建立良好的探究拓展型课程实施的氛围。教师实施探究拓展型课程的态度在很大程度上受教师集体的影响，学校整体对待探究拓展型课程的态度会影响到教师个体对探究拓展型课程的态度。因此学校主要领导负责制定探究拓展型课程的发展规划，制定明确的发展目标，明确目标达成的方法与各个阶段的主要任务，使学校教师有一个明确的发展愿景，而不是面对探究拓展型课程下来指标之后手足无措。

根据学生实际与二期课改的课程目标要求，学校成立了以校长室，教导处为领导的探究型课程研讨小组，完成适合我校的分年级的课程目标设置，促进各层次有目的的学习，帮助教师形成综合性的课程意识。

根据我校实情，探究性课程主要以探究学习包、小课题研究两种形式进行。小课题研究主要分为以下两个方向：寻根、放眼。主要通过学生社团、社会实践、乡村少年宫等活动具体开展实施。我校拓展型课程分为文明礼仪类、知识技能类、人文素养类、体育竞技类、科技创新类等五类课程，促进学生的全面发展和个性发展，培养新时代青溪“绅士”、“淑女”，成为“五有”学生。

教师参与课程建设由不积极到积极的变化过程，最初的课程工作小组扩大到一批教师，后来扩大到全校教师。教师们都认为自己开发课程的活动就是在做课程建设，越来越意识到课程开发不只是课程专家和管理部门的事，自己也是负有主体责任。他们于是不再是拿出学科课程中的部分内容到融合课上随意讲个专题对付时间，而是带着“一门完整的课程”的想法去设计全新的课程或者基于原来的课程重新构思，尽管是在学校定好的大方向下开发，他们依然愿意加入到这个行列中。我们的教师年轻、好学、有活力，对探究类课程有着敏锐的嗅觉和想法。扬长避短，团结协作，变劣势为优势，使我们成了一个有凝聚力的教研组。教研组认真解读《上海市中小学研究型课程指南》，立足学习包的使用，继续开发和完善，有机整合已有资料，提高教学效率。加强学习，提升课程理念，并规划组织参与区级层面的活动和网络教研，线上线下相结合，学习先进学校的经验，提高对探究型课程的认识，领会本课程的价值定位，提升教师的课程意识，不断提高课堂教学质量。

二、加强探究拓展课程的过程性监控，将常规管理落实到位

完善的课程管理制度是探究拓展课程有效实施的保障，没有制度的保障，探究拓展课程就会成为一门虚设的课程。

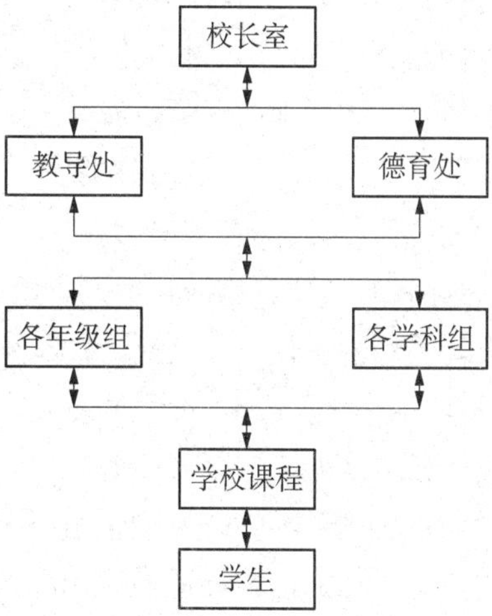

学校课程建设领导小组基本涵盖学校所有高层和中层领导，形成了一个纵向垂直、横向配合、分工明确的组织领导体系。即学校要由任务执行型组织回归为学习型组织。将学校领导者与教师之间、教师与教师之间竞争的关系改变为协作共发展的关系。

教师在教育教学过程中须用新的课程观念把握教育内容，在实施探究拓展课程过程中，要求教师的视野必须宽广，因此要将创新意识和能力培养建立在扎实的知识和技能之上。每门课程要求授课教师制订教学计划，精心备课，学校通过课堂巡查、听课、评课、学生作品成果等手段对教学过程进行全面监督。学期末我们会对优秀的探究拓展课程进行展示和表彰，同时，学校开展丰富多彩的活动，搭建各种平台让学生展示才艺，每学期学校各类举办活动节和探究拓展课程紧密结合，在校园内设置文化长廊将学生的成果以及作品进行展示，以此发挥辐射作用提升教师的课程开发能力和教育教学能力。探究拓展课程具有项目开发面广、教师需求量大的特点，完善学校管理制度，营造有利于课程实施的良好氛围。

三、创造良好的沟通平台，实现知识的共享

探究课程型与拓展型课程并不是相互对立的关系，而是相互补充、相互促进，共同为学生的全面发展服务的。不同课程虽然割裂了知识之间的联系，但对于知识的精细化发展以及传承人类社会已有的优秀文化成果具有重要意义，而探究拓展课程相比于其他基础课程，更加注重学生运用所学知识的能力以及注重培养学生全面思考问题的能力，因此，这两类课程在实践中不应该是非此即彼的关系，而应该是相互配合共同为学生的全面

发展、培养复合型人才而服务。

我们如果只是拘泥于自己的学科教学在学习上,老师本身有擅长和有宽广视野的优点被忽视。我们优秀的裴怡惠老师就曾从语文转向探究,作了伟大的尝试。向奉贤区展示了一堂《设计家乡未来的桥》的课程。裴老师采用“探究式”的学习方法,按照“创设情境—合作探究—自主探究—成果交流”为基本教学流程展开教学,让学生掌握桥梁设计的基本要领,画出一座家乡未来的桥梁的设计草图。课堂中充分发挥学生的主体性,积极性,引导探究的方向。各校老师对于裴老师的课堂以及学生的表现给予高度评价,裴老师能够遵循教学规则,搭建交流平台,活动设计巧妙而有创意。探究拓展课程让教师借以挣脱枷锁按照自身能力与个性特点定制课程内容与实施方式,找到适合自己的课堂,从而获得专业成长。同时以裴老师为代表的教师也作为学习先行者,可以引导其他教师,把个人的学习成果进行广泛推广,这既锻炼教师的文字组织、语言表达和信息技术能力,又提高教师学习的成就感。另一方面,学习先行者和学习后来者,可以根据不同学习任务进行角色轮流互换,保证组内异质成员自然地分享领导、共同承担责任。

因此,创造良好的沟通平台,帮助教师积极建构综合的知识结构,实现知识的共享。内置于不同的探究拓展课程之中,教师根据需要适当进行延伸与拓展,但这类延伸不是在本课程知识内部的延伸,而是需要教师发现某一课程内容与其他课程内容的联系,在此基础上根据学生的心理与智力发育情况进行适当的联系与拓展。探究拓展教研组通过跨学科听课评课,撰写课程方案等形式等举措,师资建设有了可依托的平台和成长模式,跨学科教研和协同教学得以推动,同时开展围绕研究课题的学科教研活动,使学科课程也可以渗透跨学科学习。教师们正是在这样一个全方位的教师团队文化建设中,发展课程意识和专业素养,成长为互为支持的教师专业共同体。探究拓展课程需要教师之间的横向合作,加强教师之间的合作,它跨越了不同课程之间的界限,不再局限于各个课程范围之内。实现知识的共享和跨越组织边界的知识和信息的流动在互动中产生新知识与新经验。这些知识和经验,每个人都可以借鉴、转化、创新,从而增强每个人在组织中的活力和适应能力,并不断突破自己的能力上限。

学校教育是培养人的事业。多元化、信息化的知识经济时代,对劳动者的知识水平要求越来越高。特里林与菲德尔认为,21 世纪最需要的技能是:“学习与创新技能”、“信息、媒介和技术技能”、“生活与职业技能”。[3]不断学习、学会学习是我们新时代的基本要求。人才培养需要一个以学习者为中心的环境,传统学校模式需要改进,依赖传统模式而生存的教育领导也需要改进。学习领导作为一种新型的领导方式,正是将改善师生学习,促进学校改进,培养适合时代发展的新型人才作为重要目标。通过学习领导实践,可以提升教师的专业能力,促进学校发展。[4]

人人都是学习者,包括学生、教师、领导者以及学校的其他成员。创造条件支持学习活动,需要营造人人学习的文化氛围,建设学习共同体,促进学校改进。将学校视为学习共同体,学校成员共同为学校改进贡献力量。领导者努力把学校建设成专业的学习共同体。相互支持的学校文化,学习共同体的所有成员可分享领导,参与学校的决策制定,共同承担学校发展任务，既发展自己，也影响他人。

综上所述，本研究得出以下结论：学习领导以学习为中心，人人都是领导者，建立学习共同体，改善学生学习，推动学校改进。通过激活教师课程主体意识，培育课程整合的师资力量；加强探究拓展课程的过程性监控，将常规管理落实到位；创造良好的沟通平台，实现知识的共享，将对探究拓展课程建设改进产生重要影响。

参考文献

[1] 张健译. 澳大利亚林嘉德等领导学习——达成教育者的愿景[M]. 湖南教育出版社. 2008
[2] 黄婉仪等译. CRAWFORDM，KYDDL，RICHESC. 教育管理：领导与团队[M]. 香港公开大学. 2001
[3] 特里林，菲德尔著，洪友巧译. 21 世纪技能：为我们生存的时代而学习[M]. 天津社会科学院出版社. 2011：44—45
[4] 刘茜. 学习领导理论述评[J]. 外国教育研究. 2011，01：23—28

（作者系上海市奉贤区青溪中学拓展、探究教研组组长）

第三章　教师学习领导力提升策略

第一节　教师的角色担当

20世纪80年代以来，随着教育改革的深入，在学校权力往中心化、校本管理、分权、教师赋权以及领导理论发展与转型的背景下，教师作用越来越受到重视。人们越来越认识到，英雄式的领导已不足以达到学校改善的目的，学校的发展和变革要依靠全体成员的共同努力，尤其是站在教学一线的广大教师。教师不仅仅是知识的传授者，而且是学生学习的督导者、同事的协调者和培训者、学习环境的创造者以及学校进步的推动者和改革者。教育改革的关键是教师

一、教师是自身专业成长的引领者

在教师专业发展领域的研究显示，有效的教师专业发展应将教师视为学习者、尊重教师作为学习者的自主权。教师基于自身的理解建构自身的学习活动是教师引领自身学习的表现。因此，教师作为自身学习的领导者是保障教师学习成果和有效专业发展的重要条件。

要适应学习型社会的发展，教师必须具备终身学习理念和培养学生终身学习素养的能力。学习是持续一生的历程，每一个人在任何生命发展阶段均需不断学习。学习的渠道和方式是多元且弹性的。各种形态的学习必须具有弹性、有所协调统领。学习强调自主的精神。既是自发性学习，也要重视自我导向学习能力的培养。学习内容无所不包，在学习内容的广度上不仅学习新知与职业技能，道德伦理、体能健康、社群关系、美学艺术等生活文化教育也同样重要。

二、教师是团队合作发展的推动者

在“学习的领导”看来，领导学习的责任并非占据职位者，如校长所独有，每一位学习者都应主动寻求意义交往并推动整个学习社群之中的意义交往。因而，在以学习为中心事业的教育社群内，每一位成员既是学习者，也同时担负着促进学习的领导责任。

一些研究者探究了教师实践学习领导的情境，发现科层组织与社群是现实中教师践

行学习领导的两大情境。以科层组织为背景的教师领导具有“角色为本”的特点，本质是依据工业模式，依附学校已有的科层结构让教师承担行政管理的功能。这时的教师领导权威来自职位角色，且权威固定于教师领导者个体。而具有社群色彩的教师领导则是组织的属性，能推动组织发展的财富与能量。此时，教师领导作为一种立场而内在于教师角色之中。

三、教师是创新学习环境设计的实践者

根据经济合作与发展组织(OECD)2018年4月9日报道，OECD发布了《教师作为学习环境的设计师：创新教学法的重要性》报告。该报告围绕自然学习教学法展开分析，如游戏、情感、创造力、协作和探究，通过对混合式学习、游戏化教学、计算思维、发现式学习、多元读写教学法、讨论式教学等创新教学法的分析，为教师提供创新教学的参考标准。

在设计学习环境时，教师必须理解“教”与“学”之间的关系，并认识到在学校间建立网络和加强校级协作的重要性。学校网络是教师在课堂上创新的关键杠杆，通过创新来改善对学习环境的设计。此外，为帮助教师灵活使用信息通信技术，OECD提出教师必须思考“教”与“学”的互动，如在教学法上引入批判性思维、数字素养或计算机科学，即用计算机解决问题，可以提高学生在数学、科学或其他关键领域的能力，如设计或数学推理。

OECD提出，创新教学法的作用在于提高教师的教学技能和技巧，并帮助他们探索思考、反思和理解的新方式。同时，教师可以通过学校网络与大型社区保持长期联系。但是，仅为教师提供技术并不能促进课堂教学的创新，教师应在学习过程中发现自身的创造性、直觉和个人能力，并将之与创新教学法相结合。

第二节　教师提升学习领导力的关键知识

教育改革实施中存在许多未知的问题，需要一线的教育实践者，尤其是教师具有自主、反思、主动寻求变革的能力和勇气。因此，教师成为学习领导者不仅是改革的重要目标之一，同时也是实现改革目标的重要手段。教师的学习领导力，主要表现为教师运用专业知识和技能，追求自身的专业成长，影响其他教师，创建创新型学习环境，最后达到改善学生学习成就的目的。

一、课堂管理的知识，关注教学时间最大化

不论对于学校教育还是对于教师教学来说，课堂管理都是非常重要的。教师课堂管理水平会对实际的教学效果产生重要的影响。课堂管理失败，教学一定不会成功。国外学者将课堂管理定义为：组织课堂活动的方法、指令、结构以及其他有效运用时间、营造

快乐高效的学习环境、使行为问题和课堂干扰最小化的各种特征。课堂时间分为计划学时和专注学时。计划学时是指教学大纲规定的一门课程的课时，也就是教师实施教学、学生有机会进行课堂学习的时间。专注学时是指学生个体实际花在学习上的时间，即某个学生忙于手头学习任务的时间。专注学时是造成学习成就差异的更重要因素。因此，怎样最大化专注学时的课堂管理，是每一位教师需要具备一定的知识与策略。

二、教学方式的知识，聚焦有效利用教学时间

《中共中央国务院关于深化教育教学改革全面提高义务教育质量的意见》是目前我国深化教育教学改革、全面提高义务教育质量的纲领性文件。其中对优化教学方式做了如下要求，“优化教学方式。坚持教学相长，注重启发式、互动式、探究式教学，教师课前要指导学生做好预习，课上要讲清重点难点、知识体系，引导学生主动思考、积极提问、自主探究。融合运用传统与现代技术手段，重视情境教学；探索基于学科的课程综合化教学，开展研究型、项目化、合作式学习。精准分析学情，重视差异化教学和个别化指导。”要优化教学方式，首先必须弄懂这些教学方式指的是什么。其次，要弄懂如何有效使用这些教学方式。许多老师常常无意间都在使用这样的教学方式，从无意到有意，从有意到有效，这是优化教学方式的一个过程。

三、教学评价的知识，结合不同评价形式

教学评价是指在一定的价值观指导下，用一定技术和方法收集整个教学系统或某个侧面的信息，并基于所获得的信息，以教学目标为依据对教学的各个方面做出客观的衡量和价值判断，从而促进学生不断向前发展。每个学生都有可发掘的潜力。课堂教学评价必须充分考虑学生的个别差异，做到以学生为本，考虑学生的实际水平和发展的需要。教师必须重视培养学生的学习兴趣和终身学习的愿望，建立多元化的评价观。在评价内容上，不仅评价考试要求的书本知识，还要全面评价学生的综合素质和能力。在评价主体上，让被评价者发挥主动性，参与评价的过程。同时吸收学生、教师同行、家长和专家共同参与评价。在评价手段上，除了常用的考试和测验外，具备多种方式结合，注重过程性评价的能力。

四、学习过程的知识，支持和促进个体的学习进程

学习是一个逐渐累积、演进的过程；学生对科学概念的理解存在多个不同的中间水平，学生需要经历这些水平方能实现不断进步发展；在一定的时间跨度内，借助恰当的教学，学生对某一核心知识的理解及其运用将会逐渐发展、日趋成熟；这种发展变化并非是简单的一维、线性的，而是类似于生态演替过程，变化是多种因素相互联系，相互作用的结

果。学习进程充分整合了课程标准、课堂教学、考试评价的要素，使三者的联结变得更加强烈、明晰，从而形成了一个有机、联动、结构化的体系。教师必须具备将课程、教学与评价有机融合，和谐互动的能力，才能更好地推动学生的学习过程。

五、个体学习者特征的知识，满足不同学习者的需求

学习者是学习活动的主体，学习者所具有的认知的、情感的、社会的特征都将对学习的信息加工过程产生影响。教学设计的最终目的是为了有效促进学习者的学习，而要想促进学习者的学习，就必须使教学方法、媒体和技术与学习者的特征相匹配。因此，设计的教学方案是否与学习者的特点相适应，或在多大程度上适应学习者的特征，是衡量一个教学设计是否成功的重要指标。受生理、心理、社会文化等因素的影响，学习者个体之间既表现出一些共性的、稳定性的特征，又表现出多样化的差异。不同年龄学习者的认知发展成熟水平不同，同一年龄段的学习者在认知结构、学习风格、学习动力等方面又会表现出诸多的差异性。教师在分析学习者的特征时，既要考虑学习者之间的稳定的、相似的特征，又要分析学习者之间的变化的、差异性的特征。

第三节　教师在“以学习为中心”的教育教学变革中的行动要点

一、教师基于自身的理解建构自身的学习活动是教师引领自身学习的表现。

1. 强化学习动力，提高发展内驱力。

学习动力推动学习行为并直接影响学习者的学习态度和学习结果。有研究者认为，人的成长发展通常包括以下几种动力：生存动力、目标动力、竞争动力和组织激励及社会压力等，这些动力对于人的成长与发展是十分必要的。无论那种动力，只要能够促使教师产生学习与发展的内动力就应该提倡，因为这些动力能促使教师产生学习的内在需求，使教师获得学习与发展的力量。

2. 制定发展规划，明确学习目的性。

有职业规划，学习才有目标，发展才会有效。在职业发展规划的框架下制定近期与远期目标，尤其是根据近期目标制定详细的学习计划更加有利于指导教师的有效学习。每个人的工作方式、业余时间等都不同，在分析自己个性特点、优势与不足的情况下把握学习的重点，哪些是自己教学过程中的不足？哪些是自己的优势？如何弥补不足？又如何发扬优势？这样就能明确自己最需要学习什么，就能真正把握学习的实质。

3. 精选学习内容，提高学习针对性

学习不仅仅是知识的学习，还包括经验的获得、思想的改造、品德和态度的形成与行为的改变。学习过程是知、情、意、行等心理因素共同参与、共同活动的过程。要使学习有

效，教师要根据教育教学的需要对学习内容进行选择，根据学习时间段确定学习任务。教师的工作是有明确的时间规律的，在学习时可以制定具体的学习任务，也可以根据研究的课题或遇到的问题确定学习任务。

4. 掌握学习方法，实现学习个性化。

符合个性的学习方式意味着教师要根据自己的个性倾向和个性心理特征，选择那些对自身来说最佳的、适用的、有效的学习方法。教师应在实践中学习。教育教学实践为教师学习提供了生动的素材，学习不能脱离自身的教育教学实践来获得。教师应在自我反思中学习。反思有利于教师获得实践性知识，增强教育教学能力，生成教育教学智慧。教师要在问题解决中学习。问题解决是教育教学的目的，也是学习的目的。

5. 养成学习习惯，形成学习多元化。

教师学习是否有效、学习能力是否得到提高关键看有没有养成良好的学习习惯。学习习惯的养成需要教师自身的内驱力，也是教师自觉自愿学习的根本动力。教师要善于利用多元渠道进行学习。信息网络的发展给教师拓宽了多元的渠道，教师一定要学会利用碎片化的时间养成每天学习的习惯。同时养成"读、思、写、做"的工作习惯。读书是一种学习方式，思考是将实践进行梳理，写是将思考与实践记录下来，做就是实践，四个方面相辅相成。

二、教师通过团体学习及同伴互助与合作，注重自身的专业发展。

1. 激发教师自身生成的领导愿景。

大部分教师仍然以教研员为学习指引，更加重视区教研活动，将学校组织的各类教研视为"任务式交流"。同时，在学校教师学习中，更为常规的教师领导行为主要见于具有正式职位的教研组长或骨干教师，这意味着，教师在实践其学习领导者身份时，主要依据外部赋予的目标开展领导，缺乏自身生成的领导愿景。因此，如何在教研组建设时，建构统一的、教师认同的学习愿景，如何制定有效的学习目标，以激发教师在学习活动中的合作动力，打破自主探究的空间局限，是教师转变为真正学习领导者的关键。

2. 有效融汇教师的学习与领导活动。

教研组是教师实践学习领导的重要情境。但是，如果领导行为只是出于对所承担的领导角色的回应，是一种基于角色的教师领导，那么这种领导行为是单向的，与自身的学习活动相分离，从而使领导成为工作的额外负担，自身持续发展也受到限制。因此，如何打破教研组内的角色分工，从而使教研组中形成流动的教师领导实践，使教研组具有社群色彩，成为教师日常工作的一部分，作为一种立场而内在于教师角色之中，这时，教师的学习和领导可以有效地融合，从而教师在行使领导和推进学习的过程中，实现个人与组织的共同发展。

3. 运用任务驱动激发教师个体能动性。

绝大部分的教师对教研员传到的改革新理念、新观点具有不同程度的理解和认同，这是教师将个人学习需求扩大至一个群体范围，成为群体共同探究的学习目标，才可能使个人在国家提供的学习资源之外，获得基于本土的发展资源与空间。此时的教师领导对于教师学习的推动正是通过提升一个小规模教师群体的专业发展而间接的改善教师学习的条件。任务驱动主要是领导者通过科研课题、教学比赛等学习任务，创造有利于教师交流的机会和平台，促进教师在某一时间范围内的合作学习行为。但是任务驱动的时效性是有限的，当任务完成时，教师的组织学习活动往往也结束了，因此如何发挥任务驱动的长效机制是学习导向型领导工作的挑战。此外，不同教学法完成教学任务的方式也不同，即在如何选择学习焦点、控制学习进度和决定学习周期上都有差异。因此，教师在教学法的确定中要始终思考三个问题：学生应当学什么？如何确保学生保持学习？何时能进入后续学习任务？

4. 创新教研活动设计及教研模式建构。

教研活动是教学重要组成部分，教研活动的开展一直是帮助教师解决问题与困难、实现理念与实践沟通的有效途径。创新教研模式主要从主题式教研活动设计及学术团队建设两方面展开。主题式教研活动设计指围绕某个主题，开设专题研讨课，然后进行交流评议，是促进教师交流、成长、成熟的重要方式。每学期初，各教研组都会以学校教学部工作计划为指导，积极进行组内研讨，针对日常教学中的困惑确立本学期的校本研训主题，并进行全校范围内的交流展示，以便各教研组互相学习，切磋共进。每周定时的教研活动和每月专家的指导为各教研组提供了优质资源，各教研组也逐步从实践中摸索出了适合本学科的教研模式，如英语教研组的听评课模式，数学教研组的“五步法”研讨模式等等。学术沙龙是一种由同一学术团体成员参加的，可以自由发言的专题讨论会。作为教育集团理事长学校，集团各校 1—3 年期职初教师组成了学术沙龙，是同伴互助式学习的平台。每一次话题讨论，旨在开阔思路，引导思考，加深职初教师对教育教学理念的人事，寻求更多的教学策略，是教研同时也是科研的平台。

三、教师基于创新性学习环境建设的创新性教学模式的实践。

1. 探究式学习教学模式

探究性教学模式是指在教学过程中，要求学生在教师指导下，通过以“自主、探究、合作”为特征的学习方式对当前教学内容中主要知识点进行自主学习、深入探究并进行小组合作交流，从而较好达到课程标准中关于认知目标与情感目标要求的一种教学模式。探究性教学模式不仅可以较深入地达到对知识技能的理解与掌握，更有利于创新思维与创新能力的形成与发展。学生在学习过程中的主体地位是否能得到充分体现是关键。

2. 问题导向式的教学模式

基于问题式的学习，强调把学习设置到复杂的、有意义的问题情境中，通过让学习者合作解决真实性的问题，来学习隐含于问题背后的科学知识，形成解决问题的技能，并形成自主学习的能力。学生通过自身经历知识发现的过程来获取知识、发展解决问题能力的学习方式。教师的主要任务不是向学生传授现成的知识，而是为学生解决问题的活动创造条件、提供支持。精心的问题设计与情境创设，通过深层互动激活学生求知欲，达成最终的有效学习。

3. 个性化学习教学模式

个性化学习是根据学习者的个性特点和发展潜能，采取灵活、适合的方式充分满足学习者个体需求的学习。它强调“以学生为中心”，能根据学习者的兴趣、认知能力、学习风格等要素，为学习者提供个性化的学习方法、策略、内容等，以促进学习者更好地学习。在互联网＋背景下的信息技术与课程教学的有效融合，是教师创新学习环境建设与个性化学习环境创设的有效途径。混合式教学模式不单指混合式学习一个方面，也不是传统教学和网络教学的简单叠加。事实上，广义的混合式教学模式不单指两种及以上的教学形式的深层次交互融合。

教师与学生是紧密相联的，他们清楚地了解学生的学习状态、学习困难和学习愿景。正如加拿大学者富兰所说的：“教师是学校改革的关键，而组织要在21世纪获得成功，领导是关键。学校革新要真正成功，无法仅依赖校长，尚有待全体教师的投入”。若教师游离于教育改革，对教育改革漠不关心，这样的改革必定失败。

学习领导力，即以学习为中心的领导。教师学习领导力是指教师运用专业知识和技能影响学生、其他教师、家长等人员，最后达到改善学生学习的目的。教师学习领导力的提升，旨在推动创新型的、强有力的、整体性的学习环境设计、实施与维系，以达到学生更加主动的、创新性、个性化与社会性学习为目标。

参考文献：

[1] OECD发布《教师作为学习环境的设计师：创新教学法的重要性》报告[J]. 世界教育信息. 2018(10)
[2] 金琦钦，丁旭，盛群力. 教师如何变革教学[J]. 开放教育研究. 2018.08
[3] 曾艳，黎万红，卢乃桂. 课程改革中教师成为学习领导者的路径探索[J]. 教师教育研究. 2014.01
[4] 刘胜男. 学习导向型领导：影响教师组织学习的领导因素[J]. 教育发展研究. 2015.04
[5] 刘志华，罗丽雯. 以学习为中心的校长领导力与教师领导力关系研究[J]. 华南师范大学学报. 2015.06

（本章主要负责人：徐　冲）

第四节　论文案例

依托“评价工具”开展作文互评的探索实践

孟丽丽

摘要： 提升作文评改的效能，素来是一线语文教师最为关注的事。而现状却是时间占比大，收效甚微。本文试图针对评改方式中常用的“学生互评”方式进行实践，通过“评价工具”的巧妙运用，充分调动评改主体的积极性，提升作文评改的有效性。

关键词： 学生互评　评价工具　有效指导

一、评改作文的现状调查

作文评改是令很多语文教师头疼的事，一方面教师在评改过程中花费了大量精力和时间，另一方面则是学生看过教师的评语后依旧没有实现写作水平的提高。笔者针对自己所任教的两个教学班及所在的六年级备课组进行了相关的调查(见表 1)。

表 1　调查问卷分析(节选)

问题一：教师精批的评语对于你的写作帮助大吗？			
调查对象	选项一	选项二	选项三
教师学生	帮助非常大。认为评语既感兴趣，又有实效。	比较大。能读懂，但具体指导较少，仍没有方向。	一般。基本读懂老师的意思，但不会操作。
85 人	25 人	45 人	10 人

问题二：你比较喜欢哪一种作文评改方式？			
调查对象	选项一	选项二	选项三
学生	教师精批	学生之间互相评改，然后由教师讲评。	先由教师指导，然后学生自行评改。
82 人	11 人	42 人	29 人

反思一：评改有效性亟需提高。在实际教学中，教师和同学的评语往往太过宽泛，涉及面过于广泛，大多数评语比较空洞没有针对性，评改内容没有层次和逻辑，想到哪里写哪里，看似评语一大片，但学生根本没有找到针对自己作文修改的抓手，花了大量时间撰写的评语对学生写作指导却收效甚微。

反思二：评改方式亟需调整。我们目前的评改方式还是以教师精批为主，一学期八篇作文，教师评改至少占六、七篇。似乎觉得只有教师评改了才放心，觉得作文评价工作才算完成，而由调查可知，学生恰恰最喜欢学生之间互相评改的方式。

为此，通过有效的指导来实现学生的有效互评，值得一试。

二、“评价工具”使用的必要性

《义务教育语文课程标准》要求初中 7—9 年级的学生能“根据表达的需要，借助语感和语文常识，修改自己的作文，做到文从字顺。能与他人交流写作心得，互相评改作文，以分享感受，沟通见解”；美国学者提出的“学习金字塔理论”也说，学生在“做中学”以及实际演练中，学习效果能够达到 75%，学生如果在学习某种知识以后，能够立即使用或者马上教别人，学习效果能够达到 90%。因此，在初中记叙文写作评价中，应当将评分的主体由教师扩展到学生。

但互评也会存在诸多问题，如作文功底差的学生，对作文的优缺点辨识能力弱，不仅找不准优点和缺点，反而可能会断章取义，将亮点误认为缺点；学习目标不明确的学生，不把同学互评作文作为学习和进步的机会，反而趁乱放纵自己，把课堂变成嬉闹、说闲话的场所；纵使有兴趣、有自制力的学生也可能因自身写作能力水平的限制，使得互评的效果大打折扣……为此，教师的适时指导及“评价工具”的使用就显得尤为关键。

本文所指的“评价工具”是指基于上海市教委教研室设计的通用作文评价表、某区在此基础上研制开发的《初中生作文评价表》，并结合自身教学实际、学生学情，根据每次互评作文题目及训练内容的特点而不断调整、选取、组合，供学生互评使用的评价量表。其评价目的不是告诉学生作文得了多少分，而是试图“推断出提供学生最有益的学习回馈”。

三、依托“评价工具”组织学生互评作文的实践探索

（一）互评活动前期准备：教师备课，完成工具组装

笔者所依据的上海某区研制的《初中生作文评价表》（见表 2）中，一级指标分为中心与材料、思路与结构、语言三个维度，在每个一级指标下，都有与之相匹配的观察点、观察路径参考等。这不仅与上海市现行中考作文标准保持高度统一，更为我们指导学生互评作文提供了具体、可行的抓手。

表 2 《初中生作文评价表》

一级指标	观察点	观察路径参考
中心与材料	材料是否吻合题意？	如何理解题意？ 材料与题意之间是否建立逻辑联系？
	中心是否明确？	能否用一句话概括作文的中心
	各段材料是否能较好地表现中心？	每段写什么？段与段之间如何建立联系？ 各段和中心之间如何建立联系？
思路与结构	行文思路是否通畅？层是否清晰？详略的安排是否较好地服务于文章的中心？	能否借助时间词等找出文章思路？哪几段可以归并为一层？ 段落是否有详略，这样安排和中心之间是什么关系？
语言	语言是否能准确、清晰地表达自己的思想？	遣词造句是否合适？表达的意思是否明了？
	语言是否流畅？	是否有错别字？是否有病句？ 读起来的感觉是否顺畅？

但考虑到目前我所任教的六年级学生的写作水平，不可能每次互评都兼顾每一个指标、每一个观测点。为此，根据训练的不同重点，我在互评前首先要有针对性地对评价工具进行重新“组装”。

以部编本教材六年级上册作文教学篇目为例，我对“评价工具”做了如下安排：

表3 六年级上册作文安排

作文篇目	教学核心目标	重点工具
第二单元： 《记一次难忘的活动》	围绕中心，有条理、有重点地记叙一次集体活动	中心与材料、思路与结构
第三单元： 《 ，让生活更美好》	观察和体验生活，发现其中对个人成长有意义的元素	中心与材料
第六单元： 《我的拿手好戏》	围绕中心合理安排材料及文章结构	思路与结构、语言

以教学核心目标为统领，选取一个评价的侧重点，并将“观察路径”细化，形成有针对性的互评工具，制作互评表单，于课前印发，辅助师生的互评活动。

（二）互评活动组织实施：有序开展，完成评语撰写

小组合作探究方式能很大程度调动学生的积极性，激发学生写作的乐趣，促进学生写作思维的培养，同时也把教师从低效的评改中解放出来。作文互评之前教师要做好一系列的准备工作，以保互评工作顺利、高效。

1. 组建小组。四、五人为一小组，班级共分为10个小组。小组成员不是随机或者前后桌组合，而是小组成员中作文水平具有好中差的区别，但整体实力是相当的。安排好固定小组，在每次的作文评改课前按照小组坐好。

2. 建立机制。规则明确：每个小组中各选出一篇小组优秀作文，然后十篇小组优秀作文再在小组间进行互评，从十篇小组优秀作文中选出五篇优秀作文，教师和大家一起欣赏评价；明确工具使用方法：下发评价工具工作单，说明使用办法，确保学生能在短时间内对同伴作文做出相对具体、明确的评价；明确具体路径：按照小组作文能力的强弱明确每个人的观察路径，明确操作路径及组员分工。

3. 教师巡导。在互评实施过程中，教师确保对每个小组进行不少于两次的巡视，并给予小组指导和帮助，针对小组对作文评价问题进行解答。同时，允许学生对评价量表中的观察路径进行补充，允许学生有不同角度的发现与评价。

4. 撰写评语。分别撰写：学生依托评价工具，在组内形成初步讨论意见，根据分工、落笔成文，形成自己的书面评语；小组整合：由组长对成员的评语进行整合，重点关注表述条理是否清晰，语言表达是否明确等。

以《坚持，让生活更美好》学生互评活动中某一小组为例：

表 4　《坚持，让生活更美好》评价单（节选）

评价人	评价工具	观察路径	评语摘要
周＊＊（水平好）	中心与材料材料是否吻合题意？	材料与题意之间是否建立逻辑联系？	材料写爬山的过程基本与题意相符，材料中如何坚持的没有体现出来。
马＊＊（水平中）	中心与材料中心是否明确？	能否用一句话概括作文的中心？	本文通过写自己坚持爬山的材料，写出自己坚持爬山后喜悦，感到生活很美好。
钱＊＊（水平弱）	中心与材料各段材料是否能较好地表现中心？	每段写什么？各段和中心之间如何建立联系？	1 段开门见山，2 段写了事情的起因，3 段写了事情的经过，4 段写了爬山后看到的美景，5 段总结点题，按照事情发生过程连接起来。在爬山过程中体现中心思想。
方＊＊（水平中上）	中心与材料材料是否吻合题意？	如何理解题意？	爬山遇到困难后，在爸妈的鼓励下，坚持爬山，爬山后的喜悦感到生活非常美好，和题目非常切合。

通过评价单的使用，可以很明显地看到每个层次学生的进步。不同层次的学生对于“中心与材料”这一评价指标的落实也更为具体、更为聚焦。随后，小组整合评语如下：“本文通过写自己爬山，遇到困难，在爸妈的鼓励下坚持爬山的材料，写出自己坚持爬山后强烈喜悦心情，感到生活很美好。文章首段开门见山，随后 2.3.4 段按照事情的起因、事情的经过和事情结果，爬山后看到的美景顺序展开，5 段总结点题，在爬山过程中坚持的品质让自己感受生活带来的美好，非常好地体现本文的中心思想。”拿到这样的评语，相信学生的内心必定是激动的，而其对于本文“中心与材料”的评价也必定是更有指导性的。

（三）互评活动后续跟进：教师把关，持续优化改进

学生互评“评”的如何、本次作文学生“写”的如何，学生互评活动结束之后，教师必须要对本次互评、作文写作做最后的把关工作。针对整体活动，要总结好的经验，持续优化；同时，也要善于发现问题，在后续的作文讲评课上有针对性地跟进解决。

笔者所在备课组的具体做法是：对于作文写的不理想的同学隐去姓名，细致到具体作文中来指出问题所在；对于评改不认真的学生可点名，并告知他们以后会特别关注他们的评改和写作情况；对于写作水平不理想且评改敷衍潦草者，教师可找其面谈，将其作文与其所评改的作文作比较，看看别的同学面对其作文时如何评改的，以及其所评改的作文较之其自己的作文有何优点，让他意识到作文互评可以学到新知识，提高写作水平，从而端正评改态度。在下次互评作文时，教师应有意识地多站在这位同学的小组周围，屡次点名要求他谈谈自己的看法，对正确的看法大加赞扬，激发他的兴趣的同时提高他在组员心中的地位等。

教师还可以将优秀作文和评改较好的作文分别装订成册，形成班级文集，在期末的时候分发给学生以起到提高学生自信心、激发学生写作兴趣的作用，为互评活动更为高效的

开展打下坚实根基。

学生互评作文将学生的作文评改由被动接受型渐渐向主动探究型转变，教师的作文教学也因此渐渐由机械灌输型向引导启发型迈进。或许，由于种种因素的影响，在具体实施过程中，我们还会遇到更多的困难和问题。但我相信，这种尝试一定是利大于弊的，一定会有更科学、更有效的解决途径，我们也将为此持续实践、不断探索。

参考文献

[1] 叶圣陶. 怎样写作[M]. 中华书局. 2007.9
[2] 陈小英，谭铁斌. 让写作教学回归到"人"[M]. 上海教育出版社. 2014.8
[3] 缪亚男. 初中作文评价工具的研制和实践[J]. 语文学习. 2019.1

（作者系上海市奉贤区青溪中学语文老师）

基于合作学习能力培养的初中数学探究活动教学的实践与思考
——以"以勾股定理为背景的数学探究活动"为例

朱瑛洁

摘要： 新课改倡导探究、合作、自主的教学理念，在初中数学教学中开展小组合作学习，不仅能使学生之间实现互助、互补，在学习交流中通过思维的碰撞擦出智慧的火花，从而解决问题，同时还能提高学生与他人交往的能力和集体意识。然而在实践中小组合作学习凸显出诸多问题，学生由于缺乏合作训练，合作意识和能力相当匮乏，所以在合作学习过程中，教师的重要性更为突出。本文，将结合笔者在第十一届全国青年教师优秀课展示活动中的《以勾股定理为背景的数学探究活动》一课，分析教师用了哪些策略来培养学生合作学习的能力，促进了小组合作学习的有效开展。

关键词： 初中数学　合作学习

一、以"发展"为本，立足"旧知"，延伸"探究"

在合作学习中，教师要具有前瞻力，以学生能力发展为本，用心研究合作学习如何开展对学生有益有利。在我看来，初中数学合作学习中，教师的前瞻力主要体现在教学设计和实施过程中整体性的渗透，不仅有利于学生更深刻地理解数学知识，有利于学生感受数学学科建构的内在逻辑，更有利于学生基于联系发现、提出问题。

在《以勾股定理为背景的数学探究活动》一课中，我在深入分析教学内容和准确把握学生认知基础和能力基础的前提下，合理设计了每一个教学环节，以学生已有的知识经验为探究活动的基础，以学生的合作学习为探究活动的主要形式，以学生的学科核心素养的提升为探究活动的最终目标。

在探究活动之前,设计了知识再现的环节,学生重温了无理数在数轴上的表示、勾股定理的证明过程,并且学生已经具有拼图、画图、说理等活动经验,这些认知准备与活动经验是本课探究活动的坚实基础,并以此为起点达到本课的教学目标.

本节课探索利用两个全等直角三角形证明勾股定理,从表层来看,是在探索不同的摆拼方法,但从本质来看,是让学生探究这些不同摆拼方法的内在联系和共同规律,从中找出有关的数量关系和空间形式,并用数学语言表述出来;是让学生探索出反映一类问题的模型,体验"从特殊到一般"研究问题的思想方法,而这种思想方法在学生今后的发展中,是极为需要的。通过数学特有的语言系统和逻辑系统,学生运用抽象思维,发展精准、严谨的语言表达能力;通过探究活动的学习进程,学生进一步理解一些代数式的几何意义,由数、形两种不同的视角和路径达到相同探究目标,进一步感悟数形结合思想方法的独特魅力;在进行代数运算与逻辑推理过程中,学生增强了数学运算、数学推理核心素养,有利于理性精神与科学精神的提升,求实态度的逐步养成,从而体现数学学科所特有的教育价值。

二、以"探究"为线,强调"有序",重在"交流"

合作学习强调教师主导、学生主体的关系,教师要在周密的考虑后选好合作学习的内容,提出有合作价值的任务,设计好合作学习方案。在合作过程中,教师要善于启发、巧妙引导。特别是出现困难、意外混乱局面时要深入小组,掌握情况及时调控,保证小组学习合作有序、有效地开展。要及时诊断与处理问题,注意激活"冷场",控制"过热场面",使全体小组成员"动"起来。教师还要下组参与学习讨论,及时把握各组学习情况,灵活运用教学机智,调整学习时间,同时还要教给学生一些探索发现的方法,不断引发学生思维的碰撞,把学生的探索引向深入。

以《以勾股定理为背景的数学探究活动》为例,在独立思考——合作探究——说理论证的探究过程中,我充分利用了小组合作学习的形式,把握好了几次讨论的契机,开展"活而有序"的探究活动。每次的合作学习都是在学生独立思考的基础上,开展合作探究,进而引发思想交锋,使讨论成为深化课堂教学,促进合作交流,发展创新能力的有效途径。笔者的具体设计如下:

活动片段一加菲尔德证法分析:

1. 教师提出问题:回顾了利用4个全等的直角三角形,通过摆拼得到勾股定理的过程,现在我们主要来探索将四个全等的直角三角形减少为两个,能否借助前面的方法证明勾股定理呢?让我们来挑战一下自己。活动要求是:(1)四人一小组将两个全等的直角三角形摆放在合适的位置;(2)画出摆拼后的图形(可以联结其中一些顶点或添加辅助线)证明 $a^2+b^2=c^2$。

2. 小组合作,利用所给的教具进行摆拼,发现很多小组的摆拼的图形是不易证明的。

3. 教师提示:刚才,四个全等的直角三角形摆拼正方形其实是构造与平方有关的图形，这可以给你一些启示吗？

4. 小组再次合作，此时，大部分小组成功获得加菲尔德的证法，请学生上黑板摆、画。

5. 组织交流、归纳

教师：好几组的同学都摆出了这种图形，那我们就先来分析这种摆拼方式，说说你怎么摆拼的？又是如何证明？

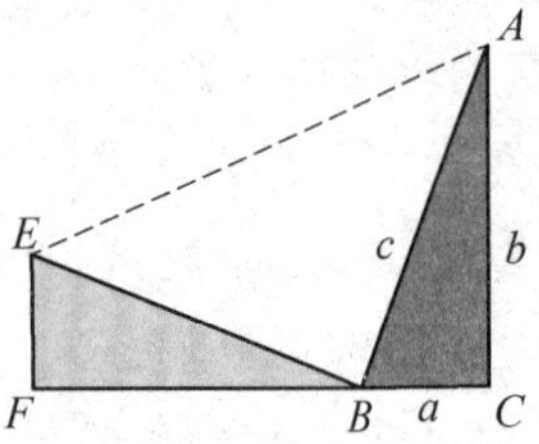

学生：我们摆拼成了一个梯形，它的面积是 $\frac{(a+b)^2}{2}$，它还可以看成三个的直角三角形的面积和 $\frac{1}{2}ab+\frac{1}{2}ab+\frac{1}{2}c^2$，根据面积的不变性得到 $\frac{(a+b)^2}{2}=\frac{1}{2}ab+\frac{1}{2}ab+\frac{1}{2}c^2$，化简就得到勾股定理。

教师追问：为什么$\angle ABE$ 是直角？

学生：因为摆拼的时候 F、B、C 是共线的，又因为 $\angle ABC+\angle FBE=\angle ABC+\angle BAC=90^\circ$，所以 $\angle ABE=180^\circ-(\angle ABC+\angle FBE)=90^\circ$

教师追问：这样摆拼有什么好的地方？

学生 1：构造了梯形，还直接构造出了勾股定理中的 c^2。

学生 2：它就是前面四个全等直角三角形摆拼的图形的一半，面积也变成了一半。

教师：很好，斜边互相垂直产生了与 c^2 有关的图形，这里 c^2 与什么图形建立了联系？

学生：等腰直角三角形。

教师总结：这种证法是一位名人加菲尔德发现的，而这种摆拼成功的原因其实也是使得斜边互相垂直，从而构造了与 c^2 有关的图形。

教学中是有意先从学生易于摆拼出的这种方式来分析，一方面揭示加菲尔德证法成功的原因是使得斜边互相垂直，从而构造了与 c^2 有关的图形，启发学生去构造与平方有关的图形. 另一方面揭示加菲尔德证法与我国古代的证法相比较，无论从图形构建上还是证明方法上，都是有联系的。所以，看似无序的小组探究活动，其实是在教师有序的控制中进行，体现由易入难的学习过程，也为后面合作顺利开展提供了探究的方向。

活动片段二小组合作展示：

1. 教师提问：通过对加菲尔德证法的分析，对你们有什么启发吗？让我们继续发挥集体的力量，探索还能怎么摆拼来证明勾股定理？

2. 小组讨论，教师引导，小组代表摆图、画图。

3. 教师提问：怎么摆拼的？为什么想到这么拼？如何证明？

4. 小组代表交流证明方法。

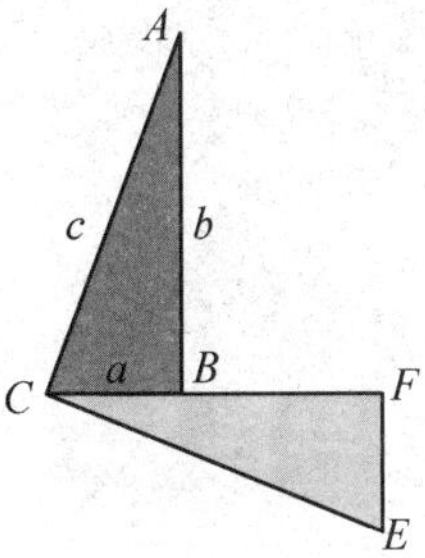

图 1

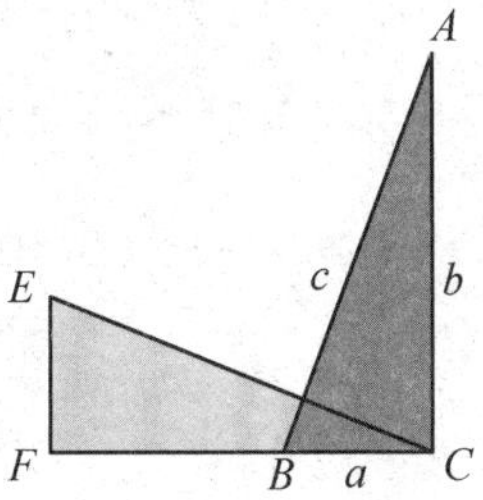

图 2

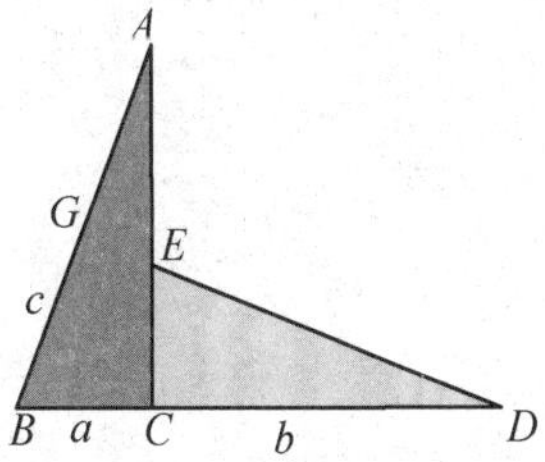

图 3

图 1 与加菲尔德证法一样，构造了与 c^2 有关的图形：等腰直角三角形；图 2 是构造了与 c^2 有关的图形：对角线互相垂直的四边形，难度略有提升。图 3 要将斜边延长，而且它的证明对学生要求较高，所以放在最后来分析。

活动片段二让学生再次体验利用图形来证明代数等式，由“形”探“数”的结论的方法。充分利用学生之间的合作探究交流，为学生充分提供了参与数学活动的时间和空间，调动学生的主观能动性。在交流环节中设置问题串，进一步培养学生有条理的思考问题，规范的数学表达等能力。

看似开放的合作学习过程其实都是在教师精心的设置下有序开展的。由于探究内容的趣味性和挑战性，整堂课内学生参与热情高涨，合作学习欲望强烈。在课堂中学生既有独立思考、自主探索，又有动手操作、合作探究，还有小组展示、交流互动等，很多时间用在师生对话、交流中，用在学生操作、探究、发现中。学生的思维始终处在不断尝试解决问题的状态中，使合作学习达到了应有的效果。

三、以“变化”为魂，引导“创新”，概括“不变”

在教学过程中，课堂教学充满不确定性，充满变化与挑战，教学变故随时可能发生。所以，教师在合作学习中要善于发现课堂中的问题，及时妥善处理，这样才能保证合作学习有效开展。

以《以勾股定理为背景的数学探究活动》为例，一开始因为没有说明操作要求，很多学生拿着两个直角三角形毫无头绪，我即可喊停并设置了操作要求。之后，学生的摆拼方式也多了，但是由于缺少引导，很多摆拼方式都是不易于证明的，背离了本节课想要探索的结论，看似热闹的探究活动，呈现的方法却寥寥无几。教学中我发现加菲尔德证法是学生最容易想到的摆拼方式，它和我国古代的证法无论在图形的构建还是证明方法上都有联系，为了引导学生得到符合这节课探究规律的方法，我先对加菲尔德证法先进行详细分析，得到斜边所在直线互相垂直是成功证明的关键，这样学生就有了图形摆拼的方向。而通过摆拼的不同图形，学生小组讨论发现共同的特征：斜边所在直线互相垂直。

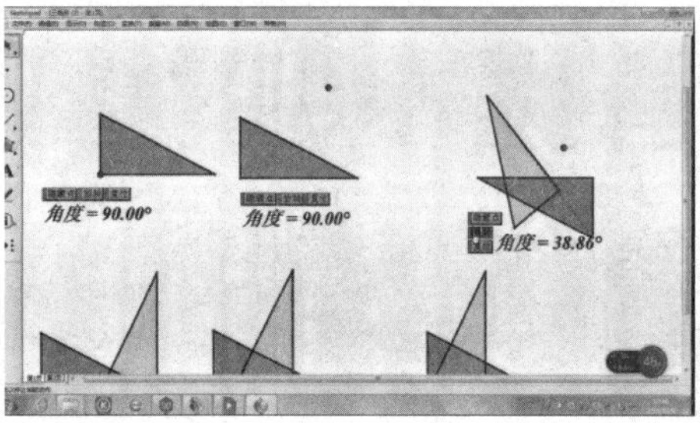

接着，利用几何画板，用“图形的旋转”来帮助学生理解这些不同的图形都满足斜边所在直线互相垂直。再通过“图形的平移”说明它们相互之间的联系，让学生理解平移改变相对的位置，而不改变“斜边所在直线互相垂直”这个特征，所以都可以用面积的方法证明勾股定理，学生在不同的、变化的情境中体会这种“不变”。这样的设置体现了内容与方法上的丰富多彩与深刻呈现. 对于由“四个”到“两个”的变化，更需要运用学生理性思维的分析与综合、抽象与具体，剔除对象复杂多样的外在现象，揭示出教学内在的本质规律。

四、以“反馈”为据，精设作业，提升“品质”

探究学习课后，可以通过设置延伸作业，考察学生是否能在理解的基础上与课堂实践相结合，并通过消化吸收达到融会贯通的效果，从而掌握数学合作学习的精髓。

本节课两个作业都是围绕课堂的探究活动而设计的：一个是再次利用斜边所在直线互相垂直的两个全等直角三角形来证明勾股定理，进一步理解本节课得到的结论；另一个是探究当“斜边所在直线不互相垂直”的两个全等直角三角形如何证明勾股定理. 这两个作业题真正体现了作业是课堂教学的延伸和拓展，采用操作活动的形式，让学生通过操作、思考、观察，理解题目中蕴含的信息，学会由此及彼的联想，学会对结论的拓广，让学生从不同方面和角度去观察、思考、分析与解答，训练学生的求异思维，培养学生创新意识和创造能力，也有利于发展学生能力和提升学生的思维品质。

在初中数学教学中，合作学习是现今应用较为广泛的一种方式。在学生以合作方式进行探索、学习的过程中，并不代表教师作用的完全脱离，通过教师的良好干预，能够使合作学习获得更好的效果。

参考文献：

[1] 潘小斌.教师领导力是合作学习有效开展的关键.师道·教研.2012.12
[2] 刘洪亮.数学合作学习中教师的地位与作业.新课程研究教师教育.2011.01

（作者系上海市奉贤区青溪中学数学老师）

初中音乐课堂中合作式学习模式的实践研究

周　雯

摘要： 初中的音乐课堂是学生艺术修养获得的主渠道，为了达到更好的音乐课教学效果，本文针对如何在初中音乐课教学中运用合作式学习模式进行初步的探索和应用，从合作式学习的研究背景、合作式学习的现状及研究意义、合作式学习的探索应用三个部分展开研究。结果表明，这一模式能够很好的帮助教师提高教学效果，同时帮助学生提高学习积极性，最终达到提升学生艺术修养的目的。

关键字： 初中音乐　合作式学习　实践

一、合作式学习研究背景

初中的音乐课堂是学生艺术修养获得的主渠道，良好的音乐感受能力与鉴赏能力的形成，对于丰富情感，提高文化素养，增进身心健康具有重要意义。上海综合教育改革中充分指出要培养全面发展而又具有个性的学生，新的《中学音乐课程标准》中强调了必须以审美为中心，不断提高学生的学习兴趣，提高学生的主观能动性，让学生积极参与课堂活动，引导学生个性发展。在我校立志培养新时代的“绅士”“淑女”的理念指导下，本文笔者在初中音乐课教学中尝试合作式学习这一模式，“强弱”配合，优势互补，从而提高学生的学习积极性，增强他们沟通与表达的能力，提升学生学习主动性，也契合学校在转型过程中倡导的学习领导力提升的目标。

二、合作式学习现状及研究意义

1. 现状分析

在现有传统的音乐课教学模式中，更多呈现出的是以教师为中心开展教学，学生仅仅是被动接受的学习，集体参与实践活动也是看起来热闹，实际上学生学习效果不佳，仅有少部分学生真正学会，而很大一部分学生只是混在人群中并没有真正的参与。这既不能调动学生的主观学习能动性，也不能达到学习领导力提升的目的。

2. 研究意义

在音乐课教学中运用“小组合作”模式，首先可以有效地提高学生的学习兴趣，提高教师的教学效率，从而在课堂上更好地解决教学的重难点。其次可以让学生相互之间取长补短、共同进步，增强他们的团队意识，教会他们如何分工、如何合作、分享成功，培养良好的合作精神，增强学习领导力。再次可以丰富教学形式；在实践活动中，小组合作的方式能产生更多更丰富的表演形式；并让每个学生都能找到适合自己的位置，如在表现乐曲的环节，擅长唱歌的学生可以演唱，擅长弹奏的学生可以用乐器进行伴奏，比较内向的学生可以播放 PPT 背景等等，各司其职让课堂表演更加精彩。最后可以拉近师生之间的距离，相比起传统的“教师教、学生学”的教学模式，“小组合作”模式给学生提供了充分的创作和讨论的空间。在这些教学环节中，教师可以深入到每个小组中，对学生进行近距离，小范围的指导，从而增进师生感情，也达到了学习领导力提升的目的。

三、合作式教学的探索与应用

（一）合作式教学的探索

1. 组建学习小组

音乐课教学中想要尽可能好的达成小组合作这一目标，教师必须合理组建学习小组。首先，要对班级的学生有一定程度的了解，哪些学生有音乐特长，哪些学生性格较为腼腆，哪些学生音乐基础较薄弱等等，根据各项条件进行分配组合，最后形成的“小组”应该是性格互补，强弱配合的。这样在实际的音乐欣赏教学中，活泼开朗的学生可以带动内向学生积极参与课堂教学活动，小组内的每一位同学都有能够胜任的工作，让整个小组发挥合作的优势。小组的人数不能太多，也不能太少，尽量控制在 4—6 人，确保组内的每个学生都能充分参与到小组合作中来，充分发挥每个学生的主动性。

2. 设计小组活动

首先“小组活动”在音乐教学中的运用要设计合理，教师可以通过不断备课，上课，反思这一过程，认真思考确定哪一些教学环节是确实需要使用“小组合作”的方式来开展的，“小组合作”并不仅仅只是让课堂看起来热闹而已。其次“小组合作”在整节课中的占比要控制合理，课堂是以学生为主体，但还是要以教师为主导，教师的教是课堂教学中必不可少的重要部分，学习“小组合作”可以是学生学习的一部分，但是不能占太多时间，否则课堂容易流于形式，从而缺少实际内涵。通过教学实践，我认为每节课中，“小组合作”的时间控制在5—10分钟是较为合理的。最后“小组活动”之后师生之间的评价要真实有效，既要给予充分的肯定，也要提出可努力的方向。教师应该从小组合作和个人表现两个方面给予评价，有利于调动每个学生参与活动的积极性，生生之间的评价也应该从组内、组外两个方面展开，能帮助学生更好地调整自己，主动参与学习并能够取长补短，真正发挥每一个孩子的学习能动性。

3. 反思活动效果

为了能更好探索合作式学习这一模式，教师应该在课后进行反思。首先，教师层面从教学有效性方面进行反思，如为了解决理解音乐形象这一教学难点而使用了“小组合作”的方式，最后在学生反馈中发现大部分学生能够很好的理解，那么说明“小组合作”是有效的。而为了学唱一段难点乐段，由于专业性太高，小组成员不能很好的帮助演唱有困难的学生，那么就应该采用教师带领全班同学多次反复练习这样的方式来解决，这样的情况下使用“小组合作”就是无效的。其次，学生层面从学生参与情况进行反思，在每一次“小组合作”中仔细观察，记录每位学生的参与情况，结合小组展示的效果，思考如何设计更丰富合理的参与形式，从而更好地调动每位学生的参与积极性及学习主动性。

（二）合作式学习的应用

1. 在课前预习环节采取“小组合作”的方式进行准备。

六年级第一学期第一单元“兄弟民族的歌舞音乐”，这一课的主要内容是学习我国少数民族的音乐，为了让学生更好地进入学习状态，我在课前，给每个小组布置了任务单：请各小组自由选择一个你所喜爱或感兴趣的少数民族，对他们的风土人情、艺术特色等进行资料搜集、制作成PPT，并在课上进行介绍和表演展示，并具体要求小组内每个学生承担至少一项任务，如：搜集资料、制作PPT、小组代表发言、小组代表表演等等。确保每位学生都充分发挥主观能动性积极参与进来，有利于提高学生的学习积极性。

2. 在课堂学习环节采取“小组合作”的方式进行学习。

六年级第二学期第五单元《聂耳、冼星海在上海》，第三课时为学唱歌曲《清流》，歌曲比较简单，根据我校六年级的学生的学情，我请学生以小组为单位对歌曲进行自学，请擅长器乐演奏的同学吹奏旋律，擅长朗诵的同学带大家一起朗诵歌词，擅长演唱的同学带领大家一起演唱歌曲，擅长舞蹈的同学为歌曲创编律动，音乐基础较弱的同学可以使用一些打击乐器如：碰铃、双响筒等为歌曲进行简单的伴奏。教师则深入到每个小组中，针对不同的问题进行单独指导，从而达到较好的教学效果。

3. 在实践拓展环节采取“小组合作”的方式进行展示。

音乐课教学中，以往在欣赏完新授乐曲后进入实践拓展环节，许多老师会请个别学生单独表演，而每次都是一些有艺术特长的学生进行展示，大部分学生都仅仅处于观众的位置，不能很好地参与，改为以“小组合作”的方式进行展示，则能充分调动每一个学生参与到实践表演中来，如八年级第二学期第二单元《春江花月夜》的学习中，首先分段欣赏整首乐曲，之后请小组为单位进行表演展示，有一个小组采用了一位同学朗诵诗歌，一位同学哼唱旋律，一位同学伴舞，还有一位同学播放PPT背景的方式进行合作展示，获得了全班同学的热烈掌声。

4. 在课后作业环节采取“小组合作”方式进行复习。

音乐课后作业一般要求学生对课上学习的内容进行复习演唱、演奏或是再次欣赏课堂上学习的音乐。如果让学生自己完成作业会出现有的学生音乐基础较弱，在课上没有很好地掌握演唱、演奏的技巧，不能高质量的完成作业的情况。这时用“小组合作”的方式，让掌握情况良好的学生在组内个别的进行指导和示范，能很好地帮助整个小组的学生完成这一类的作业。如果是欣赏音乐的作业，还可以小组交流讨论的内容，比如课后再次欣赏乐曲，大家有什么感受进行组内交流，这样也能更好地帮助小组成员进一步理解感受音乐。

四、结语

从学习领导力的角度看初中音乐教学合作式学习模式的应用能更好地让学生主动地学习，通过课堂这个小社会，通过合作的形式培养和提高学生的音乐素养，增强学生的合作意识，提高学生的合作能力，并在“小组合作”中取长补短，互相帮助，对促进学生学习领导力的提升起到了重要作用。

参考文献

[1] 陈佳. 在初中音乐课堂实施合作学习的初步研究[D]. 福建师范大学毕业论文
[2] 王贵军. 试论初中音乐教学中开展自主合作学习的必要性[A]. 河北《学周刊》. 2018 年. 8
[3] 唐丽霞. 在合作与探究中进步——简析初中音乐教学中的小组合作学习[A]. 贵州《艺术评鉴》. 2017. 6
[4] 黄玥. 合作式教学法在初中音乐课堂中的应用研究[D]. 吉林艺术学院毕业论文

（作者系上海市奉贤区青溪中学音乐老师）

初中语文“微写作”教学提升学生思维能力的策略初探

裴怡惠

摘要： 近年来“微写作”因其篇幅短小，灵活性强，及时反馈，贴近生活成为了初中语文写作教学课堂的重要部分。《新课程标准》明确提出让学生“在表达实践中发展形象思维和逻辑思维，发展创造性思维”。因此，探讨初中语文“微写作”教学提升学生思维能力策略具有重大的实践意义。本文从形象思维、逻辑思维、辩证思维、创造性思维和反思思维五个方面论述，为微写作初中语文课堂提升学生思维提供可操作性的支架。

关键词： 微写作　思维能力　初中语文

随着人们生活的快节奏发展，目前“微时代”到来了，比如微博、微课、微信、微电影、微景观等。与此同时在上海初中语文课堂里，随着部编版语文教材的普及使用，微写作也悄悄走近学生的学习生活，进入语文教师教学的范畴。教育家和学者们开始掀起了对微写作教学的研究热潮。

追根溯源，微写作其实在我国古代就有了。它之前被称为小品文，其内容性质全然自由，可以叙事、可以议论、可以写景，毫不受任何的限制。夏丏尊在《文章作法》一书中写到他当时年代的小品文“大概都是以片段的文字，表现感想或实生活的一部分。”现代研究者王雪晴在《“微写作”在初中语文写作中的运用》一文中谈到，“微作文是指创作内容短小的文学作品，着重强调了它的短小和文学性。”漆永祥在《“微写作”漫议》一文中提出：“‘微写作’，实际上是一种微型的写作或者微小的写作。它可以是一个细节的精雕，可以是局部的放大，可以是全局，可以是片段，可以是缩写，可以是略写”。笔者所谓的微写作指的是微型写作，是一种根据表达的需要，短小精悍的文体，是用精练的语言描绘事物、抒发情感、论述观点，字数一般不会超过 200 字，课堂时间练习在 15 分钟左右，形式自由，表达真实的，有完整内容和鲜明主题的文本形式。

夏丏尊曾说过：“表达之道即为思想之道。”思维与微写作表达有着密切的联系，诸多微作文技巧其实都是思维的外化。《新课程标准》提出语文教学“在表达实践中发展形象思维和逻辑思维，发展创造性思维”。这就决定了初中语文微写作教学要把培养学生思维品质，提升学生思维能力当成最重要的任务。但实际教学中老师为学生的思维混乱发愁，学生则为不会思考而烦恼。如何突破这一微写作教学的瓶颈？这一直是语文教师努力的方向。教师必须为学生提供若干便于思维展开并且具有可操作性的支架帮助学生学习思维。

一、基于观察，联想抒情助形象思维

形象思维作为低学段初中生发展较为成熟的一种思维模式，是以直观形象和表象为支柱的思维过程，是文学艺术创作过程中的主要思维方式。形象思维借助于形象反映生活，运用典型化和想象的方法，塑造艺术形象，表达作者的思想感情。语文教育专家荣维东在《写作教什么》一书中认为“写作即经验的改造。写的过程是搜集、再现、重组生活经验的过程，也是重新体验、生成、再造生活经验的过程。”因此观察生活，积累生活经验是提升形象思维的基础。微写作课堂之外需要鼓励学生观察生活，在生活和阅读中积累、贮备。微写作课堂上，教师引导学生调动生活经验进而通过联想和想象，进行语言表达自己的思想感情。比如七上教材中可利用郭沫若所写的诗歌《天上的街市》，要求学生用自己的话描写诗歌中所想象的世界。有学生根据“世上所没有的珍宝”，“浅浅的天河”展开了联想，一个个美丽的神奇仙界出现了。学生将自己认为最美的事物、感受都写在片段中。又如续写《皇帝新装》的结尾，游行之后会发生什么？续写的完成需要学生必须根据前面的情节发展和人物性格特点来续写，而不是胡编乱造，所加的内容要符合前面的情节发展，人物的言行举止也要符合他的性格设定。此外学生还要调动自己生活的经验，大胆想象皇帝得知自己没穿衣服却游行，出了洋相之后回到皇宫的反应。

二、创设情境，应用文体微写作护逻辑思维

逻辑思维能力是指对事物进行观察、比较、分析、综合、抽象、概括、判断、推理的能力，采用科学的逻辑方法，准确而有条理地表达自己思维过程的能力。微写作教学中可通过应用文体写作来提升学生的逻辑思维。一般应用文体有请假条、说明书、寻物启事、演讲稿、个人简历、请柬等。

教师可以结合时代需求，联系学生的生活，创设应用文体微写作的情境。情景创设需要明确学生微写作的交流对象、微写作的目的。比如邻居家 80 岁的李奶奶独居生活。她最近新买了一个智能电饭煲，却不会使用这个新科技产品。请你为李奶奶写一份简短的产品使用说明书，让她能够明白如何使用新电饭煲。学生微写作时候首先要根据自己的使用生活经历，回忆电饭煲规范化煮饭的操作流程，进而把整个过程拆分成一个个细化的指令步骤。各步骤可大致分为按键选择功能煮饭、按键预约时间、锅内加入水和白米、插电、按键开盖、拔插头。但仅仅回忆出各个环节还是不够的。学生还需要将各个步骤按照最高效、安全的顺序重新组合。这个过程需要多次抽象的思考操作带来的后果，并作出判断，才能分析出正确的组合方式——按键开盖、锅内放入水和白米、插电、按键选择功能煮饭、按键预约时间、等饭熟了、拔插头。此外学生还需要进行逆向思维，在说明书中增加安全注意事项即哪些操作是不可以做的。最后学生还需要换位思考，以准确、严谨、简练和老者李奶奶能看懂的通俗语言入笔来写智能电饭煲说明书。

判断推理能力思维训练的微写作可以巧妙通过借助阅读名著来写作者介绍。鲁迅是学生在初中语文教材中既熟悉又陌生的一位作者。学生对于他的作品很熟悉比如《社戏》《百草园和三味书屋》等。但对于鲁迅这个人是不了解的。以往教师常常为了方便阅读教学，会直接将鲁迅的生平经历等一些相关信息直接给学生。但这个过程抹杀了学生获得思维提升的机会。七下学期部编版教材要求必读鲁迅的《朝花夕拾散文集》。这部散文集收录鲁迅于 1926 年创作的 10 篇回忆性散文，以鲁迅青少年时代的生活经历为线索，真实生动地叙写了自己从农村到城镇，从家庭到社会，从国内到国外的一组生活经历。教师可以让学生分析从这 10 篇回忆性散文中，你读出了一个怎么样的童年鲁迅和成年鲁迅？请为童年鲁迅和成年鲁迅各写一段人物介绍。“窥一斑而知全豹”，教师可以引导学生从文中寻找线索细节，从外在和内在两个方面来勾勒鲁迅形象。鲁迅在回忆往事，评价其他人中的字里行间，其实流露出成年自己的内心追求、人生价值观和个性精神风貌。学生找到细节后，把所有的细节联系起来，进而大胆地推断，形成一个完整的童年和成年鲁迅形象，最后用语言形式记录，完成人物介绍。比如《五猖会》一文中有这样的话“我至今一想起，还诧异我的父亲何以要在那时候叫我来背书。”从中我们可以推断出成年鲁迅对封建教育的不满。父亲强制让原本正兴奋要去看五猖庙会的小鲁迅背一段艰涩难懂的古文，背不

出就不准去。这种病态的传统教育束缚了童年小鲁迅的天性。童年小鲁迅爱玩，活泼的天性也从中展现了出来。

三、巧借课内外，全面分析强化辩证思维

辩证思维是逻辑思维中的一种高阶思维。辩证思维是一种以变化发展的视角认识客观事物的思维方法，它可以让学生全面地、动态地分析问题，突破经验主义的狭隘。在微写作中合理有效地运用辩证思维既能做到观点全面而不偏颇、明确而不含糊、科学而不绝对，又能够增强文章的思辨力。初中高学段学生的思维需要逐步从形象思维发展到辩证思维。

在微写作思辨能力训练中，教师也不能纯粹以辩证思维为追求，而是要和生活、现实相结合，从课内外发掘微写作的材料，因势利导。比如抖音这个软件目前很流行，掀起了一阵全民短视频狂潮，可针对你如何看待抖音的流行现象这一话题开展写作。写作时，学生需要观点鲜明，从肯定和否定两个方面来辩证看待。思考路径可从多个角度：从科技的角度、抖音使用者的角度、从心理学角度、经济学角度等方面全面分析。

再如有这样的微写作任务。请学生在阅读《西游记》后，为孙悟空这个角色写一段获得斗战圣佛的获奖感言。这样的微写作训练看似新颖，实则是一个聚合思维和搜索思维的重现。学生不用判断和全面地分析，被迫接受孙悟空是一个英雄人物，然后在小说中不断寻找他打败了哪些妖怪，西天取经路上有什么贡献，最后概括起来。如果将辩证思维、比较思维引入微写作训练中，我们可以将题目改成：你如何看待孙悟空？你会希望现实生活中有一位像孙悟空一样的同学吗？为什么？你更喜欢孙悟空还是唐僧？为什么？教师需要引导学生多角度思考具体分析孙悟空的言行，运用发展的眼光去看待孙悟空的形象。孙悟空法力高强，勇敢无畏，但他为人不孤高自傲，在对战妖魔时候不逞匹夫之勇，善于变通，懂得巧借外力，智取打败妖魔。唐僧的白马被在鹰愁涧的白龙吃了，而妖怪白龙一直躲在鹰愁涧不露面让孙悟空很为难。后来他向观音求助，观音帮助他收服白龙，更将白龙变成白龙马护送唐僧西天取经。从现代社会来看，这种懂得变通的个性比唐僧更能适合环境。但孙悟空身上还有着猴子一般的脾性，玩世不恭，肆意发泄自己的情绪，极具破坏力。大闹天宫、龙宫、地府，随意划掉生死簿上的名字，抢走龙宫宝贝定海神针，破坏秩序。若是自己的同学是这样的个性，恐怕也是很难相处的。

四、宽松环境，个性化写作成创造性思维

为何学生的微写作越发失去个性的魅力，没有了灵性？我认为是因为日常微写作教学中常常使用命题作文，考作文就是那把利刃。台湾作家张大春曾在《文章自在》中说过："考作文杀害了孩子们作文的能力，让一代又一代的下一代只能轻鄙少儿时代多么言不由衷或人云亦云。"学生的作文总被比喻成八股文"其根本原因在于我们这个文化体还完全不能摆脱'附和题目'的思维习惯。"学生每当拿到微写作训练任务，总是去揣摩老师喜欢看什么样的文章，然后就往老师喜欢看的类型去写。但微写作应当表达自己真实的思考、

真实的情感，说诚实的话。诗歌作为一种字数简练却情感饱满的体裁非常适合用来进行微写作训练。在日常的微写作中教师可以不圈定范围，请学生自拟题目写短诗，字数不限、韵律不限、内容不限。老师可以给予学生一个宽容的环境，只要是自己的独创思考，哪怕只有二句话的诗歌，也是可以的。打油诗，有富有深意的哲理诗，咏物诗、送别诗、田园诗，或者不押韵的现代抒情诗等都可以让学生按照自己的喜好和心情去创作。当学生的微写作被老师肯定和包容时，学生就敢绽放个性化的光彩，写出具有创造性的微作品。

微写作中打破思维定势也是一种培养创造性思维的方法。比如给学生展示一张纸伞的图片，请学生欣赏图片，展开联想和想象进行诗歌创作。部分学生会受到惯性思维的限制，被伞的主要功能遮雨遮阳禁锢住，只能联想到各种雨雪天气，大热天艳阳日。教师可以引导学生将纸伞的不同方面特点拆开分析，从重量、形状、颜色、质地、味道、功能、材料、组成、大小、图案、价格等角度分析它的特点。比如纸伞合拢起来的形状是个锐角三角形，打开后俯视形状是圆形，侧面看形状是钝角三角形。由此纸伞侧面的形状让人联想到圣诞树、蘑菇、金字塔；俯视的形状让人联想到月亮、太阳、月饼、圆桌等。通过这样师生之间的交流方式，学生就可以打破自己的思维定势，让自己的想象力得以发展，从而更能够在诗歌创作微写作中实现创造性思维突破。

五、丰富评价形式，修改作品促反思思维

江苏管建刚老师认为，作文教学最务实的做法就是教师看了学生作文后，依着学生作文的实际情况，找出问题，再指导或训练，那就是“作后评讲”。教师面批微作文是一种行之有效的评价方式。因为微写作短小精炼的特点，相对大作文教师更可能直接与学生进行一对一交流反馈。在这个过程中，随着教师的追问引导，学生会对自己的看法有一个二次表达。这个过程启发学生发现自己第一次想法的不足之处，能更一步完善自己微作文的语言表达形式和内容思想。

学生不仅在写作品的时候，大脑思维会活跃，而且当聆听、评价其他同学所写的作品时候，也会有思维的碰撞。蒋军晶指出“怎样才能成为一个有想法的人？那就是让自己生活在一群有想法的人当中，那就是经常和有想法的人交流自己的想法。”著名教育家乌申斯基曾说：“比较是一切理解或思维的基础，我们正是通过比较来了解世界上的一切。”学生通过评价其他人的微写作作品时，其实也是对自己所写内容的进一步理解和认识。因此在教学微写作的过程中，需要提供充足的时间和丰富的生生交流形式。比如我让学生体验做小诗人，进行微诗歌创作后，组织学生小组内配乐朗读展示自己的诗歌，讲解自己的诗歌创作灵感和所要表达的情感哲理。组内其他同学切换为评论家的身份，对诗歌语言、选材、意义等方面开始逐一点评。组内进行投票，选出小组最佳诗歌。然后每组最佳诗歌收入班级诗选班刊杂志。杂志由班中擅长电脑的同学制作设计封面，插画配图，打印成册，放在教室图书角，可供其他学科老师和其他班级同学随时翻阅。此外小组最佳诗歌还会通过班级微信朋友圈展示在网络社交平台中，让社会上更多的人成为学生微诗歌的读者。当学生拥有更多读者的时候，微写作的成就感和满足感就油然而生，学生就更加看

重其他读者的评价留言，从而促使他下一次微写作技巧和思想内容的成熟。

本文从形象思维、逻辑思维、辩证思维、创造性思维和反思思维五个方面论述，为微写作初中语文课堂提升学生思维提供可操作性的支架，希望能推动微写作教学返璞归真，焕发光彩。“不积跬步，无以至千里；不积小流，无以成江海”，微写作教学需要从日常点点滴滴抓起，随时抓住契机对学生进行个性化的思维训练。微写作教学是“以生为本”的，各策略的实践还要考虑初中生不同年龄段的思维发展规律和特点，尽量做到因材施教。每一个学生都是一个不同的表达个体。教师要鼓励学生在微写作思维提升的同时说出自己想说的话，好玩的话。

参考文献

[1] 陈芳. 微写作教学实施途径多样化策略分析[J]. 新课程(中). 2016(12)
[2] 陈丹妮. 中学语文教学中的微型写作教学研究[D]. 闽南师范大学. 2016
[3] 漆永祥. “微写作”漫议[J]. 中学语文教学. 2014(11)
[4] 王雪晴. ”微写作”在初中语文写作中的运用[J]. 名师在线. 2017(16)

（作者系上海市奉贤区青溪中学语文老师）

核心素养视角下提升学生学习主动性的探索与实践

钱　兰

摘要：本文阐述了初中物理教师在平时的物理教学中，通过灵活运用教材、创设各种教学氛围、赏识自己的学生来激发学生学习物理的兴趣，调动学习的积极性，促进学生主动学习，提高课堂质效，让学生快乐地学习，收获知识、增强技能、提高科学素养。

关键词：活用课本　物理实验　营造氛围

物理教学的核心是在教授学生知识的同时更要教会学生研究物体问题的方法和技能。教师在教学过程中要根据所教学生的心理和生理特点，激发他们学习物理的浓厚兴趣，以提升学生学习物理的主动性。正所谓兴趣是最好的老师，如何激发学生对物理的学习兴趣，使他们能够变“要我学”为“我要学”，最终使学生在接受物理教育过程中逐步形成适应个人终身发展和社会发展需要的必备品格和关键能力，成为笔者平时物理教学中的重点。

总结这几年的物理教学经验，结合初中物理学科核心素养及现行初中物理课程标准，笔者就如何激发学生学习兴趣主要谈以下几方面的体会：

一、重组教材激发学习兴趣

新课程的物理教材在版面设计上图文并茂，内容更贴近学生的实际生活，但是学生对于印在课本上静态的图片不一定感兴趣，这时候就需要我们老师对教材进行适当的处理。例如，在《电流的磁场》这一节中，课本上给出了几乎每家都有的银行磁卡以及上海学生比较熟悉的磁悬浮列车及其原理示意图。在上这节课时，我就真的拿出自己的银行卡给同学们展示，让学生真切的了解到磁在我们生活中的广泛应用。而在列举磁悬浮列车时，我从网上下载了相关的视频供学生观看，让学生在学习物理知识的同时感受到物理既有趣又有用。

除此之外，我还注意到物理教材中的每一个章节、每一个物理量及单位都有相应的英文单词表示。于是在讲时间单位的符号——秒、小时的时候，我把对应的英文单词“second”、“hour”板书出来，学生就很容易理解“s”表示秒，“h”表示小时。这样既提高了学生的学习兴趣又加深了学生对于物理概念的理解及记忆，这以后再碰到要用字母表示物理单位时，他们也会自主地查找相对应的英文单词，消除了死记硬背单位符号的困惑。

由于老师灵活的处理这些内容，所以提高了学生学习物理的兴趣，从而让他们能够自愿地学、主动地学。

二、创设环境迸发思维火花

作为教师，物理课堂教学的首要任务就是要利用学生对未知事物和新奇现象的好奇心，营造浓郁的学习氛围，吸引学生积极参与到课堂中来，而实验教学就是一个很好的教学手段。但是现在普遍的问题是实验室器材更新很慢，很多器材没有或者已经老化无法使用，这就需要任课的老师自己去寻找器材，甚至自己亲自制作器材。

例如，上《大气压强》这一课时，在引入大气压强这一个概念时，虽然学生在平时的生活中每天都有接触到，但他们往往意识不到。对于这种比较抽象的概念，就需要老师去精心的设计实验，让学生直观的去感受一些物理现象来激发学习兴趣，调动学习的积极性。于是，我先做了两个演示实验，让学生观察：一个是取两支恰好能套在一起的试管，在较大的试管中注入约三分之一的水，将较小的试管插入大试管中，然后迅速把它们一起倒过来。小试管怎么会上升的呢？另一个是取一个空的饮料瓶，在其底部开一个小孔，然后用手抵住小孔，往瓶里面灌满水，再将瓶子的盖子盖上，然后轻轻的将抵住小孔的手拿开。瓶中的水为什么没有流出来呢？它们是不是受到了什么力的作用呢？又是谁给它们施加了这个力呢？学生在趣味盎然的氛围中讨论，从而得出“由于大气压强的存在”的结论，比教师强加的结论记忆要深刻得多。接着，我取出两个半球，先将它们合在一起，然后请同学用抽气筒把球内的空气全部抽出，最后请学生推选出来的两位最强壮的男生用力往两边拉这两个半球，结果无论这两名学生如何使劲都无法使结合在一起的这两个半球拉开。同学们都露出了不可思议的表情，有个别同学甚至情不自禁“哇”的喊出来。接着老师打开半球管子上的开关，在一阵“嘶嘶”的响声过后，我故意用两个手指轻轻的就把两个半球分开了，最后学生们一个个瞪大着眼睛，感到非常的惊讶和好奇。最后学生们通过热烈的讨论和交流，认识到了“大气压强的存在且强大”。这时我抓住学生学习热情高涨的时机向他们发问：“大气压强无处不在，同学们能不能列举些生活中的例子来证明它的存在呢?”这时学生们就积极开动脑筋、充分想象：有的说，我们在喝饮料的时候之所以能喝到瓶中的饮料，是因为大气压强的存在的；有的说，家里面的挂钩之所以能挂重物，也是由于大气压强存在的缘故……

看着学生高涨的学习热情，我不禁感慨：这节课借助实验，营造良好的学习氛围，产生强大的学习磁场，成功地调动了学生的积极性，取得了神奇的课堂教学功效！后来通过多次考试验证，学生对这堂课上的知识点掌握得特别好。

虽然物理实验可以创造良好的学习氛围，但毕竟物理实验只是物理教学的一部分，比如物理教学中的原理和公式计算就往往会让学生觉得十分的枯燥乏味。为了巩固学生在实验课上培养起来的兴趣，教师在教学中可以根据教学内容的特点，采取诸如对抗赛法和物理游戏法等各种教学方法再来营造一种轻松、快乐的学习气氛。学生在这样的氛围下学习会有愉快感和兴奋感，能收到更好的学习效果。

三、赏识激励提升学习动力

虽然从事物理教学工作已有13年，但其中的10年都是在农村偏远的乡村学校任教，那时候的笔者时常会碰到这样一种情况，一个班二三十个学生却有一大半是“学困生”。要想提高物理教学成绩，就必须要从这部分“学困生”入手。教师在注重他们潜在能力的同时，应该帮助他们建立“我可以学好”以及“我能学得更好”的信心。教师应该信任、爱护和尊重他们，尽可能的给他们提供成功的机会，对他们的点滴进步更要及时地给予表扬和鼓励，以坚定他们克服困难的信心和勇气。

例如，笔者15年带的一届学生中，有这样一个孩子，他每门功课都是二、三十分，上课铃声一响要么睡觉、要么就跟周围的学生讲话。我一接他们班，老班主任就跟我讲述了他的“光荣史”。但是我想，每一个孩子总归有他的闪光点，可能是我们没有发现而已。于是在我的物理课上，我就特别的关注他。有一天，我改到他的整理概念的作业，发现他的字特别工整，我很激动，给他写下了“字很漂亮，老师要向你学习”的话。没想到当天的课上，他第一次认真地听完整节课。从此只要他有一点点的进步，我就及时鼓励他，帮助他重新建立起学习的信心。渐渐地他对物理的学习兴趣越来越浓，中考时他的物理成绩居然达到了班里的中上水平。

所谓成功，即行为者达到了预期的目标或获得了预期的结果，行为者一旦取得成功便会产生愉快的情绪和体验。在农村初中物理的教学中，成功就意味着这部分“学困生”的学习进步和能力的提高。因此，对那些学习有困难的学生，我们要抓住他们每一次的闪光点，加以鼓励和肯定。因为老师的一句表扬和赞赏，或是一个信任的目光和微笑，都会给他们以无穷的力量。

总之，在初中物理教学实践的过程中，我发现兴趣是第一老师，只有老师想方设法，借助各种途径，激发了学生的学习兴趣，才能真正提高学生学习的主动性，不仅提高了物理课堂教学的有效性，而且能让学生在收获知识、增强技能的同时，体验到学习的乐趣，真正感到学习物理也是一件快乐的事。

参考文献

[1] 中学物理课程标准(实验稿)
[2] 学生学习活动卡.教育出版社
[3] 初中物理学科核心素养的要素分析.辽宁教育·教研版.2017.02

(作者系上海市奉贤区青溪中学物理老师)

探索式学习，激发学生诗歌学习内在驱动力

沈旦悦

摘要：诗歌通过精炼生动、富有音韵美的语言，为我们呈现了古代社会生活景象及作者在所处时代下的思想感悟，但也因为其"精炼"的特征，以及诗作时代距今久远的原因，学生对诗歌的理解往往较为浅显，更多是被动接受教师的讲解来理解诗歌内涵。随着素质教育的逐步重视，改变学生接受式学习，机械化学习的现状，我们希望在诗歌学习中培养学生主动探索学习的能力，乐于探究，勤于动手，通过多种方式的探索体验提高学生学习诗歌的内在驱动力。

关键词：探索式学习　诗歌学习　素质教育

一、问题的概述

素质教育，是以全面提高人的基本素质为根本目的，以尊重人的主体性和主动精神，以人的性格为基础，注重开发人的智慧潜能，注重形成人的健全个性为根本特征的教育。语文作为一门母语教育课程，是一种交际工具，是一扇认识人类文明尤其是本民族精神发展的窗户，更是素质教育的一大抓手。随着时代发展、科技进步，语文的学习也不仅仅局限于过去平面式的学习，而应该是多样式的、立体式的、探索式的。通过探索新的学习方式，实践不同的学习方法来锻炼学生的自主学习能力，激发学生学习的内在驱动力。

诗歌学习作为初中语文教学中重要的部分，能够使学生感受经典魅力，增强文化积淀，在潜移默化中提升审美情趣。《义务教育语文课程标准(2019 版)》要求 5—6 年级学段要诵读优秀诗文，注意通过语调、韵律、节奏等体味作品的内容和情感。背诵优秀诗文 60 篇(段)，7—9 年级学段要求诵读古代诗词，阅读浅易文言文，能借助注释和工具书理解基本内容。注重积累、感悟和使用，提升自己的欣赏品位。统编教材的使用，很好地传达了《课程标准》精神，极为重视诗歌教学，在语文教材上各部分增加了诗歌背诵或鉴赏内容，如：古代诗歌教学单元、日积月累诗句背诵、课外古诗词诵读等。而在实际教学过程中，我发现学生对于诗歌的学习仍存在畏难心理，原因主要有以下三点：

1. 不理解文言字词含义，读不懂诗歌大意。

2. 距离诗歌所处时代久远，难以理解诗中人文环境。

3. 对作者知之甚少，无法联系作者生平背景与诗歌所表达的思想主旨。

探索式学习能有效地促进古代诗歌学习，从而提高初中生的语文综合素养。充分考虑学生的特点，体现层次、激发兴趣、尊重个性。注重多学科的知识融合，启发多层次的思考，承载多方面的教育功能。使得以往“鸦雀无声”的课堂变得“畅所欲言”，从亦步亦趋跟着老师学习变成学生自己主动探索学习，课堂逐步充满活力，学生个性逐步得到张扬，学习能力逐步提高。

二、探索式诗歌学习设计策略

1. 读诗，感受诗歌音韵美。

读诗，首先要让学生改变对古典文化难懂陌生的感觉，使他们在主动诵读、探知体验中，感受到传统文化的“可爱”与“亲近”。拿到一首诗，由于文体特征不熟悉，内容不了解，学生会产生陌生感，因畏难而不愿多读。首先，可以引领学生进行预习型读诗作业，耐心引导学生，在教师范读、配乐朗读、学生合作朗读以及多形式朗读评价的方式下，让学生读得有乐趣，读得更熟悉，感受“读书千遍，其义自见”的道理。其次，当学习完一首诗，学生的求知欲就被激发起来了，此时亦可布置读诗作业，指导学生精读细读古诗中的句读、节奏，研究透彻某些重点字词句，进行重读。同时，在理解的基础之上可允许学生自主为该诗选择一首适合的音乐作为朗诵配乐，进一步激发学生的朗读兴趣，在配乐朗诵中探索诗歌音韵美。该项策略比较简单易于操作，可适用于大部分诗歌篇目的学习。

2. 绘诗，邂逅诗歌画面美。

绘画是学生们很喜欢的表达方式之一。现在有许多学生从小培养绘画能力，因而能将心中的喜怒哀乐、奇思妙想通过画笔展现出来。利用学生这一特性，发挥绘画作用，选拔优秀的诗歌绘画作品并定期进行展示。我校有一年一度的语文读书节活动，可以将学校里一年内的诗歌绘画作品收集起来进行评价展示，这一方式既给学生准备了展示自己绘画本领的平台，又能发挥学生想象力，进而激发语文学习的内在驱动力。如六年级上册杜牧的《江南春》、王安石的《书湖阴先生壁》，皆是绘诗作品的好选择，通过景物的呈现，将“莺啼”、“绿映红”、“水村”、“山郭”、“酒旗”和“茅檐”、“花木”、“水”、“田”、“两山”等意象通过绘诗形式，将一幅颜色分明的江南春景图和一幅依山傍水的田园生活展现在我们面前。这样不仅能让更多学生感受到诗歌画面美，更能帮助绘诗者走近诗人，走进诗作，激发他们探索诗歌所处时代的求知欲。

3. 演诗，活现诗歌人文美。

占诗学习成功与否，不仅在于学生是否能够背诵、了解古诗大意，更重要的是要从情感上、认知上获得技能。对于六、七年级学生而言，表现欲比较强，演诗能激发上课的兴趣；对于八、九年级学生来说，课堂气氛较为沉闷，演诗环节更能活跃课堂气氛，增强对诗作背景及作者情感的体悟。许多叙事性的古诗，都具有很强的感染力，将诗歌的故事内容演绎出来，是快速了解诗歌大意的方法之一。对于班级中对诗歌学习不太拿手的学生，演诗作业更能调动学习的积极性和主动性。

首先指导学生根据古诗的内容，作者的生平理解，本诗的情感意境，将文言诗歌改编成白话剧本，组成小组。在理解古诗的基础上表演，揣摩特定时代下人们的表现，通过肢体、表情展现自己对诗作的理解。七年级下册中，《木兰诗》是一首长篇叙事诗，讲述了一个叫木兰的女孩，女扮男装，替父从军，在战场上建立功勋，回朝后不愿作官，只求回家团聚的故事，热情赞扬了这位女子勇敢善良的品质、保家卫国的热情和英勇无畏的精神。学生对该故事较为熟悉，通过上课对细节有了更深的了解，结合演诗方法，将在课下将故事进行改写整合，再将其表演呈现。在一系列过程中，学生不仅可以将古诗内容尽数掌握，更可能对古诗中的人物形象产生一些全新的理解。

4. 赏诗，体悟诗歌意境美。

初中生在学习诗歌时可适当加入一些简单的鉴赏作业，扩展学生的经典篇目阅读量，在多角度比较中深化学生的理解和认知，提高鉴赏的能力。例如在六上教学古诗单元中，同时学到了苏轼的《六月二十七日望湖楼醉书》和辛弃疾的《西江月夜行黄沙道中》，虽然两首诗歌在教学内容上并无太大关联，但是苏、辛二人同为豪放派代表人物，可以从这个角度设置联系，引导学生进行诗人派别赏析。当然，不同的诗歌可以从不同的角度进行赏析，可以赏析作者，亦可赏析内容，二者结合才能更好体会到诗歌的意境美。

赏析诗歌难度较高，学生通过课下交流、网上查阅等方式进一步了解相关知识，既提高了信息搜索与整合能力，又丰富了自身知识模块。同时这也属于思考性作业，它需要动用学生全部的智慧，因为个人的知识水平不同、心理状况不同，得出的答案也不一定完全相同，这给了学生一个对诗作再加工再认识的机会，不仅尊重学生的个性，而且给了他们主动探索深入学习的机会。

5. 作诗，挖掘学生创作潜能，培养学生写作个性。

作诗的要求相比较以上四种方法更为困难一些，可由学生自行选择是否完成，以及挑选自己喜欢的诗作进行模仿写作。一般来说家国仇恨、怀古幽思的诗歌学生较难模仿，而一些山水田园诗所表现的优美景色令人陶醉，诗人表现的闲情逸致令人生羡，诗中蕴含的哲理更使人受益匪浅。例如宋代理学家朱熹的《观书有感二首(其一)》：半亩方塘一鉴开，天光云影共徘徊。问渠那得清如许？为有源头活水来。既有田园风光之美，又富含哲理之思，我们可以引导学生去观察生活当中是否有值得一写的风景，同时这风景之中又可能蕴含生活道理的。譬如本诗是写田园水渠，可否往大了想，溪流入河，河入江海之中也许也存在着做人的道理呢？当然，具体模仿作诗的类型，如何探索自己的创作潜能，还是应当尊重学生的个人喜好而定，随心而作更能调动学习的主动性积极性。

三、设计反思

古代诗歌题材多样，文化底蕴丰厚，是学生了解我国古代人文历史的窗口和工具，如能引导学生主动地去接触、使用这个窗口和工具，想必能给学生的学习带来一番全新的体验。学生是学习的主人，学习是学习者自主构建的过程，通过探索式的学习激发学生学习古代诗歌的兴趣，提高他们内在的学习驱动力。总之，找到适合学生的个性特征，能够发掘学生的语文学习潜力，建立语文学习的自信，正是探索式学习的一大优势。

但是在实际教学中，学生多数选择的是借景抒情的古诗进行绘诗，诗作中有很多景物的描写，学生很容易通过绘画来表现诗歌的情境，我也能通过画面来看到学生对诗歌的理解，既达到了对学生掌握知识的检查目的，又能综合其他学科使学生感到作业不那么单一乏味，更好地挖掘了学生的才能，激发了学生的兴趣。通过绘画、交流等多种形式达到理解诗歌内容，了解古诗思想感情的目的。相信这是一个很好的起点，而如何让学生对赏诗、作诗更为感兴趣就需要教师设计更多的好方法，吸引学生进行探索学习，动手体验。

小结：切实关注每一个学生个体的发展，通过诗歌的探索式学习巩固课堂所学知识，提高语文学习能力，培养语文的学习兴趣，发展自己的个性特长。读诗、绘诗、演诗、赏诗、作诗既是是语文课堂的延伸，又能够针对学生个体的长处或弱点，给他们提供自由发展的可能性，发挥个性，找到适合自己的诗歌学习方法。同时，探索式学习化被动为主动，通过小组合作，课外探究能使学生形成更为个性自主、探究合作的学习方式。

参考文献

[1] 义务教育语文课程标准(2019 版)
[2] 钱丽莉. 让经典“活”起来，让诵读“乐”起来. 2019
[3] 于贵红. 多层次设计古诗文作业. 2018
[4] 马志. 也谈语文教学中的个性化作业设计. 2017
[5] 徐竭. 关于小组合作、自主探索式学习的实践. 2017

（作者系上海市奉贤区青溪中学语文老师）

串问为链，让语文课堂绽放光彩
——浅谈初中语文教学中的问题链设计

王萍丽

摘要：随着部编版语文教材的全面铺开，新课标的要求，语文教学已然迎来了新的变化。要实现语文课堂教学的变革，关注学生的学习经历，聚焦学生的核心素养，其有效的途径之一就是我们的语文课堂教学应该串“问”为“链”，以期达成语文课堂魅力的绽放。

关键词：核心素养　语文课堂　问题链

陶行知先生曾说：“发明千千万万，起点是一问，智者问得巧，愚者问得笨”。[1]

问题，是思维的导火线。课堂提问，无疑是我们语文教学常用的方法之一，我们教学者需要通过问题的形式启发学生的思维跟进，从而实现课堂教学目标的顺利达成。但是如果教学者在课堂教学中只是一味抛出一系列零碎的、无序的、低效的问题的话，那么往往是百害而无一利的。回望我们的语文课堂，问题设计确实还普遍存在着许多不尽如人意的现象。

一、初中语文课堂提问的现状以及变革趋势

（一）"问题链"设计的提出源于初中语文课堂提问实际

由于问题设计的失当，在我们的语文课堂上，提问总是显得琐碎、无序，教学效果呈现出低效甚至无效。那些肤浅性提问、重复性提问、高频率提问、随意性提问在我们的语文课堂上比比皆是。我们都知道，提问的数量并不等于质量。如果我们的课堂仅仅只是停留于信息提取式的你问我答，那么学生的思维必然也是浅层的、割裂的、断片的；那么后续的深入探究更是无从说起。因而，这些零碎的问题抛下去，有时候看似课堂是热闹的，学生的参与是积极的，但是实际上是并没有思维含量和课堂容量。当学生沿着老师抛出的零碎问题去读文本时，学生也就不容易把握文章的核心和要旨，往往会造成"只见树木，不见森林"的局面，从而影响学生语文核心素养的提高。

（二）"问题链"设计的提出基于国家教育部导向

随着部编版语文教材的全面铺开，新课标的要求，语文教学已然迎来了新的变化。新课标中"语文核心素养"概念的提出，第一次明确了语文学科所要达成的价值观、必备品格和关键能力的培养。在整合了知识与技能、过程与方法、情感态度价值观三维目标后，长期以来有关语文学科的性质、内涵的争论由此得以澄清，有了科学的清晰的定义。以前我们谈素质教育，现在提核心素养，那么其思维就已经发生了变化，我们要以"问题链"为抓手助推学生的思维建构。

（三）"问题链"设计的提出基于本市初中语文的教研方向

实际上，近几年，我们上海的初中语文课堂是非常注重"问题链"的设计，笔者特意翻查了资料，可以看到早在 2014 年上海市初中语文的网络教研主题就已经提及"问题链"一词。2014 年 4 月的网络教研主题为：叙事类文章教学内容的确定与学习策略的指导（谈谈阅读叙事类文章的思考路径，建议用"问题链"〈一组有逻辑关联的问题〉的方式呈现。）

所以笔者认为，要实现语文课堂教学的变革，关注学生的学习经历，聚焦学生的核心素养，其有效的途径之一就是我们的语文课堂教学应该串"问"为"链"，以期达成语文课堂魅力的绽放。

二、何谓“问题链”以及“问题链”设计的意义

“问题链”是指问题与问题之间存在内在逻辑关联，教师按照既定的教学目标，精心构建问题情境，让重点、难点问题通过主线来贯穿，从而让与之相关的多个问题展现出一定的逻辑性、梯度性，实现学生以多渠道获得知识、构建能力、拓展思维。[2]这样，通过“问题链”设计，学生的思维走向就应该是一种由浅入深，一步一步地走向文本深处的线性发展。所以，当我们教学者把教学有机地融入在一个教学设计的链条中，那么就能成为学生深入理解文本的一根有力拐杖。

三、如何串“问”为“链”

（一）“问题链”设计基于文本细读——从文本出发的深入探索

在我们的初中语文课堂上，笔者认为问题的设计都应该立足文本、需充分结合文本，以文本为载体。从教学实践经验来看，有时候我们所设计的许多课堂问题之所以存在缺陷，绝大多数与教师自身对文本的解读不够透彻、不够深入有关，解读没有深度、没有广度、没有效度。那种粗略的、浅尝辄止式的文本解读，无法使自身感受到文本所具有的精妙，那么更无从谈及让学生对精妙之处加以理解、深入沉浸。与之相反，如果教师越是深入地细读，那么就越能体会到作者的文中之意、言外之音，继而让问题链的设计更加独特。

比如收录于部编版语文七年级下册的《老王》一文，文章中的老王是一个生活在社会最底层的普通劳动者。无论是身体上、生活上还是精神上老王都是一个彻彻底底的“不幸者”。对于初一的学生而言，对于老王的苦和不幸是能有所体会的。但是阅历尚浅的他们要深入理解杨绛的“愧怍”还是有一定难度的。

为了避免既杂且碎的分析，笔者在教学时尝试抓住主旨句——“那是一个幸运的人对不幸者的愧怍”来设计主问题，因为这句话是作者情感的聚焦点。抓住“幸运的人”“不幸者”和“愧怍”这三个词语展开教学，突破难点。

我尝试以倒推的方式先引导学生聚焦老王的“不幸”。艰难的生计、孤苦的身世、残疾的身体、寒酸的居所，作者在1—4小节以冷静而又凝练的笔触叙述了老王孤苦寒微的生活状态，学生们能够感受到老王的“苦”，老王的“不幸”，这也是学生们阅读的起点。那么，老王的不幸仅仅只是体现在生活和身体这些方面吗？不是的，基于对文本的细读，我们就可以读到老王的不幸背后是可以分为几个层次：处境艰苦（老、孤、残、贫），精神凄苦（失群落伍，备受轻视），而其中不被人关注，心灵的孤独则是他更大的“不幸”。正因为如此，这样的一个孤独者，这样的一个不幸者，他最渴望的什么？文本中一处细节“问起那里是不是他的家”他说，住那儿多年了。（可以读出的潜台词就是没有家人和温情的地方只是一个住处，何以为家？）在细读文本之后，就能读到老王这样一个不幸者内心深处最大的渴求是家的温情。那么老王如何去实现自己内心对于温情的渴求呢？通过以上这样一连串

的问题设计，那么就可以顺势引出文中杨绛与老王之间相处的事情，从而重点分析三件事背后老王对于杨绛一家的情感态度，探究杨绛和老王之间到底是怎样的关系以及对老王的情感态度。

继而能够让学生去深入体会杨绛的“愧怍”，读出杨绛身上体现出来的可贵的自省精神。通过问题链的设计，一步步让学生挖掘到作者的这种自我审视和自省，体现的正是一个有良知的知识分子坦荡而真实的灵魂。基于这样的文本解读，我以最后一句核心句为抓手，精心设计问题链，挖掘“不幸”和“幸运”的深层次内涵，从而实现了难点的突破。

所以说，教学中的“问题链”像一条锁链，能把问题与教学目标紧紧联系在一起，有效的问题链设计能够很好地推进课堂，深入文本，可谓之纲举而目张，教学过程就能更加严谨和顺畅。因而，问题链的设计需要基于教师对于文本的的细读、精读，才能品味出作者的言外之意，意外之言。

（二）“问题链”的设计需要把准一个切入点统摄课堂

所谓教学切入点，笔者认为是指教学者要分析、找准文本内容的可着手之处。一个好的教学切入点，必定是文本情节结构、人物形象、思想主旨等的聚散点，把握好这个切入点，也就相当于找到了解构文本的密钥，就能牵动全篇，统摄课堂。

比如笔者先前执教过《诺曼底号遇难记》一文，一开始我抓取了文本中的三个画面让学生体会哈尔威船长的英雄形象，虽然你找我找大家找，你一处我一处地找到有关哈尔威船长的描写，但是课堂问题总是显得零碎、无序且没有层次，不能很好地引领学生走向思维深处，真正沉浸文本。究其原因，还是没有找准切入点来牵动全篇，带动课堂。

后来，我在深入细读文本之后，发现全文一共有四道哈尔威船长的命令，这四道命令不妨为是牵动全篇的很好切入点。因而我重新设计问题链——在指挥救援的过程中，哈尔威船长一共下达了几道命令？每道命令都是在怎样情境下发出的？每一道命令的背后让你感受到了哈尔威船长怎样的形象？通过问题链的重整设计，笔者引导学生聚焦四道命令，感悟人物的精神品质，从而引领学生沉浸文本，理解雨果先生在题记中这句话“真正的强者是那种具有自制力的人”的真正内涵。

（三）“问题链”的设计应该逐步推进、拾级而上

《礼记》中说“善问者如攻坚木，先其易者，后其节目”。[3]是的，笔者认为我们的课堂提问也应遵循由浅入深、循序渐进的原则。

笔者所在教研组的一位老师执教李森祥的《台阶》一文，就采用了逐步推进的问题链设计。该教师通过围绕核心意象“台阶”的问题链设计，去实现学生阅读的思维建构，引领他们认识物质理想与精神追求错位所带来的生命的悲剧性，引发他们对生命意义的文化思考。她巧妙的设计了一串有坡度的问题——1. 父亲为什么要造台阶？2. 正是因为老实厚道低眉顺眼的父亲，他自己感觉在村子里得不到足够的尊重，所以，才日夜盼着要造台

阶，来提升自家的地位。那么，你认为父亲应该得不到尊重吗？3.那么，“台阶”对于父亲而言，意味着什么？4.台阶落成后他又为何若有所失？5.两处“父亲老了”的内涵是否相同？6.老了的仅仅是父亲吗？

该教师通过链式的问题设计逐层深入，一步步引领学生走向思维深处，激发了学生对于人类、生命、人性、文化等等的深度思考。可谓是拾级而上，渐入佳境，这样的课堂就是有深度、有广度、有效度的。

总而言之，初中语文课堂教学中的“问题链”设计，其目的是培养学生的语文核心素养，促使其建构深度学习的能力。当然，如何真正立足文本设计出直达教学核心的问题链，如何真正立足学情设计出问到学生心坎上的问题链，如何真正遵循教学规律设计出能提高学生素养的问题链……这些都值得再深入探讨。

参考文献

[1] 陶行知.创造的儿童教育
[2] 徐逍.高中语文问题链设计的方法浅析.语文教学之友.2019.1
[3] 戴圣.礼记·学记.西汉

（作者系上海市奉贤区青溪中学语文老师）

核心素养导向下的初中英语写作课堂初探

丁倩文

摘要： 随着新课改的不断发展，“核心素养”已成为近年来的一大热词。而对于学生英语核心素养的培养也是教育改革的必然趋势。英语写作不仅作为英语学习需要掌握的四大技能之一，更体现了学生的语言综合运用能力。写作教学对于提升学生的思维品质及语言素养有着举足轻重的地位。然而，英语写作却一直是教师、学生在教与学的过程中都颇感棘手的难题。无论是对于教师的教还是学生的学都缺少相关的指导。因此，结合本学年教研组活动主题，通过上课、观课、磨课、评课等方式，就如何在英语写作课堂中通过不同的教学活动有效提升学生的思维品质进行了初步研究，进而使不同能力水平的学生在写作技能方面都能有所提升。

关键词： 核心素养 写作教学 思维品质 创新性学习

《中国学生发展核心素养》指出，“学生发展核心素养，主要指学生应具备的、能够适应终身发展和社会发展需要的必备品格和关键能力”。而英语学科核心素养主要包括语言能力、思维品质、文化意识和学习能力四个维度。其中，思维品质指思维在批判性、发散性、创造性等方面所表现出的能力与水平。而写作作为一项复杂的思维活动是发展学生思维、提升其思维品质的重要手段。因此,我们需要通过写作教学以提高学生的思维品质,同时提高学生的英语写作能力。

一、初中英语写作教学实践现状

英语写作是英语教学中不可或缺的重要组成部分,是学生语言综合运用能力水平的体现。然而,英语写作教学无论是在教师层面或是学生层面所获得的重视程度还远远不够。英语写作教学实践也在行进的过程中面临种种难题。

(一) 学生方面

对于学生而言,首先是存在畏难的情绪。不少学生在平时的学习中还未能扎实地掌握所学的单词、词组、句型等,在面临写作时自然会出现"书到用时方恨少"的局面。因此,在英语写作面前,学生表现出明显的信心不足、缺乏主动性以及写作热情。然而,即便英语写作是个难以攻克的难关,学生却对于自身写作能力的提升并不十分重视。在与家长的沟通过程中也发现,绝大部分的家长会更加关注孩子语法知识、听说能力以及阅读能力的提升。另外,也存在不少学生由于缺少教师的写作指导而出现背诵范文以及好词好句来应付考试的情况。也有不少学生在写作过程中常常习惯于用汉语思维来组织语言,再将其译成英文,导致行文混乱不堪。

(二) 教师方面

学生所呈现出来的问题,正是由于教师对英语写作教学的缺失。教师对于写作教学存在以下几点误区。首先,不少教师对于写作教学的目的并不明确。不少教师为了考试而教,从而出现了背诵范文、套用好词好句这样看似"一劳永逸"的应考方法。而这就导致许多学生在写作过程中生搬硬套所背的词句,使得文章行文组织结构混乱、不够流畅,且缺乏创新性。另外,教师在批改学生作文时,过分关注语法,词句的准确性。当教师对作文的批改仅停留在纠错的层面,而忽略了对文章内容、结构与逻辑等方面的指导,那么学生的文章终将是没有灵魂的语言的堆砌。此外,即便有教师有心写作教学,但缺乏对学生有计划的、系统的写作训练,那么学生在遇到新的作文题材时,也无法做到举一反三,不会自主思考去进行写作。

由此可见,初中英语写作教学实践所面临的挑战还是巨大的。

二、提升思维品质,提高英语写作能力

写作是内在思维外显的过程。写作水平与思维品质有着密不可分的内在联系,两者相辅相成。"写作从来就不是一个直线发展的、系统的过程,而是一个混乱的、反复的、费解的、不平坦的'思维的过程'。将写作作为思维发展的过程,可以帮助学生发展积极的、对话式的思维能力。因此,写作可以训练思维能力,提高学生的思维品质。反之,提高思维品质,可以提高学生的写作水平。"

英语写作不仅需要语言基础知识的积累，更需要好的思维品质作为支撑。“没有高质量的思维，便没有高质量的写作，思维是写作的必要条件。同时，写作训练可以提高思维能力。”因此，在本学年中，就如何在英语写作课堂中通过不同的教学活动有效提升学生的思维品质进行了如下尝试，并获得成效。

(一) 创造性思维的培养

写作本身作为一项创造性的活动，需要学生用文字以书面的形式表达出自己的观点。如果没有创造性的思维，那么学生的作文内容来源将仅仅是教材中语句的重组与堆砌，而作文内容也将是空洞而又无趣的。

头脑风暴(Brainstorm)作为教师在课前激发学生学习兴趣、激活学生背景知识常用的方式方法，无论是听说课还是写作课，都非常的受用。通过头脑风暴，学生能够在思维的碰撞中快速地回忆起已有的知识、迸发出新的想法，为接下来的课堂内容做好充足的准备工作。在九年级半命题作文“That day I made________”中，教师通过头脑风暴引导学生将作文题补充完整，最后得出“That day I made a friend/a mistake/a promise/a present ……”等，为学生的写作明确大致方向。紧接着再进行细化，以 That day I made a mistake 为例，教师通过 time, place, people, procedure, lesson 明确以叙事为主的记叙文写作中的记叙要素。此外，在牛津英语 7A Unit 8 How to be a healthy child 的写作课堂教学实践中，教材中主要提到 headache、sore throat、toothache、stomach ache、fever、cold 这六类健康问题，教师可以引导学生针对引发不同健康问题的原因进行头脑风暴。学生在头脑风暴的过程中能够收集更多的观点，为后面的写作获取更多的内容支撑，丰富其写作内容。学生在头脑风暴的过程中常常产生一种竞争意识，从而激发学生的创造力，使创造性思维得到提升。

(二) 发散性思维的培养

美国心理学家吉尔福特提出，“人的创造力主要依靠发散思维，它是创造性思维的主要成分。”而在英语写作教学中，合理运用思维可视化工具(Visual tool)，如思维导图(Mind map)，有助于学生将发散性思维以形象化的方式表现出来，利于培养学生的发散性思维及逻辑性思维。在英语写作教学实践中，也做了如下尝试。同样以牛津英语 7A Unit 8 How to be a healthy child 的写作课堂教学实践为例，教师通过板书思维导图，引导学生思考身边存在的不同的健康问题及引发这些健康问题的原因。(图 1)也可以通过思维导图的形式帮助学生厘清要保持健康可以从哪些方面入手。(图 2)

(三) 逻辑性思维的培养

逻辑性思维是英语写作中谋篇布局的关键。缜密的思维、严谨的逻辑使要表达的文章内容更加连贯、精炼、准确，更具有说服力。而思维可视化工具不仅有利于对学生发散性思维的培养，对学生的逻辑思维能力培养也有一定帮助。除了上文提到的思维导图

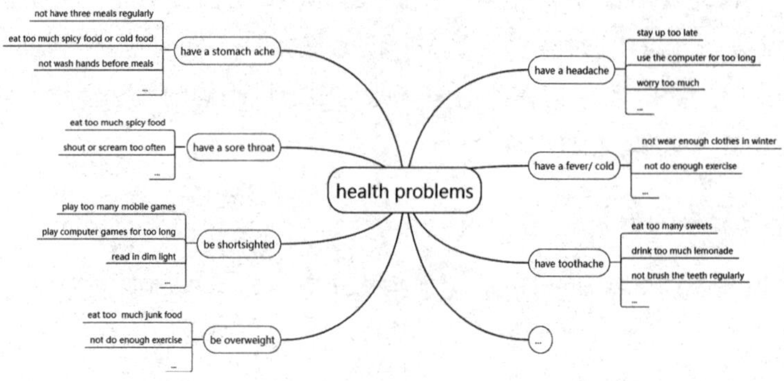

图 1

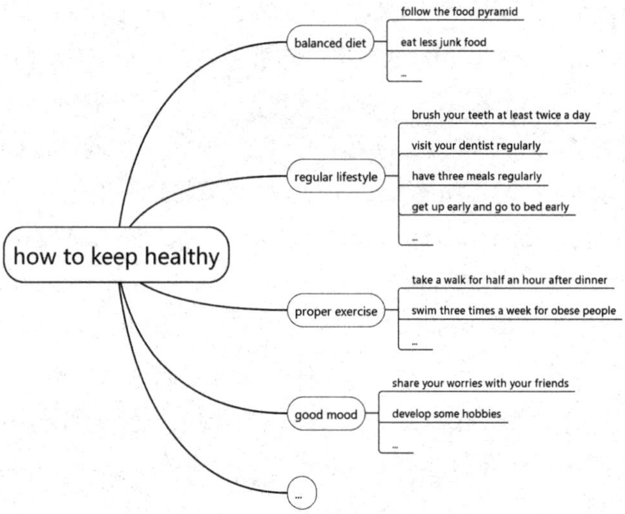

图 2

(Mind map),在写作教学中,尤其是说明文的写作教学过程中,还可以使用流程图(Flow map)来说明事情发生的过程和顺序。

以九年级作文为例,作文要求如下:

> 假定你是红星中学初三学生李华。你的美国朋友 Jim 在给你的邮件中提到他对中国新近出现的一种共享单车“mobike”很感兴趣,并请你做个简要介绍。请你给 Jim 回信,内容包括:1. 这种单车的使用方法(如:APP 查看车辆、扫码开锁等)2. 这种单车的优势 3. 你对这种单车的看法

教师可以通过绘制流程图的方式帮助学生理解共享单车的使用方法(the usage of the shared bike)。(图 3)

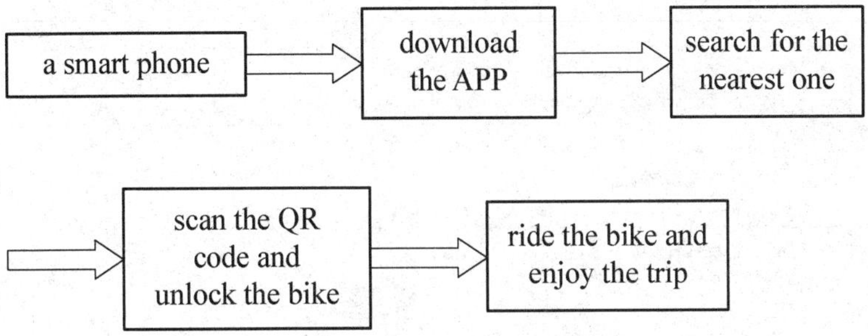

图 3

除了以上提到的思维导图及流程图，教师也可以充分利用其它类型的思维可视化工具帮助培养学生的逻辑性思维。如，利用复流程图（Multi flow map）分析事情的原因和结果，利用双气泡图（Double bubble map）进行事物之间的比较和对照，利用桥型图（Bridge map）进行事物的类比等。

另外，问题链的设计对发展学生的逻辑思维也有一定帮助。“任何书面表达都是一个整体，句与句、段与段之间有着紧密的联系，体现了写作的行文思路。教师可以利用这种联系来设计问题，使问题与问题之间的关系紧密联系起来”。通过环环相扣的问题设置，充分激发学生的思维活力，引导学生深入思考问题，提高学生的思维质量。仍以牛津英语7A Unit 8 How to be a healthy child 的写作课堂教学实践为例，在写前教师可以引导学生在同伴间进行调查活动，了解同伴存在的健康问题并找出其诱因，以积累写作素材。结合调查内容教师可以进行提问，如，What's wrong with Amy? Why does she always have a headache? What should she do from now on? 从而帮助学生搭建支架，确定写作的大框架和内容。

（四）批判性思维的培养

过程写作法认为学生在整个写作过程中应经历预写作（Prewriting）、打草稿（Drafting）、修改（Revising）、校订（Editing）和发表（Publishing）五个阶段。而在修改（Revising）环节通过对照 Checklist 进行自我评价、同伴互评的过程正是学生发展批判性思维的关键。因此，教师在每一次的写作教学实践中，应当根据写作语言、内容、结构、书写等多方面设置细致的评分标准，使学生通过对自己作品的检视、对他人作品的思考来发现写作过程中存在的问题，从而进行改正以提升自身的写作能力水平。

以牛津英语 6A 作文“What I like to do after school”的写作课堂教学实践为例，教师通过设置自我评价表（Self-check list）（图 4）、同伴互评表（Peer-evaluating checklist）（图 5）帮助学生明确在写作过程中需要关注到的重点，引导学生进行自主学习，发现问题、解决问题。

Self-check list		Yes	No
Language 语言	● Have I used the correct tense in my article? 在我的写作中，我是否使用了正确的时态?	□	□
	● Are there any spelling mistakes, punctuation errors or capitalization problems? 是否有拼写错误、标点错误及大小写错误?	□	□
Content 内容	● Have I covered the five basic elements? 我的文章是否包含了五要素?	□	□
	● Is all the information related to the given topic? 是否所有的信息都与所给主题相关?	□	□
	● Have I written at least two suitable reasons why I like the activity? 我是否已经给出至少两个我喜欢这项活动的理由?	□	□
Structure 结构	● Have I tried to use transitional words or phrases to make my article more coherent? 我是否尽量使用了连接词使文章更加连贯?	□	□
Writing 书写	● Is my article neatly written? 我的书写是否整洁?	□	□

图 4

Peer-evaluating checklist		Yes	No
Language 语言	● Is the article written in the correct tense? 是否使用了正确的时态来写作?	□	□
	● Are there any spelling mistakes, punctuation errors or capitalization problems? 是否有拼写错误、标点错误及大小写错误?	□	□
Content 内容	● Can you find the five basic elements? 你是否能找到五要素?	□	□
	● Are there any sentences not related to the topic? 是否有与主题不相关的句子?	□	□
	● Can you find at least two suitable reasons why he/she likes the activity? 你是否能找出至少两个他/她喜欢这项活动的理由?	□	□
Structure 结构	● Can you find any transitional words or phrases in the article? 你是否能在文章中找到连接词?	□	□
Writing 书写	● Is the article neatly written? 书写是否整洁?	□	□
Be sure to tell your partner what you like about his/her writing, as well as what needs improvement.			

图 5

在写作教学过程中，通过教师设置评价表，学生对照评价表进行自评、互评等活动，学生不仅能够在实践中发展其批判性思维，同时也能在潜移默化中理解不同体裁的文章在写作时需要关注的重点，从而在遇到新的写作话题时做到举一反三。

三、写作教学实践后反馈

经过对写作教学实践的研究，从学生的课后作业反馈发现，各能力水平层次的学生在经过一系列的写作指导后，在原有的写作能力上都有所提升。

（一）学优生思维得到拓展，更具创造力及思辨能力

以往，学优生对于写作较为保守，内容基本围绕着教师课堂上所讲的题材、语句进行写作。由于其基础知识扎实，基本不会存在太多的语法错误，但其作品常常缺少自己的思考。而 Checklist 的运用使学优生从简单的会写到会评、并且通过再修改不断完善自己的作品。在同伴互评的过程中，学生不仅学会了如何去评判他人的作品，也能够在互相的学习中获取新的想法，同时也看到了自己作品的不足。他们在无形中产生了竞争意识。因此，在经过写作指导后，学优生对于写作有了更多的热情，期望用更丰富的语言、更缜密的逻辑表达出自己的思想观点，而其创造力与思辨能力也得到了提升。

（二）中等生逻辑思维能力得到提升，行文组织结构逻辑性更强

对于中等生而言，文章的逻辑性、连贯性是写作中的难点。这部分学生能够根据写作话题分辨教材中哪些词句可用于文章，但最后所呈现的作品通常存在以下几点问题，要么句型单一，结构松散，要么逻辑混乱。但通过思维可视化工具的运用，这部分学生的逻辑思维能力得到了发展，谋篇布局的能力得到了提升。

（三）学困生有话可写

最令学困生头疼的莫过于在拿到作文题时不知道该写些什么。而头脑风暴、思维导图的运用帮助学困生打开了思路，无论是对于词汇、句型还是写作内容都在写前进行了回顾与梳理，为学困生的写作搭建起了支架，帮助学困生在面临写作时能够有话可写。

四、结语

虽然初中英语写作教学任重而道远，但思维品质的培养必定是叩开英语写作大门的钥匙，也将是培养学生英语学科核心素养的关键。创造性思维、发散性思维、批判性思维等思维品质的发展对于学生的写作有着积极正面的影响。因此，教师应首先转变教育观念，主动适应社会发展需求，注重学生的能力培养，以写作教学为载体，促进学生的全面发展。

参考文献

[1] 程晓堂. 在英语教学发展中发展学生的思维品质[J]. 中小学外语教学(中学篇). 2016：20—24

[2] 李红. 问题链在英语书面表达教学中的应用[J]. 课程教材教学研究(中教研究). 2019，Z4：25—27

[3] 刘健，施志红. 初中英语写作教学活动设计[M]. 上海教育出版社. 2017：5—6

[4] 王云. 基于思维品质培养的初中英语写作教学实践探究——以 Unit 5 What are the shirts made of? Writing(3a—3b)为例[J]. 英语教师. 2019,19(24): 95—101

(作者系上海市奉贤区青溪中学英语老师)

培养学生数学学习中的自纠能力
——培养良好数学学习品质的一点尝试

陈洪微

摘要: 自纠能力从心理学上讲,既是一种优良的心理品质,又是一种个性特征,更是一种良好的数学学习品质。自我反思与自我纠错,是数学学习的一种优秀思维品质,是数学发现和创造的源泉,也是一种最基本的数学思维方式。指导学生从细微处做起,从有错自思、自纠做起,培养良好的数学学习品质。

关键词: 树立 自纠意识 培养 自纠能力 学习品质 知情行恒 再创造

作为教师,我们应认识到,在学习中出现错误在所难免,不能怕学生出错,只怕不纠错、不改错,从而一错再错。要认识到自我纠错是学习的一种有效的补救方法,是学生对知识进行"再创造"的一个过程,更是一种可开发的教学资源。这样才能使学生建立正确的"错误"观,树立与培养自我纠错意识与能力。

我们常有这样的困惑:明明是会做的题目,但往往会而不全对,出现这样那样错误,那可能是一种能力的缺失,一种方法的缺失,一种意识的缺乏,更是一种品质的缺乏。归根结底,那是自我纠错意识的缺乏及自我纠错能力的缺失。

《数学课程标准》强调:评价的最终落脚点在于帮助学生认识自己在解题策略、思维方法或学习习惯品质等方面的长处和不足,要求学生及时调整和改善学习过程,激励学生的数学学习,形成对数学积极的态度、情感和价值观,使评价成为学生自我反思、调节、完善的发展过程。因此,为了提高学生学习数学的效率与品质,要引导学生树立自纠意识并逐步养成习惯,从而形成自纠的能力。当然,任何心理品质、个性特征和学习品质的形成,都要经历知、情、行、恒的心理过程才能形成和发展,笔者在近几年的初中数学教学工作中按照这个规律去树立学生的自纠意识及培养学生的自纠能力。

一、自纠能力培养即"知情行恒"的过程

1. 知

提高学生对于培养自纠能力的认识与意识。为了激发和推动自我纠错意识的形成,根据预备年级学生特点,让学生感受到错误并不可怕,善待"错误",减少错误除了对知识点掌握牢固、灵活之外,关键还需提高自我纠错意识。"成功的教学所需要的不是强制,而

是激发兴趣。”“而学习的最好刺激乃是对所学内容方法的兴趣”。因此，在平时教学中以“我来找茬”、“火眼精金”等小组活动，发动同学们典型错误你知我知大家都知，评选“找茬达人”等，以此激发学生内心需要，积极参与自我纠错行动。正所谓“知己知彼百战百胜”，以此鼓励大家不犯常见错误、低级错误，提高自我反侦察觉悟与能力。如《班级首次计算大赛》如火如荼举行后，为了鼓励一些同学，允许限时以自纠错误取得复活资格，进入复赛。很多同学极有把握地进入了复赛，借此对自纠有了更深的认识和体验。

2. 情

使学生从感情上体验到自纠的幸福和欢乐。直接兴趣固然能使人获得感情上的幸福和欢乐，但间接兴趣，即在理智指导下的行动的成功，同样能使人获得感情上的幸福与欢乐。

心理学家盖耶认为：“谁不考虑尝试错误，不允许学生犯错误，就将错过最富成效的学习时刻。”错误是通向成功的阶梯，学生犯错的过程应看作是一种尝试和创新的过程。数学实践中学生出现错误是美丽的，是他们最朴实的思想最真实的暴露。学生出现的错误，教师一定要平和、理智地看待，并辅之以策略处理，充分利用再生资源，让“错误”变得美丽起来。让它成为学生提高自纠能力的一种纽带。数学的学习需要学生做个有心人，从细微处着手，力争做到不犯低级错，少犯常规错，自纠显性错。学生在获得自纠能力的理智支配下，给予一定的方法和鼓励，从感情上充满了劳动者收获自己劳动果实的那种幸福和喜悦。如《有理数复习》时有一题 $|x-3|+(y+1)^2=0$ 则 $xy^3=$________，学生的答案有 -3 和 -27 两类，哪个是正确的？谁有自信来自纠错误，“我错在 xy^3 最后的计算，应该是 x 与 y^3 的积，我计算了 x 与 y 积的三次方，如果是 x 与 y 积的三次方应该是 $(xy)^3$”，一位同学说。其他同学恍然大悟，这位同学体验到了自纠的喜悦。

3. 行

人的行动主要分两部分：纠什么，怎样纠。前者是定向的问题，后者是规则的问题。先说定向，即纠什么。越是学习不好的学生越不知道纠什么。我想，让学生定向，自己的教学必须定向，增强计划性，减少盲目性，少做无效的劳动。从这样的认识出发，注意知识的系统性、严谨性和完整性。一纠计算类的题，二纠有把握能解的能力题，三纠作图题等，这个或许是因人而异的，纠自己比较敏感或易错或需要格外仔细的题……

其次怎样纠。如果我们在每次解题后能留意反思或反问一下：运算法则正确运用了吗？有无抄错或算错？题中已知条件是否充分利用了？有无隐含条件？分析与推理是否合理？有无漏解？数学思想方法是否正确运用等等，那我们的数学思维品质、解题能力、自纠能力就一定会大有提高，日积月累，还愁自我纠错能力的形成与提高吗？

此外，对教师而言，时间长了还可分析出不同学生和整体教学存在问题的倾向性，便于及时抓住重点，发现规律，让复习变得更有针对性、更有侧重性，提高了复习补救的有效性与目的性，学生学习的积极性也随之大有提高。学生的错题处，就是学生学习的难点所在，同时也提高教师自己课前预设能力、自我反思能力、课例研究能力、改进教学行为，可谓一举多得。如：《锐角三角比》作业讲评课，我在黑板上列举了学生的几类错误，其中有一题是正弦与正切混淆，展开自纠、互纠环节。这时一个同学积极举手说，这是他的错误，他知道错在哪里了，当时全班都为他响起了掌声。

4. 恒

学生对自己的认识也好，从感情上体验自纠快乐也好，自纠的定向、规则也好，都必须持之以恒。反复加深认识，不断反复，才能由一次次单一地认识、情感、行动，最后形成一种习惯，一种心理品质，一种学习能力，一种学习品质和一种个性特征。由于知、情、行循环往复，学生都把纠错当成了自己的事情，并初步具有了知识系统和自我意识的能力，激励自己尽量不犯错，少犯错，达到自我约束，自我学习的最佳学习品质。

二、自纠的过程即学习“再创造”的过程

瑞士心理学家皮亚杰曾说：“学习是一个不断犯错误的过程，同时又是一个不断通过反复思考导致错误的缘由并逐渐消除错误的过程。”学习是一个较长的、不断纠错的过程，而纠错是学习中不可缺少的一部分。

弗赖登塔尔提出了“再创造”教学的三条教育学依据：首先，通过自身活动所得到的知识和能力比由别人硬塞的理解得更透彻，掌握得快，同时也善于应用，还可以保持长久的记忆；其次，发现是一种乐趣，或者说，是人的天性，通过再创造能够引起学生的学习兴趣，激发其学习动机；最后，通过再创造，可以帮助学生形成数学是一种人类活动的观念。

自纠的行为符合“再创造”教学的三条教育学依据，是一种有意义的行为。在做数学题中学习数学，在纠错中学习数学，即在创造数学中学习数学。“授人以鱼不如授人以渔”。显而易见“再创造”的原理对于发展学生自纠能力和自主学习意识，都有一定的独创性与积极性，更突出了数学学习品质形成中经历自纠过程的必要性。

自纠行为的主体应该是学生本人而不是别人。自纠本身是一个从认识错误、思考错误到解决错误的过程，它不同于一时的纠错行为。作为教师，给学生指出错误是必要的，但并非要帮其一一纠错。有效地组织学生进行自我纠错以提高学生自主学习的能力，除了抓住课堂主阵地巧妙启发引导，还可以不断培养学生纠错、避错的方法。

例如：在六年级第一学期《圆的周长》《圆的面积》中都要涉及 π，相对而言，对于预备班的孩子计算量挺大的。为了激发学生的兴趣，创设良好的环境，引导学生在有理数运算中有简便运算，对于本题几何图形面积周长计算，有什么简单更不容易出错的方法吗？同学们展开了激烈的讨论和尝试，有同学自信地说出：“我们可以先不算 π，而是保留 π，从而简化计算。”此话一出，全班响起了热烈的掌声，多么好的办法，不知不觉已经掌握了如何正确避免错误，树立自纠意识。

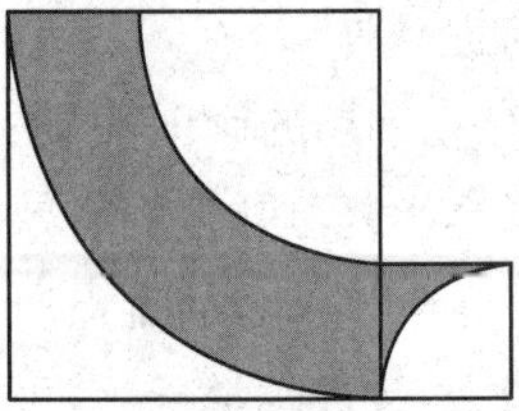

如图所示，两个相邻的正方形边长分别是 8 cm、3 cm，求图中阴影部分的面积和周长。

这样一来既体会了“什么是保留 π”的含义，又自发地提出了避错的好方法，比起老师给予他们这种方法更有意义和价值。

三、自纠的实施即理论与实践相结合过程

任何意识、能力形成都源于内需与自发,意识的树立、提升都离不开学生这个主体。在教学实践中,要让学生养成主动检查、自觉检验和主动纠错、及时订正的习惯,让自纠成为一种本能。如对于几何题、应用题的检验,可以用读一读题目、画一画图形等途径来审清题意;有时也可以让学生换一种解法,看看结论是否一致,想想所运用的概念、法则、公式等知识的正确性如何;想想计算结果是否符合实际或先粗略估计正确结果的取值范围,如计算结果不在此范围之内,说明解答有误;用方程或比例解题时,是否写上解、设,计算结果是否带单位名称,单位是否统一,答句是否完整等。我还经常让学生互相进行检验,互相检查、互相促进,从而使学生答题的准确率得到提高。学生常犯错误的关键之处,经历教师的引领示范相互评价及其自纠行为,使学生在潜移默化中掌握一些解题和检验的技巧,提高了自我纠错能力,提升纠错意识,拥有良好的数学学习品质。

例如:六年级第二学期《7.6 余角　补角》这节课中,画出一个已知角的余角。

在下右图中,以 OB 为一边,画出 $\angle COB$ 的余角 $\angle AOB$。有大部分同学只画出一种情况,我就让有不同看法的同学发表意见,"因为余角和位置关系无关,只和数量关系有关,因此应该有两种情况。"为了检验另一部分同学的领悟和自纠能力,对此题进行了变式并留作提高题。

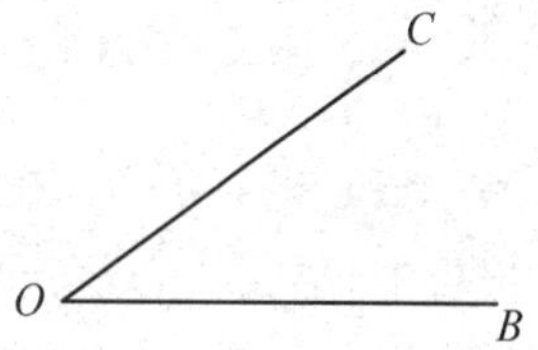

变式:在下右图中,画出 $\angle COB$ 的所有余角。

想不到大部分同学都满怀兴趣地去做,自信满满地画出了四种情况。个别有同学漏画的脱口而出,我知道错在哪儿了。此刻或许自纠能力逐渐内化为一种本能,一种自我需求。更值得庆幸的是无形中对这一知识点理解得更透彻了,掌握得更加牢固了,注入了自我感悟和亲身体验,这种境界是谁都给予不了的,这或许就是自纠的难得可贵之处。

作为一名学科教师要引导学生:别让自己输在转折点,转折点即是落脚点。在自我纠错的活动中,自纠行动日渐成为一阵风、一股力,更将成为一种自发的意识和能力,也是一种学习体会与品质的见证。

参考文献:

[1] 魏书生. 教学工作漫谈. 文化艺术出版社. 2012
[2] 涂荣豹,宁莲华. 中学数学经典教学方法. 福建教育出版社. 2011
[3] 曾大洋. 如何上好一堂数学课. 华东师范大学出版社. 2009

(作者系上海市奉贤区青溪中学数学老师)

语文核心素养视域下促进学生深层阅读的策略研究
——以《紫藤萝瀑布》的教学为例

钱星燕

摘要：阅读教学是发展学生语文核心素养的重点所在，阅读教学的深浅程度也已成为语文教育的热门话题，深度阅读是学生是否进行深度学习的一个衡量指标。要让学生真正进入深层阅读，要教会他们运用分类、分析、综合等各种思维方法进行辅助阅读，进而深入阅读作品的内容。因此，教师要运用教学策略，做好文本解读与问题链设计，立足于课堂，关注到教学中的知识深度、思维深度和关系深度，与学生一同完成深层阅读。

关键词：中学语文　核心素养　深层阅读

一、语文核心素养视域下深层阅读教学的必要性

核心素养是个人能力素养中的核心部分，最早见于经合组织中OECD项目组的研究报告中，语文核心素养则是核心素养在具体学科中的体现，由“语言的建构与运用”、“思维的发展与提升”、“审美的鉴赏与创造”、“文化的理解与传承”四个部分组成。

王良在《发展言语能力，丰富言语生命》中提到“语文课程最重要的任务是培养学生理解和运用祖国语言文字的能力。理解言语主体在一定的言语环境中表达了怎样的意义，以及合适的言语形式如何生成意义。”核心素养中的“语言的建构与运用”就要求学生在丰富的语言实践中，通过主动的积累、梳理和整合，逐步掌握祖国语言文字特点及其运用规律，形成个体的言语经验，在具体的语言情境中正确有效地运用祖国语言文字进行交流沟通的能力，换言之，这不仅要求学生在学习语文的过程中熟练掌握语言表达的能力，其实更要求学生在学习的过程中通过体悟与思考提高他们的思维能力，保证言语表达有内涵。

据统计，阅读课时占据整个语文教学课时的三分之二至五分之四，阅读教学不仅是语文教学的重要组成部分，更是核心内容。周庆元的《语文教育研究概论》提到“阅读既是对信息进行感知和理解的复杂的认知过程，又是对文字信息进行情感体验并产生共鸣的情感活动，同时也是对文字信息内化吸收并将外部言语转化为内部言语、转化为思维工具和表达工具、形成语言能力的复杂的语言实践活动。”因此在语文学习中，学习语言的形式与意义缺一不可。教师应该借文本引导学生思考体悟文本背后表达的思想与意义，提高学生的思维能力与审美能力，同时也要在学习语文的过程中，借助他人的言语经验发展自身的言语表达能力。

二、学生浅层阅读现状分析

在互联网繁荣的今天，学生的碎片化阅读现象严重，它带来的后果之一就是浅层阅读。浅层阅读是指学生在阅读过程中不深入思考所读内容，对文本的理解停留在肤浅的表层，主要包括知识、思维、情感的浅层次性。

1. 知识浅层

知识的浅层次主要表现为对文字意义、修辞知识、文体知识及文化知识等方面把握的肤浅性。

如学鲁迅的《藤野先生》时，学生会读到第一句"东京也无非是这样"，他们在小学时就学到"也"有"表示同样"的意思，但是他们却不理解为何鲁迅先生会在第一句用到"也"字。这是没有联系鲁迅的生平，不知道这句话其实是紧承着《朝花夕拾》种前一篇《琐记》的最后一句"到外国去"写的，"也"字其实表达的是对东京与南京一样乌烟瘴气的失望、愤慨之情。

2. 思维浅层

学生思维浅层的主要表现就是思维的碎片化、套路化。如在学习《社戏》时，我们会关注月夜行船和午夜归航的两个片段，两段路上其实"我"看到的景色是一样的，因此在分析时学生会带入一样的答题公式。但在归航时的描写比来时所用的修辞手法更多，写同样的景色融入了更多的手法，可见作者此时的心情应该比来时更为愉悦欢快，来时的欢快是因为可以去看社戏，但是戏并不好看，在回程路上却更快乐了。这其实是个矛盾之处，从这里可以推断出作者并不因为社戏而愉悦，而是因和小伙伴们在一起的欢乐时光。

3. 情感浅层

情感的浅层主要是指学生在阅读的过程中，对文本的情感只是进行机械的分析，没有融入自己的情感，无法与人物之间产生共鸣。

学习杨绛的《老王》时，学生可以找到杨绛想要表达的情感在文章的最后一句"一个幸运的人对一个不幸者的愧怍。"也能明白何为愧怍，但是会有疑问：杨绛一家对老王并非不好，甚至相较于其他人已经做得非常好了，杨绛的愧怍是她多心了吗？有这样的质疑是没有理解杨绛作为知识分子的自省精神。她愧怍的是老王已经把他们一家当作亲人，因此在临终之前他想把自己的全部身家、情感交托给杨绛，但杨绛从头到尾都只是把老王当作一个"熟悉的陌生人"，面对老王来送香油和鸡蛋，没能发觉这份情谊的可贵之处，反而"用钱打发他"，她体会到了二人之间情感付出的不对等，才对自己有了自责之情。

学生在浅层阅读的过程中，只是记住了老师讲的文本内容、语言、情感等知识性的结论，并没有掌握运用与建构语言的能力，思维品质不能得到提升，更不用说感悟语文独特的文化魅力了。

三、促进学生深层阅读的教学策略研究

要让学生真正进入深层阅读，要教会他们运用分类、分析、综合等各种思维方法进行辅助阅读，深入阅读作品的内容。教师要更多挖掘文本的个体价值，让学生在阅读中梳理文本的逻辑思维，体悟文章的情感所在。作为学生的引领者，教师本身的文本解读与分析能力必然要提高，还应运用教学策略关注到课堂中的知识深度、思维深度和关系深度。

以《紫藤萝瀑布》一课为例，通过深入的文本解读与课堂的问题链设计，我调整了以往教学中存在的一些弊端来推进学生的深层阅读。

1. 拓宽阅读视野，关注知识深度

刘晶晶、郭元祥的《小学语文阅读素养：内涵、构成及测量》中说"阅读知识是阅读素养的基础。"知识深度是进行深度阅读的基础。在教学中，我们经常会介绍文学常识和文体知识，可以将知识与文章有机结合，建构起它们之间的逻辑关系。

在备《紫藤萝瀑布》这一课时，老师通过查阅资料可以了解到作者的生平。宗璞写这篇文章时正值小弟病危，正"面对生与死的疑惑"，带着背景就能理解她在文中对生命的思考：开篇处她停下脚步时，满怀着对小弟生病的遗憾与痛苦，因此她会不由自主地被生命力顽强的紫藤萝吸引，但这种吸引只是简单缓解她的痛苦，这种生与死的疑惑始终在她的心头萦绕；当她想要摘花的时候，她没有摘，因为她会尊重每一朵花生的权利。

还可以关注文章的语言形式。作者在写紫藤萝的时候写道"每一朵盛开的花就像是一个小小的张满了的帆"；"'我在开花'……它们嚷嚷。"……这些句子运用比喻、拟人的修辞表现花开得烂漫、旺盛，在我们读来却十分幼稚。可以让学生思考像宗璞这样的成熟的作家，为什么会写出这样的语句呢？仔细分析，不难发现"帆船"能给人带来扬帆起航的感觉，它们"大笑""嚷嚷"让人感觉像是一群可爱的孩子，充满了朝气与生机，用这样孩童般稚嫩的笔调作者是在传递看到生命力量的喜悦之感。

2. 抓住行文线索，提升思维深度

阅读是复杂的动态思维过程，要唤起学生头脑中储存的知识信息，更要让他们对信息进行筛选、提取、整合与分析。于漪老师曾说："语文教师应该从学生的思想感情、知识能力、运用文章精妙之处，开启学生的思维窍门。"上课时，教师的问题链要多以"为什么"代替"是什么"，相对于"是什么"让学生去寻找线索，"为什么"更能让学生将前后的线索勾连，进行判断与推理，激发学生对探索作者写作思路的兴趣，提升创造性的思维品质。

将"为什么开头'我不由得停住了脚步'，结尾却是'我加快了脚步'"作为引入，先引导学生解决第一个问题，分析紫藤萝旺盛的生命之美："我"停住脚步是被眼前美丽的紫藤萝瀑布吸引了，它们不与群芳争，独自开在花谢时，尽情地展示着自己的生命，骄傲自信，欢腾嬉闹，正是这样的生命力之美吸引了"我"。

为什么"我"在最后会加快脚步而不是多欣赏一会儿藤萝呢？因为藤萝只是暂且抚慰

了"我"的心灵,"我"的痛楚并未真正消失——"别的一切暂时都不存在,有的只是精神的宁静和生的喜悦。"这种宁静与喜悦都只是"暂时"的。随后"我"又想起了十年前的藤萝所受到的苦难,以花历尽劫难又焕发生机联系到人;由我的感受上升到理性的思考,感悟到生命的美和永恒。因此"我加快了脚步",重新振作精神面对生活中的苦难。

后一个问题比较难解决,需要通过问题链推进逐步分析,在课堂的最后揭示答案,可以让学生始终保持对问题探索的热情。

3. 尊重个性学习,形成关系深度

"关系"既指老师和学生之间的关系,更指向学生与生活世界的关系。语文教育归根结底是对"人"的教育,若教师只是把学生对于知识的掌握程度和逻辑思维的深度定为判断学生是否进行深度阅读的标准,那么师生关系会变为单方面灌输与支配的关系。老师要尊重学生,尊重他们在学习过程中生成的独特审美体验,师生之间要有交流和共享。只有当师生、生生的思维进行了碰撞,课堂才能趋于多元化。

在课堂中,提出问题后让学生不要着急知道答案,鼓励更多的学生说出自己的想法,同学之间相互补充和完善,进行梳理与整合,老师点拨与补充即可。

借这篇文章还可以引导学生对生命意义进行探索,通过揣摩"带走了……关于生死的疑惑"一句的含义,让学生思考作者对生与死的认识,暗含了她怎样深沉的情感,随后联系自身经历,对学生进行生命教育。

在课后,我借由学生在课堂上的知识积累进行拓展练习,例如书后的思考题:"作者借紫藤萝来暗示自己的情思,于是紫藤萝就有了某种寓意,成为作者志趣意愿的寄托,我们之前还有没有学过这样写法的文章?你在课外有没有读过这样的文章?有没有一种植物让你也觉得可以寄托某种志趣,为什么?"考察学生能否灵活应用托物言志的表现手法,通过读写结合,拓宽学生的阅读量同时让他们在写作中更好地运用到这种表现手法。可以联系同一个单元的《一颗小桃树》或是之前学过的《爱莲说》来回答,也可以回顾在课外阅读所读到的篇目。

四、结语

黄光雄与蔡清田在《核心素养:课程发展与设计新论》中提出"国民的核心素养是可以透过教育加以引导,透过教学加以培养,透过学习获得。"在深度阅读教学中,教师的教导行为与学生的学习行为是相辅相成的。教师在备课时需要对文本有深入的解读,在教学中更多关注学生阅读的过程性评价。

随着部编版教材全面铺开,对学生阅读量要求显著增加,考察也逐渐走出文本本身,在一些省市的中考试题中已经体现了出来,例如 2015 年南通市中考:《阿长与〈山海经〉》、《父亲的病》、《藤野先生》三篇中任选一篇说说鲁迅早年的生活经历以及对鲁迅生活产生的影响;2018 年嘉兴中考:许多名著中的人物都有"成长"的故事:《草房子》中的桑桑、《童年》中的阿廖沙、《钢铁是怎样炼成的》中的保尔·柯察金……在成长路上他们曾遭遇了怎样的人生困境?又是如何走出困境的?从中你获得了什么感悟?选择上面三个人物中的一个，结合作品具体情节简要阐述……以上问题考察学生对名著内容的熟悉，更指向他们分析问题的能力、思维的严密性、语言表达的逻辑性。

阅读试题越来越灵活，不论对学生还是老师都是一个挑战。即使抛开应试，教师也应成为学生阅读习惯的指导者与守护者。在这样的挑战之下，教师更需要提高自己的能力，带动学生的学习主动性、创造性。当然，凭借个人的力量很难做到所有的文章全面铺开，我们要更多地借助教研组的力量，定期进行专题的研讨，形成教研组的共同研究成果。

参考文献：

[1] 曾毅，张树苗，郭利婷. 指向语文核心素养的阅读教学问题设计研究. 中小学教师培训. 2019
[2] 刘锦蓉.《紫藤萝瀑布》的审美价值与教学研究. 开封教育学院学报. 2019
[3] 严百海. 中学语文阅读教学中情感教育的实效性问题浅析. 学周刊. 2019
[4] 石修银. 语文浅层阅读的表现及矫正. 中学语文教学. 2018
[5] 崔炳光. 核心素养视域下的深度阅读实施策略——以教学《紫藤萝瀑布》为例. 语文教学通讯. 2018
[6] 余玲艳，代建军. 语文深度阅读教学的分析模型. 教育科学研究. 2017

（作者系上海市奉贤区青溪中学语文老师）

运用实验教学促进学生主动性学习
——以初中科学学科为例

吴昕妍

摘要： 随着素质教育的实施和推进，对学生的创新思维和实践能力都提出了更高的要求，不同于传统的灌输式教学，素质教育强调因材施教，发展学生的个性，将学生的主体地位体现出来，教师在教学过程中则是主导作用，引导学生探索知识，启发学生独立思考。

初中科学是一门综合性的课程，集物理、化学、生物等学科于一体，充分体现了科学的严谨性，因此在初中科学教学中应用探索性实验教学是十分有效的教学方法，有利于激发学生的兴趣，培养学生的实践能力，提高学生的综合素质。

关键词： 实验教学　综合素质　主动性

一、实验教学重要性及主动性学习的意义

随着中考的改革，对初中科学教学提出了新的要求，需要教师与学生一同转变原有观念，着眼于学生综合素质的提升。素质教育是以学生创新精神和实践能力为重点。而实验教学所具有的实践性、真实性是其他任何媒体所无法替代的，是提高学生素质、培养学生创新精神和实践能力所必须的。

初中生的综合素质包括品德发展与公民素养、修习课程与学业成绩、身心健康与艺术素养、创新精神与实践能力等方面，尤其是参与社会考察、探究学习和职业体验等综合实践活动的表现。其中，探究学习要求学生进行综合式、主题式、项目式的学习。初中科学学科的实验教学能在让学生自身综合素质在学习的过程中得到提升。简单举例：在初中科学六年级上册中有这么一个活动：探究影响水分蒸发快慢的因素。对于学生而言答案其实很简单，但是如何通过设计实验去验证实验结果才是重点。为了能设计出一个比较完整且具有一定试验价值的实验设计，学生会主动地查阅相关资料，主动地尝试不同实验方法，主动地将记录的数据整理得出结论。在整个过程中，学生的科学素养处于一个不断提升的状态：学生的观察能力得到了提升；学生的创新思维得到了提升；学生的动手能力得到了提升；学生的学习主动性也得到了提升。可以说，中考改革以后，提高实验教学在教学中的重要性和学生学习的主动性对于提升学生综合素质有一定的影响。

二、实验教学促进学生主动性学习现状

过去，在中小学教育教学中，实验只处于一种从属地位。教师普遍认为做实验是为了增加教学的直观性，帮助学生巩固和掌握理论知识，学到一些实验的技巧，对于学生而言科学实验属于锦上添花的存在，即使不做实验学生也照样能考出良好的成绩。随着教育体制的不断改革，在现阶段的初中化学教学过程当中，更加注重提高学生学习的自主性，以让学生能够积极主动的去思考，去探究，进而不断强化学生的学习过程，提高初中化学教学的质量。[1]科学实验是科学教育的重要组成部分，是根据教学目标而组织的教学活动，是科学实验在教学过程中的典型化的重现。

除此之外，目前学生学习的主动性存在着一定的问题。学生的学习主动性主要体现在直接学习需要、间接学习需要、学习目标、自信心和情绪情感等五个方面，学习主动性的形成包括外化和内化两个相辅相成的过程。[2]如果不能对学生主动性学习进行改善，会直接影响和最终决定着他们的学习效果和身心发展的程度与水平。到目前为止，国内外对主动性学习的研究做出了很大的贡献，且有一定的理论研究，然而对主动性学习现状的研究则相对较少。主动性学习在我国的高中阶段的运用不容乐观，仍然有很多教师不够重视学生主动性学习，使得学生在科学、生命科学学习过程中的主动性没有得到很好地发挥，同时学生也是常常处在被动学习的状态。[3]

三、实验教学与主动性学习

新课程改革明确提出教师要根据学生的学习特点，运用相关教育学原理来调动学生学习的主动性。主动性学习已经成为了新课程理念中的一个非常重要的内容。主动性学习也是一项能够有效提高教学质量的学习方式和教学方式。

而实验教学是指实践性教学的一种组织形式。一切自然科学都来源于实践，都是在对自然现象观察的基础上从生产实践和科学实验总结发展起来的。尤其是当今时代的高科技，无一例外都是通过实验而得到的。实验作为理科教学的重要内容、重要方法，对学

生的理科知识掌握和科学研究方法、实验技能以及创新精神的培养，都具有重要的地位和作用。

实验教学与主动性学习两者的交集主要源于学生个体。学生是具有主观能动性的人，他们不仅仅是教学过程中的对象还是学习的主体。为了有效解决此类问题，新的理念不断被应用，开放式教学逐渐融入初中科学实验教学中，学校教师通过运用开放式教学，改变在传统教学中束缚学生的因素，去培养学生对学习的兴趣。[4]

初中生主动性学习科学、生命科学不仅能够有效的完成学习任务、激发学生强烈的学习动机，还能够使其生物教师保证教学活动的高效性，进而来促进教师专业水平与能力的发展，最终促使学生能够主动、积极的学习。学生主动性的培养，在新课程改革的过程之中受到了社会各界的广泛关注。要想从整体上促进教学质量和水平的稳定提升，实现学生的个性化成长和发展，老师必须要结合学科教学的具体现状，采取创造性的策略和手段，培养学生良好的主观能动性，只有这样才能够体现素质教育的核心要求。[5]

学生利用仪器设备，在人为控制条件下，引起实验对象的变化，通过观察、测定和分析，获得知识与发展能力。在基础课和专业课中广泛应用。其目的不仅验证书本知识，更着重于培养学生正确使用仪器设备，进行测试、调整、分析、综合和设计实验方案、编写实验报告等能力。实验教学激发了学生的学习兴趣，转变了对生物课的学习态度；促使学生学习需要的改变，提高了学生学习的主动性。

四、运用实验教学促进学生主动性学习

（一）利用科学实验激发学生兴趣，培养学生学习的主动性

苏霍姆林斯基说过："兴趣的源泉还在于把知识加以运动，使学生体验到一种理智高于事实和现实的权威感。"随着新课改不断的深入，科学课程以科学探究为突破口，进行了全面的改革，学习初中科学中的化学探究性实验，不仅有助于提高学生的动手能力、观察能力、分析能力，培养学生的思维，还有利于增强我国国民素养，提高我国初中科学教学发展水平。[6]

科学实验会产生很多奇妙的现象，每一次实验都能引起学生的兴趣，有时候某些学生暂时没法用已有知识解释的实验现象或结果能够引起学生的好胜心，从而激发他们强烈的求知欲，树立了学习好科学知识的决心，这样就很自然地激发了学生学习的主动性。例如：在讲解到初中科学七年级下册第十三章《地球、矿物与材料》中有关《金属的提炼》的内容时，我只需要在课前出示一个金属手工艺品——手镯、项链、戒指、耳钉等，提问学生："矿物中的金属如何能制成这样精美的物件的?"绝大部分学生会回答金属需要提炼才能使用，但是这部分同学并不是所有人都能很好地用已有的知识解释如何提炼，金属的提炼方式有哪些，甚至有些同学会发出这样的疑问："金属为什么需要提炼才能投入使用?"所以仅仅是生活中一个不起眼的小物件，其后续的科学知识也能引起学生探索科学的兴趣。在引起学生兴趣的基础上，我再借由"提炼铁的实验"，通过实验现象培养学生学习的主动

性。通过观察实验，学生可以得到一个直观地现象——玻璃管内的粉末由红棕色变为了黑色。粉末颜色为什么会变？变化后粉末的成分有没有改变？粉末颜色变化的同时还有没有其他变化？这些问题在学生观察实验现象后都有可能浮现在他们脑海中，从而使得在接下来的课程中不是我需要他们好好听课、好好学习，而是他们自觉自发地听着我的讲解以期待能得到实验现象的解释。到了这一步已经达到了我利用科学实验激发学习兴趣，培养学生学习的主动性的初步目的，接下来则是需要在此基础上不断加强学生的主动性，使学生从"要我学"到"我要学"。

在教学活动中，必须充分调动学生学习的主动性和积极性。学生是极富能动性的人，他们不只是教学的对象，而且是学习的主体。教师的教固然重要，但对学生来说，毕竟是外因，外因只有通过内因才能起作用。因此，教师传授的知识与技能，施加的思想影响，都要经过学生个人的观察、思考、领悟、练习和自觉运用等，才能转化为他们的本领和品德。再说，学生学习的主动性和积极性越大，求知欲、自信心、刻苦性、探索性和创造性也就越高，学习效果也就越好。

（二）利用生活化实验激发学生创新精神，培养学生学习的主动性

科学教学在实验操作中不仅锻炼了学生的实践能力，更能激发学生的探索兴趣，充分发挥学生的主体作用，培养学生的创新意识，促进学生的创新能力，从而为国家培养高素质的人才奠定了基础。[7]注意培养学生的创新思维能力对于教学效果有积极的影响。

教师在课余时间应多注意生活中的现象，贴近生活实际，让学生动手亲自设计实验、记录实验数据、完成实验小结，以学生为中心，让学生自主地探索知识的同时，发展创新思维，提升科学素养。例如：初中科学七年级上册第十章《平衡与健康》中让学生根据表格中所列举的数据设计一份合理的中学生一日三餐的食谱并在班级内进行交流。由于每位学生对于食物的要求各不相同，在营养达到要求的情况下，我收到了很多"偏科答卷"。有同学认为只要营养有了，油炸食品随意；有些同学认为只要蔬菜就满足需求了；有些同学认为表格中所列举的食物不在喜好范围内不进行设计。在交流过后，我让学生课后再对食谱进行完善。学生们兴趣高涨，主动查找关于平衡膳食的相关知识。这种实验效果就是让学生发现生活中也有科学，能通过生活中的科学激发学生的创新精神。

（三）利用自身实践获取实验技能，培养学生学习的主动性

一切的科学探索都是理论联系实际的，科学实验通过探究与生活和社会相关的点和延伸课堂到实际之中。初中科学课程的本质和核心是科学探究。科学探究需要以科学实验为载体展开，因此科学实验在初中科学教学中占有极其重要的地位。在实验教学中，大部分教师都有实验失败的经历，失败实验在教学中是否一无是处，没有价值呢？[8]"失败乃成功之母"，用一个比较老套的例子：爱迪生发明灯泡，灯泡内灯丝从选取到最终决定钨丝做了上千次实验才有了最初的灯泡。而目前时代在不断变化，我们的实验教学需要紧跟时代步伐,在社会中学习知识,又把学习到的知识运用到社会中去。

前段时间我国爆发新型冠状病毒肺炎,许多各行各业的人都为抗击武汉新冠肺炎付出了一份力。而我们在此关键时期能做的就是防御新型冠状病毒——戴口罩、勤洗手、多通风、和他人保持距离。在生活中,我们可以运用酒精消毒等。有些人可能会因此脑洞大开,酒精可以消毒,84 消毒液也可以消毒,两者混合在一起,强强联手,能不能消毒能力翻倍呢?经过实验,我们可以发现,两者混合后消毒能力不仅没有翻倍,而且还有减弱的可能。这是因为次氯酸钠将醇氧化成醛或者酮,而次氯酸钠中+1 价的氯就被还原成-1 价的氯离子,这样乙醇中的羟基没有了,次氯酸钠中的有效成分次氯酸根没有了,就不具备原来的消毒能力了。在这个实验过程中,学生在实验操作时锻炼了实验操作水平,在激发学生学习主动性的同时提升了学生的科学素养。

参考文献

[1] 马晓伟.初中化学教学中提高学生学习主动性的思考与实践[J].学周刊.2020(06):77
[2] 马永录.培养初中生学习主动性的实验研究.西北师范大学.教育.2004
[3] 常琳.高中生生物学主动性学习现状调查及分析研究[D].陕西师范大学.2015
[4] 周良彪.开放式教学在初中科学实验教育中的实践探索[J].当代教研论丛.2018(04):88
[5] 后晓贞.浅谈初中道德与法治教学中学生学习主动性的培养[J].中国校外教育.2019(29):111—112
[6] 俞娇娇.浅谈初中科学中化学探究性实验教学[J].科教文汇(上旬刊).2017(02):111—112
[7] 原臻钰.初中科学实验教学对学生创新性思维培养的研究[D].上海师范大学.2014
[8] 沈梁勤.基于失败实验分析的初中科学优质教学[D].杭州师范大学.2017

(作者系上海市奉贤区青溪中学科学老师)

基于文本解读的阅读共情点探寻路径研究

张　莉

摘要: 歌德说:经验丰富的人读书用两只眼睛,一只眼睛看到纸面上的话,另一只眼睛看到纸的背面。可见,阅读不仅要看到"纸的背面"所透出的作者写作意图更要与作者对话,与之形成一个共同的情感共生体。阅读共情点可以通过重现作者所设置的情境,唤醒学生的情感记忆;可以捕捉文本中作者或者主人公"情绪过激"的语句,联系上下文以及作者生活经历,激发学生的情感体验;可以在触碰文本人物以及作者高贵灵魂中,提升学生高层次的情感需要。在基于文本解读的阅读共情点的追寻过程中达成育文、育人的双重目标。

关键词: 共情点　情境　"过激"情绪　"真善美"

一、共情点的概念界定

情感是人们对客观事物是否适合个人需要和社会需求而产生的态度体验，是人类文明的凝聚、内化与升华，是人们复杂心理活动的一种反映。共情作为一种人际互动的心理现象，不仅是一种状态或能力，它更是一种具有动态性、方向性的社会心理过程。[1]将共情的意义总结为个体感知或想象其他个体的情感，并部分体验到其他个体感受的心理过程，这也是现存的大家比较公认的对共情的解释，在很多文章中也是应用这一理论解释共情。本文所说的共情点就是基于文本解读的过程中个体对文本作者情感的感知和想象。

二、中学语文课堂共情点实现的意义

《上海市中小学语文课程标准（试行稿）》中提到“语文课程要引导学生在语文学习的过程中，依据自己的体验，感受与发现，主动地与作者对话……”，“要引导学生在学习我国优秀传统文化和外国优秀文化的过程中，吸取精华，充实底蕴，形成审美意识，审美情趣和审美能力，树立正确的价值观，培养并提高比较辨别能力和鉴赏评价能力，塑造健全的人格。”那么“依据自己的体验，感受与发现”的宾语是什么呢？怎样才可以“与作者对话”呢？“塑造健全人格的实现又有哪些具体路径呢？下面，本文就具体文本中共情点的探寻来进行粗浅地探讨。

三、共情点在中学语文课堂上的探寻路径

1. 重现作者设置的情境，唤醒学生的情感记忆

在阅读中如果想要对文本有基本的理解，那么思人所思、感人之感是必不可少的。比如《在那颗星子下》中，和老师间的“较量”和考试的“角逐”等文本情境可以说高度还原了学生的生活场景，大家深有体会，所以很容易达成共情。然而，这些内容也只是阅读中的一部分。

对于十二三岁的孩子而言，衣食无忧，大部分时间行走在家和学校之间，相对接触到的人和事都比较简单，所以让他体会战争的残酷、贪官吏虐的丑陋、统一山河的热忱这些情感则需要为他们设立相应情境去唤醒学生保存于记忆中的喜怒哀乐的情感。而所设立的情境要充分尊重作者创作时的设置。具体操作中可以利用满怀激情地去诵读，领略其情感要素，让学生受到熏陶与感染。比如搏击暴风雨的“海燕”就可以在高亢的诵读中领略高尔基的无畏；可以通过写作背景的补充介绍、问题的激发来形成特有的“时空场”让学生产生启迪与共鸣。比如那市侩十分的“杨二嫂”，倘若了解了鲁迅笔下的“那个世道”心中便不再会是单一的鄙薄；可以借助音乐、图片、视频等现代化的信息手段，让学生身临其境展开联想。比如看过韩国“世越”号沉船的视频之后再学习《诺曼底号遇难记》，哈尔威船长在灾难面前的决择是那么伟大就会更加鲜明。这些情境不会发生在生活中，但却是作者们想为我们设置的，那么我们就可以通过重现这些情境，唤起学生情感中的某些

记忆。

2. 驻足作者"过激处"的情感,激发学生情感体验

体验,就是依据自己的已有经验,包括生活的积累、知识积累和思想认识水平,从具体的语言中体会到文本的内涵,或产生共鸣,或产生疑惑。[2]共情基于以往的情感经历中已存在,而对于未曾触及过的情感很多时候会产生疑惑。

《窃读记》讲述的是作者小时候去书店"窃读"的经历,以及其中的两次经历给她的人生带来的影响。在她"窃读"被拒时出现了这样一句话:"但在这次屈辱之后,我的小心灵确受了创伤,我的因贫苦而引起的自卑感再次地犯发,而且产生了对人类的仇恨"。大家有没有在阅读到这里的时候停下来思考一下呢?她去书店"蹭"书看被拒,正常来说应该厌恶或是憎恨那个店员,为什么会扩大到"对人类的仇恨"呢?可以说这个情绪是过激的。联系上文才会发现,"这次的屈辱"让她因为贫穷而产生的自卑感"再次"犯发,这次在她追求"精神食粮"受拒之时已经渐变成了"对人类的仇恨",她对于店员的指责她是理不直,气不壮的,可见人们的思想意识有一个共识,书是用来买的,如果不买就没有理由看书,换句话来说贫穷不仅剥夺人们拥有物质食物的权利也有剥夺人们拥有精神食物的权利。基于这种意识准则,她才无力地反驳"看看都不行吗?"可以说,她理解所有人的做法,但是她诅咒着这样的生活。这种心理对于一个价值观正在形成的孩子而言是多么的可怕。所幸,她的观念在又一次"蹭书"经历中有了改变,所以结尾才会说"记住,你是吃饭长大;读书长大;也是在爱里长大的!"。可能也正是这样的感受才给了她去爱别人,爱这个社会的力量,才有了我们所知道的一位优秀作家的形成。

阅读文本,很多时候就像是拼图游戏,大部分拼图在学生阅读文本的时候都会发现并且找到相应的地方,但是总会有几个容易忽略的拼图让这张拼图不能形成一个整体,就像很少有学生会留意到"而且产生了对人类的仇恨"这一句,那么学生的情感体验也必定会是残缺的,也就找不到共情所在。他们就不会体验到林海音当时在贫穷面前是多么的偏激与无力,而在成年之后再回忆那个把书留给她的店员时,心里该是怀揣着怎样的一颗感恩之心啊!这个店员对一个穷孩子价值观的形成起到了怎样的作用啊!而这些情感的获得是通过捕捉到作者的看似"过激"的情感实现的,而这些"过激"的情感一开始肯定是需要教师敏感地替学生驻足,然后引导学生独自去发现作者一些"过激情绪",从而与作者隐含其中的情感变化以及生活态度产生共情。这样训练几次下来,不由让学生也提升了对于文本的敏感度,自己把从前所忽略的情感拼图再补上一些,从而激发出自己从前的情感世界中所没有的经历与体验。

3. 触碰作者"真善美"的灵魂,提升学生情感需要

爱因斯坦在《论教育》[3]中曾谈及:要使学生对价值有所理解并且产生热烈的感情,那是最基本的。他必须获得对美和道德上的善有鲜明的辨别力。否则,他——连同他的专业知识——就更像一只受过很好训练的狗,而不像一个和谐发展的人。为了获得对别人和对集体的适当关系,他必须学习去了解人们的动机、他们的幻想和他们的疾苦。可见,教育的职责还在于让学生获得情感、道德、人格素养的提升,而这往往要在文本所蕴含

的“真善美”中获得。

在《诺曼底号遇难记》中雨果为什么要塑造出哈尔威船长这个形象？为什么在题记中要强调“自制力”这个词语呢？原因就是在处处充斥着“利己主义”味道的时代的雨果呼喊着有着自制力的英雄横空出世来指引着“卑如蝼蚁”的“悠悠众生”。文章中哈尔威船长犹如神祇，在他的指挥下“大家立刻不出声了，没有一个人违抗他的意志，人们感到有一个伟大的灵魂出现在他们的上空”，可以说此时这些人犹如受着神的“洗礼”。他屹立在船长岗位上时，“仿佛他不是给人而是再给灾难下达命令，就连失事的船舶似乎也听从他的调遣”。为什么哈尔威船长会有这么大的力量，让所有的人包括灾难都在他面前俯首帖耳？正是他以强大的自制力约束着自身对死亡的恐惧，约束着对生的欲望，他以这种伟大的人格获得了所有人的敬佩。最终他的生命结束了，但在“英伦海峡上，没有任何一个海员能与他相提并论”，这尊黑色的雕像昭示着在利己主义面前势必需要拥有强大自制力的英雄的指引。而这也正是一生崇倡“人道主义”思想的雨果给社会提供的出路。他不仅用他的笔写出“那个世道，那个年月”的样子，并且为“这个世道，这个年月”找到出路。《诺曼底号遇难记》就是雨果试图以“博爱”消除社会痼疾，用道德感化世界的迫切心愿的具体体现。在文本阅读中教师就一定要让学生从作者入手，进一步思考作者为什么塑造这样一个人物，从而触碰到“哈尔威船长”异乎常人的自制力以及雨果这一正直文人的时代责任感，最终让学生在道德感、理智感、美感上一次又一次地提升。

四、结语

共情点的追寻希望可以成为学生文本阅读的起点与终点。当然，每个阅读者都渴望与作者共情，“今夜此文人尽望，不知情思落谁家？”每个人所获得的共情点可能会不同，这也正是阅读的乐趣所在，但无论怎样的共情都不仅需要对语言有敏锐的感知力，更需要对文本剥丝抽茧式解读的虔诚。

参考文献

[1] 郑日昌，李占宏．共情研究的历史与现状．中国心理卫生杂志．2006，20(4)：277—279
[2] 步根海．上海中小学课程标准(试行稿)解读．[M]．上海教育出版社
[3] [美]爱因斯坦．爱因斯坦论科学与教育[M]．许良英，李宝恒等译．商务印书馆．2016

（作者系上海市奉贤区青溪中学语文老师）

个性化学习在初中语文写作教学中的初探
——以部编语文六年级下册为例

沈 林

摘要：学生是教育的中心，又因其与众不同，有自己独特的天赋特性、偏好和天生优势，也有不同于别人的弱点，因此教育也应充分尊重每位学生的个体差异性，满足个性的学习需求，实现个性化学习。但教育问题又因其处在“人”与“社会”之间而变得复杂，因而个性化学习在具体的实践层面仍然存在诸多困难，故而聚焦语文课堂，从语文写作入手，改变以往教师的“写作方法”传递，把教学重心和时间放在学生个性化学习“再创造”上，让每一位学生的写作都有其独特的方法可寻、情感可抒。

关键词：个性化学习　语文写作　优化路径

2018年上海提出中考改革，给已有的几乎“一成不变”的教学模式带来不小的冲击，以往语文写作教学普遍是教师教写法、教选材，学生按着写作套路去写，按部就班将头脑中的思想转化为具体可感的现实文字，再展现出他们对内心世界和外部存在的个性理解[1]。但随着中考的改革，仅仅只是靠组合文句来传达自己的思想，已经不能满足综合素质的高要求。在这特殊的改革初期，个性化语文写作学习走上了新的舞台。

一、目前语文写作存在的问题及形成因素分析

目前语文作文中存在的普遍问题就是低幼化[2]、缺少时代感、新鲜感，生搬硬套作文，翻开学生作文，写幼儿园生活、小学生活占很大比例，而且千篇一律，甚至一个班竟会出现两三篇相似度极高的作文，而造成这种情况的因素有两个方面：

一方面，从学生写作角度来看。当下学生处于被动学习状态，害怕写作文，不会写作文，对作文布局谋篇缺少认知的方法，对作文选材缺少生活的“烟火味”，常常无病呻吟，还有甚者就出现了套作文、背作文的习惯。

另一方面，从教师教学角度来看。传统作文教学“教师本位”思想占主导。教师的备课往往是根据写作要求而备，是脱离学生的实际写作情况而备，忽视了学生个体的“四种差异”[3]：学力差异、兴趣差异、“学生适应性”差异以及生活经验的差异。

在个性化学习中，教师在写作指导上由主讲者转变为点拨者，针对学生作文的疑难点进行指导，使学生作文立意思考更深入，各种表达方式的理解更透彻、运用更准确。

个性化学习是未来学习方式的新趋势，并且就目前学生写作现状来看，学生急需个性化的语文写作学习。何谓个性化语文写作学习呢？就是以每位学生不同的视角去“观察——认识——表达”，学生能抒发独特的感受，有创新的意识，能勇于质疑。

二、个性化语文写作学习的重要性分析

个性化语文写作学习与传统的语文写作学习相比，同样遵循了多重教学策略并举的教学原则，但其为课堂写作教学带来了更丰富多样的教学形式选择，还给学生提供了“菜单式”的写作任务，满足不同学生的写作需求，让写作真正成为学生自己的命题作文。

同时由个性化写作学习带来的语文核心素养的融入，对提升学生的综合素养也有着很大的作用。学生在掌握语文基本知识与技能，形成初步语文素养的基础上，个性化的语文写作学习，能全方位增强学生语言建构与运用、思维发展与提升、审美鉴赏与创造以及文化传承与理解这四方面的能力[4]，使学生能将课程学习内容与真实生活情境相结合，在发展审美眼光的同时，更好地展示个性，提高自身综合素质。

如果空谈个性化语文写作学习的策略、方法，教师在着手作文教学时，仍会出现泛泛而谈，触不到学生的动情点的情况，因此本篇将视角聚焦于上海中考改革背景下的部编初中语文教材，期望通过个性化语文写作学习的实际操作路径，为教师从事语文写作教学提供一条新思路和新方法。

三、个性化语文写作学习初步的实践及探索

随着新中考改革方案的推进，个性化语文写作的呼声越来越高，何为个性化语文写作，其实无非就是“求同存异”这四个字。在引导学生关注生活、关注成长，鼓励学生去发现生活中的乐趣、体验生活中的情感的基础上，通过选取个性化写作素材，运用恰当的语言来表达个人的体悟与思考，实现个性化写作。

对于以往的写作教学来说，都是在求同，而在如今个性化学习的大趋势推动下，如何在同中求异，反而变得更加重要，甚至可以说是刻不容缓。要实现学生作文的个性化写作，其实还是要从教师教学设计入手，是简单设置成一个命题作文，亦或是设计成“菜单式”作文，让写作成为每一位学生自己的命题作文。

（一）把握教读课文，实现写作延伸

部编版初中语文教材主要是由阅读和写作两大块组成，对于教读课文的选择一改往年强调单篇阅读的状况，改由单篇文章阅读到更多同类文章或整部作品阅读的拓展，更好地起到举一反三的作用。同时，一个单元结束还设置配套写作训练，目的不言而喻，是要求学生能把握教读课文的精髓，实现自身写作的延伸。

六下部编语文教材第一单元中教读课文有两篇《北京的春节》、《腊八粥》，这两课以不同的视角体现着民俗风情，同时这一单元设置写作任务是《家乡的习俗》，编者意在通过这两节教读课文的学习，让学生从不同的观察角度、不同的生活体验、不同的情感体悟，去完成个性化语文的写作训练。

在本单元中学生能体会到材料详略安排的妙处，以及学会如何通过人们的具体活动表现细致刻画节日的“热闹”，还能积累不同的艺术手法。在课后就可以布置一项个性化

语文写作，让学生结合自身过春节的体验，运用课堂上学习的写作手法，试着对自己当地的春节习俗进行一番描写，留下对春节的美好回忆。这时学生会有自己写作的方向和模仿的对象，甚至还可以通过对课文写作艺术手法的模仿、吸收、内化，拓宽学生以往对春节局限的印象。

以《北京的春节》为例，学生在读到这篇课文元宵节吃元宵这一细节时，联想到一个问题"在北方元宵节是吃元宵，而南方元宵节则是吃汤圆，两者有何不同呢?"于是他们自发去查找资料，去寻访南北方人，得到了不少的收获，无形中激发了他们写作的兴趣。教读课文除了提供学生解读这一类课文的思考路径外，对学生了解生活、热爱生活也有着极大的积极意义，教师更不应该局限于课本，而要让学生在阅读中思考，在思考中写作。

（二）利用碎片时间，实现作文教学分步走

在实际实施写作教学中，可能遇到的最大问题，便是缺少整块时间的学习，而大量碎片化的时间却又利用不起来。个性化语文写作学习就很好地解决了这个矛盾，教师利用教读课文的讲授，让学生体会到课文谋篇布局中的精妙，同时学生利用碎片化的时间，从日常生活中接触到的海量碎片化信息中观察、提取并赋予自己的思想和思考[5]，完成段落式的个性写作。一篇作文固然是一个整体，但也是由一个个部分组成，在碎片化的时间里，完成的个性化语文写作，也不失为一种新的写作训练方式。

在碎片化时间里开展个性化语文写作最大的特点还是在于不设置审题要求和限制，让学生能写其所想，抒其所感。通过精心设计的碎片化时间的个性化语文写作训练，能更好开发、创造写作课程资源，如加以利用，则可以成就个性化语文写作教学的一片蓝天。

当学生脑海中有灵感一闪而过时，教师应鼓励学生立马下笔记录下来，并可以根据兴趣驱使，去展开研究调查，一味否定学生的想法，只会使他们畏惧写作、抗拒写作，不妨俯下身，听听学生的想法，或许别有一番奇妙滋味。

（三）尝试课文仿写，实现文段灵活再现

前面两点其实更多写到的是个性化语文写作学习的"同"，那如何实现其"异"呢?

将《北京的春节》和《腊八粥》结合起来看，在《北京的春节》中简单提到了腊八粥食材丰富的特点，而在沈从文的《腊八粥》中，则是关注到了腊八粥的熬制过程。

通过学习这两课中对腊八粥的描写，则又可以安排一次个性化的语文写作，从模仿《腊八粥》第一段的静态描写，让学生介绍一种最爱的美食佳肴，再到模仿腊八粥的熬制，写出最爱的美食佳肴的烹饪过程或者品尝过程等，还可以模仿《北京的春节》用修辞手法突出描写事物的特点，那一篇充满个性化的作文就能在碎片化时间里油然而生了。

下面列举预备年级学生通过对《腊八粥》的学习，开展的个性化语文写作学习的成果：

（1）仿写《腊八粥》第一段对腊八粥的静态描写，选择一种自己最爱的美食佳肴进行介绍：

李同学：生煎包可是一个好吃的东西。白乎乎的生煎，圆圆鼓鼓，雪雪白白的，上面撒了许多芝麻和青葱，平添了几分姿色。生煎最独特的，便是那被煎得金黄金黄的底，不嫩不焦，反而脆脆的，恰到好处，让人垂涎欲滴，光是闻闻就觉得好吃，更别说是吃了。生煎四大特点：皮薄、汁多、肉鲜、底焦，这对我来说就是凡间美味。我最喜欢吃的就是生煎了。

(2)“走一步，再走一步”，仿写《腊八粥》中腊八粥的熬制过程，写出最爱的美食佳肴的烹饪过程或者品尝过程等：

李同学：生煎皮薄薄的，咬破一个小洞，一股热气便迎面袭来，一股股热气往上直冒。让人想想就馋，闻闻就想吃呢！慢慢吮吸里面的汁水，黄灿灿的汁儿一滴、二滴、三滴流泻而出。入口暖暖的，咸咸的，油油的。那软绵绵充满汁儿的肉馅在嘴里油然生津，嚼着嚼着，还会有吱吱声，又香又脆。那味道，就别提有多美了！听说有人一口气能吃十多个呢！直到肚胀口满，才肯恋恋不舍地离开。怎么样？听了我的介绍，你是不是立刻就想吃上一个美味的生煎呢？

李同学作文的基础比较薄弱，往往会出现无从下笔的情况，而依托教读课文，教师可以给学生写作提供一个抓手，让学生可以一步步通过仿写到形成自己的文章。每个学生因其人生体验、情感体悟的不同，笔下的世界也都是不一样的。个性化语文写作就是给予学生足够的空间，可以有不同的选择，有不同的生活体验感受，还可以有不同的想法，在符合作文基本要求的大方向上，充分尊重每一位学生的个性化需求。

(四) 组合再现文段，实现作文巧思妙笔

有人会质疑，这样的个性化语文写作学习对于那些融会贯通能力较弱的学生来说，一段会写，一篇又无从下笔，反而不利于其写作学习。其实不然，从碎片化语文写作中筛选、归纳出个性化的写作资源，确实存在着碎片化的特点，所以需要整合，即把零星的东西彼此衔接，这相当于把一个个散落的珍珠串联起来，让学生从审题到成文的所有个性化资源形成有价值、有效率的一个整体。

其实个性化语文写作非常适用于目前的写作教学，因为个性化语文写作学习并不偏向“个性”，而是从学生不同风格的习作中，初选出立意尚优的，再精选，最终步步精准定格，在文质兼美又符合当今作文审美的大方向上，尊重学生的个性化。

个性化语文写作学习旨在提供给每一位学生一种写作学习的新路径，通过不同的观察视角、不同的人生体验、不同的情感体悟，让每个学生笔下世界都变得不一样。

参考文献：

［1］黄少林.探究高中语文多元化的写作教学模式对发展学生核心素养的作用途径［J］.中学课程资源.2019(09)：13—14
［2］杨俊生.高中作文个性化指导的三个措施［J］.语文天地.2019,(31)：66—67
［3］百度百科“个性化学习”
［4］吴丽君，郝佳方，李生鹏，陈冰.核心素养视角下高中语文写作教学探究［J］.河北北方学院学报

(社会科学版).2019,35(04):98—101
[5] 阙金梅.碎片化阅读之个性化写作课程资源的开发和利用.课外语文(7),69—70.

(作者系上海市奉贤区青溪中学语文老师)

初中体育居家在线教学策略初探

李文杰

摘要: 新型冠状病毒疫情的爆发,促使各学校积极开展居家在线教学。初中体育作为中考学科,学校、家长、学生都十分重视。本文主要分析探究在新型冠状病毒疫情影响下,初中体育居家在线教学面临的困难,并针对体育在线教学的现状,提出合理有效的教学策略。

关键词: 初中　体育　在线教学　教学策略

初中学生面对着体育中考的压力,体育教学的质量同样直接影响着学生整体发展和综合素质的提升。随着人们生活水平的提高,大家不仅希望体育能强健体魄,更希望从体育活动中得到精神力量,更希望学生能领会体育精神并实现体育锻炼的价值。

一、初中体育居家在线教学面临的困难

(一) 居家锻炼的安全问题

初中生普遍缺乏体育锻炼的常识,对体育活动安全认识不到位,缺乏体育教师专业的指导,在学习过程中,容易造成身体的损伤和器材使用的危险,因此,在线教学中,如何确保教学过程的安全性,是十分重要的。

(二) 场地器材的局限问题

学校体育教学中,单杠双杠、篮球场、操场跑道等场地设备齐全,有保障。但居家教学中场地器材有一定的局限性,一般都是居家、阳台、楼道、楼顶和自己的院子里,空间狭小,缺乏专业性的体育器材和使用指导。

(三) 在线教学的质效问题

教师通过建立线上教学平台的方式,建立大量信息化的教学资源,积极探索教育教学新思维、新途径、新方法,鼓励学生进行线上学习,掌握一定的居家体育锻炼方法,形成终身的良好习惯。当然体育居家教学也对学生的自我管理能力提出了新要求,而学校、家

长、学生的合力可以使体育在线教学事倍功半。在线教学有很多不确定性，到目前为止面临着种种“教学质量问题”。

二、打破在线教学中场地器材的使用壁垒

居家锻炼受到场地器材极大的影响，针对这种实际困难，体育教师要积极探索，充分挖掘器材的多种功能，大力开发身边的材料，自制、改良、发明各种小器材，以满足在线教学的需要。

如：椅子的作用，手提折叠椅：右手抓紧椅子靠背的上部，垂放在身体任意一侧，再将椅子缓缓举起，做弯举时，需将手腕固定、手肘紧靠住身体，做完换边。肩上提：两手与肩同宽，虚握椅子（虚握可以让你更容易感受到肩部的出力情形），然后利用肩部的力量将椅子上提。扛椅卧推：在做卧推时，最好先确保自己能负荷椅子的重量，过程中记得紧抓椅子，缓缓上推、下放。椅子还有各种各样的作用。

三、学生居家体育活动需加强安全管控

居家在线教学不像常规体育课堂，缺乏体育教师监控，因此存在不小的安全隐患。体育教师必须做到以下几点加强安全管控。

（一）强化思想教育，让学生明确自己体育活动安全是第一位的，尽量在家长的陪伴和监护下进行体育活动。

（二）班主任或体育教师要通过网络时时掌握学生体育活动的内容、地点、场所等，并及时进行辅导，纠正学生活动中出现的问题。同时也要与家长沟通，根据学生家庭的实情制订学生在家体育活动的内容和方式。

（三）活动前一定要检查场地和器材的安全情况，在进行体育练习时注意自己的动作，运动的器材要自己可控的范围内进行，不要影响家人和周围邻居。动作不能过猛、过快，幅度不能过大，否则会造成对他人的影响和伤害，自己也容易受伤。

（四）学生自己要把控好运动量，可以根据出汗多少来判断运动量，做好准备活动，注意整理活动。

（五）学生要及时向班主任或体育教师汇报体育活动的情况，要把体育活动的内容，运动量情况，运动后的感受，建议等及时反馈给老师，以便掌握情况和安排以后活动内容。

四、初中体育居家在线教学提质增效的策略初探

（一）模式创新，优化线上教学的有效性

无论是常规体育课还是目前的在线教学，都应充分发挥学生在体育学习中的主体性。在新型冠状病毒的影响下，教师通过网络教学，采用多媒体课件的制作，将课程内容以音频、视频和动画的形式展示给学生，构建声情并茂的体育课堂，带动学生的多种感官，提升学生体育学习的主动性。教师应该充分结合网络技术，采用合作探究的学习方法，使学生

掌握各类体育锻炼的要领，发挥网络教学的价值，提升学生学习的自主能力。

例如，八年级女生的远撑前滚翻内容，通过传统的示范讲解经常达不到预期效果。而将远撑前滚翻的整个技术动作借助教学软件，通过屏幕展示慢动作并用文字解释，特别是“提臀屈臂，低头含胸，头背着地，团身滚翻”这个的重点，将这些动作通过慢动作和讲解传授给女生，女生能更直观地理解，掌握技术动作也就更快。这也符合了青少年对直观、有趣、新奇的事物更容易理解的心理特点，将一些标准动作示范和错误动作的视频剪辑到教学软件中，在上课过程中播放给学生看，使学生能更直观的理解前滚翻的重点和难点。

(二) 依托资源，完善空中课堂教学的延续性

当今社会互联网技术高速发展，在初中体育教学中，在线教学可以充分地结合空中课堂。在空中课堂基础上，教师可以采用线上平台对空中课堂中的重难点进行补充强调。

比如：空中课堂的健身课是一节优质课，但是在空中课堂之后的练习中，还是需要体育教师不断的指导和强化动作的重难点、安全性和补充辅助练习，并对上肢、下肢、腰腹、臀部、后背、有氧等健身内容分解教学，体育教师可以结合空中课堂，每周安排不同部位的健身练习，效果不亚于一名出色的健身教练。

(三) 改进评价，提升居家在线教学评价机制的激励性

体育教学评价是必不可少的，是完整体育课程的组成部分。在线教学中学生体育锻炼的可视化降低，同时学生的自律性差，除了优化教学内容，也可以优化或者重构教学评价。

1. 诊断性、形成性和终结性评价相结合

诊断性评价主要了解学生在学习某一教材的状态，通过对阶段测试结果及学习行为的反思、课内课外观察、交谈等来进行。在诊断性评价的基础上进行形成性评价，实施形成性评价必须明确规定某一学习阶段的学习目标和项目。总结性评价是对某一阶段的教学工作信息综合全面的评价，三种评价相互渗透，使整个评价活动始终处于不断上升的动态之中。

2. 定性评价与定量评价相结合

在体育教学中，定量评价是通过评价量表的形式进行评价，给出客观分数，以判定课堂教学质量的好坏。定性分析和定量分析在使用上各有优劣，定性评价在很大程度上缺少量的判断，主观随意性加强，但能给教师提出建设性意见[1]；定量评价则强调量化，可以提供客观的数量上的标准，但必须要在量化的数据进行定性分析后，才能给教师提出改进建议。如果把两者有机的结合起来，则能够科学准确地对课堂教学做出评价。因此，单靠定量化，数量化方法无法认清评价对象的本质特征，必须把定量评价与定性评价结合起来使用。

3. 自评与他评相结合

课程改革中提出课堂评价需注重教师对评价的积极参与，强调评价主体的多元化，将教师评价、同学互评、学生自评有机的结合起来，真正起到提高教学质量的目的。为使学生更好的实现自我评价，要求他们结合教师的教学目标制定自己的学习目标，以此作为自我评价目标。这也有利于学生养成正确自我评价的能力，这也是学校体育在贯彻终身体育思想时所要求的[2]。他评，就是参与者以外的人，运用科学合理的方法评价教学过程的方式。

4. 科学评价，重在激励

在线教学一月有余，厌倦情绪趋见明显。最重要的一个原因在于没有注重孩子的激励性评价。教与学，激励性评价不可少，我们可以通过手动点赞、送上小花、小爱心、图像展示、语言点评等方式进行表扬激励，在评价过程中，对家长的鼓励也不可缺少。在教学过程中，学生的个体差异比较明显，例如：身体素质差异、性格脾气差异，对于这样的学生老师必须给予个别的针对性的表扬和评价。学生们总是需要老师一点点“特别的关注”，这也是教学艺术的升华，老师们可以以小窗口的形式私聊学生，开展评价与激励。

结语：

疫情期间，学生不能到学校参与正常教学，无疑对体育中考增加了难度。“停课不停学”不是单纯意义上的在线上课，也不只是学校课程的学习，而是广义的学习。通过居家体育教学，不仅舒缓情绪、强健体魄，还能有效帮助抵抗病毒。在线教育的兴起，正渐渐改变着人们对于教育的定义，从传统的面对面教与学到利用互联网平台进行教学，这将是一个可展望的趋势。我相信，居家在线教学对于传统教育的意义将会是深远的，需要我们勇敢探索、不断创新。

参考文献：

[1] 李卓允. 上海市高中体育专项化与大学体育个性化乒乓球教学衔接的研究[D]. 上海师范大学. 2018. 05. 01

[2] 刘春栋，尚庆联. 现代体育教育思想的特性[J]. 体育教学. 2001，2：8—8

（作者系上海市奉贤区青溪中学体育老师）

信息化视阈下初中音乐教师教学领导力提升策略

黄 婧

摘要：随着领导理论的发展和教育信息化进程的不断推进，身处时代浪潮中的音乐教师们也应该具备必要的信息化教学能力。因此对音乐教师信息化教学领导力的研究就十分有必要。本文旨在对教育信息化背景下音乐教师的教学领导力进行研究，为广大一线音乐教师适应信息化时代的教学、促进自身专业发展；在日常教育教学和研究中熟练运用信息化手段以及音乐教师信息化领导力的提升实践提供一些建议和思考。

关键词： 信息化　音乐教师　学习领导力

一、问题的缘起

随着数字信息化 2.0 时代的到来，国家教育部在 2011 年颁布的《教育信息化发展十年规划(2011—2020)》指出要加强学校信息化能力建设，要求把计算机、多媒体和网络通讯等现代信息技术全面应用在教育教学过程中。《规划》中还强调要提升“教师运用现代信息技术的能力”、“创新信息化教学与学习方式”、“将教育技术能力纳入教师资格认证与考核体系”等。就要求教师要跟上信息时代的步伐，将信息技术深度融合到教学过程中去，加快自身“信息化”的教学领导力的发展。

华东师范大学祝智庭教授在“十一五中小学教育调研”期间得出关于教学信息化的几项重点研究方向，其中一项就是“重视教育信息化领导力与教师教育技术能力建设研究”。学校是实现教育信息化的主阵地，而教师是学校发展中不可或缺的中坚力量，是学校信息化教学任务的执行者与推进者，因此，提升教师信息化教学领导力既关系到教师学科专业与自身教学能力同时也关乎着学校信息化发展的进程。

在教育信息化的背景下，教师在学校中必须学习如何熟练运用信息化思想和技能，通过教育教学、教学管理、专业发展以及促进学校信息文化等活动来影响学生、同事和校长，以便促进学校信息化教育教学发展。因此，钻研课程领导理论，寻找更适应当下教师课程领导的理论是教育教学的长远发展的必然需求。初中音乐教师课程领导力同样是初中音乐教师专业发展的核心内容，在新课程改革顺利开展的今天，如何有效提升初中音乐教师课程领导力是作为一线音乐教师在信息化教学时代必须思考的当务之急。

二、初中音乐教师教学领导力的核心

1. 信息化教学设计能力

教学设计是音乐教师教学活动中最重要的部分，合理有效的教学设计是获得良好教学效果的保障。音乐教师的信息化教学设计能力就是指音乐教师在教学活动进行之前分析音乐作品和学生学情并找出学习环境中的有利因素和不利因素，明确阐述教学目标，安排教学内容，根据学习作品的风格、曲式等音乐要素和学习目标来选择合适的媒体、教学和学习方式、策略等，在这些过程中要积极进行评价，发现不足并改正，不断完善教学设计。因此音乐教师的信息化教学设计能力并不是单独存在，而是贯穿于一系列教学活动过程中，领导学生习得知识的能力。它包括各种分析、阐述、评价、教学策略、媒体等方面的知识，因此，作为信息化时代的音乐教师，必须要具有良好的信息化教学设计能力，这是进行信息化音乐教学的基础。

2. 信息化教学内容开发能力

教学目标是通过教学内容的传递来实现的，教学内容是教学目标的载体。因此，选择、组织合适的教学内容对于实现教学目标具有重要的意义。尤其在信息时代，各种各样的音乐素材浩如烟海，教学资源极度丰富，教学媒体多种多样。这一方面扩充了音乐教学内容的选择范围，为教学的组织和开展提供了多种途径和方法，另一方面也给音乐教学内容的选择增加了一定难度。音乐教师所选择的教学素材和教学内容不能简单的罗列或者堆叠，而必须根据学生当前的音乐素养、认知水平、作品风格、兴趣所在等进行组织和设计。音乐教师的信息化教学内容开发甄别能力是在信息化教学设计能力的基础上发挥作用的，教学内容的设计开发要根据教学目标、教学活动、学生学情等来进行，它也是一个复杂系统的能力，这就要求音乐教师既具备扎实的音乐艺术专业相关理论基础，还要有网络信息的实践能力。

3. 信息化教学活动组织能力

信息化时代，作为教师，课堂中除了注重音乐知识的教授，更应注重对学生综合音乐能力的培养。教学方式多样化是信息化时代教学的特点，因此，音乐教师要学会很好的运用各种信息化教学方式，以便于针对不同的教学目标来选择不同的教学方式。如在我校的“玩转 iPad”教学项目中，利用 iPad 分小组进行的研究性学习活动，旨在培养学生的音乐自学能力、听赏研究能力，属于学生在团队中进行的自主音乐学习活动。在这堂课的教授过程中就要求音乐教师对信息化教学方式必须应用自如，具备良好的信息化教学活动组织和引导能力从全新的信息化课堂中为学生提供丰富多彩的学习方式，促进他们音乐素养的全面发展。

4. 利用信息化工具进行评价和反思的能力

传统的音乐教学评价方式相对不够完善，过程性评价也只是教师根据平时课堂的观察来做，缺乏数据支持。信息化条件下各种信息化工具的应用为音乐教学评价提供了全方位支持和便利。音乐教师信息化教学领导力中的利用信息化工具进行评价和反思的能力是首先要会运用各种测评和数据收集工具来进行数据的采集，其次才能根据收集到的信息和数据进行评价和反思。例如：我校建立的“学生综合评价系统”将学生六—九年级每一次的音乐成绩、学校艺术活动参与度、音乐艺术类参赛情况等记录在学生成长的电子档案袋中。网课期间的直播课堂有记录学生在音乐课中的学习表现，还有网络课程自动记录的学习轨迹等，这些都能作为评价学生的依据，对学生进行客观公正的评价；同时音乐教师也可以通过微课、网课录像或者数据来反思自己、反思教学，发现教学中存在的问题和不足并及时改正。利用信息化工具进行评价和反思是信息化时代教师教学工作的重要组成部分通过分析找出这些信息和数据背后隐含的教学问题，并在下次的教学中及时改正，逐渐剔除不足，达到完美。

三、初中音乐教师教学领导力提升策略

1. 更新专业知识，做学习需求的唤醒者

信息社会，知识的更新日新月异，新知识、新观点层出不穷，音乐教师肩负着引领教育

信息化的重任，要时刻关注专业内的新知识、新观点和新方法。而处于六年级至九年级(初中)的学生有比较强烈的自我和自我发展的意识，因此对能够展现自我的音乐课和对“挑战性”的音乐学习任务很感兴趣。信息社会知识的获取途径也多种多样，各种新手段、新技术如雨后春笋般涌现，学生通过各种途径接触过很多知识，因此音乐教师需要更多的知识来引导信息时代的学生，这不仅要求教师不断深化专业知识的学习，而且要求教师扩展知识面，在信息化教学过程和课堂领导中，准确明了自己的角色定位，主动地参与课程领导。有效提升音乐教师课程领导的内生力，主动地成为课程意识生成者，帮助培养学生在音乐艺术方面能够自主学习。音乐教师在音乐教学中开发与利用一切有用的信息课程资源，将“展示需求”具化为“学习需求”，音乐教师是最适合的“唤醒者”，力求使每堂课都能让学生和自己感到很有意义。

2. 加强理论研究，做音乐课程的设计者

信息化教学出现的时间还不长，信息化与教学结合的理论也并不完善，实践也存在一些问题。在课程教学的实践中，音乐教师是教学活动的直接参与者，也是教学活动的直接观察者，应该担负起对教学问题进行研究的责任。利用信息化手段，提升自身的课程领导能力。通过研究发现解决课堂教学中的问题使教材丰满起来、生动起来。选择和组织有利于学生音乐学习的教学内容，对教学内容中的各种音乐要素充分地进行挖掘和理解，并在课堂教学过程中积极地投入研究成果，为学生创设生动、愉悦的课堂情境，用合理高效的课程设计方案和教师的热情、激情去引导学生积极主动地进行情绪体验、参与音乐活动，在亲身体验的过程中获得音乐知识、习得音乐技能、培养音乐能力。

3. 践行课程创新，做学习方式的引导者

实践是检验真理的唯一标准。但在目前音乐课堂教学中，很多富有经验的教师更倾向于沿用传统的教案、教学方法、教学工具等，这样不仅不利于学生的发展，也不利于教师本人的专业发展。信息时代“教”与“学”的关系发生了很大变化，教学环境也发生了变化，因此教师不仅仅需要进行专业发展，专业知识的学习和深化，更重要的是要应用于实践中，学习新的教学方式、课程理念。比如说，支架式教学，教师不是仅限于知道这个概念，而是要结合现代的各种教育设备，将“支架式教学”应用于音乐课堂的教学活动中。知道“是什么”，还要知道“怎么用”。与此同时，提升教学领导力还要求音乐教师要成为音乐学习的引导者。对于音乐教学而言，非语义性的特征使得音乐教学并非一味传递“现成的真理”更多的时候是让学生自由表达自己的情绪和感受，自由地进行音乐的表现和创作。这些都需要音乐教师去创设接纳的、尊重的、支持的、宽容的、自由的课堂情绪基调，需要音乐教师作为引导者，启发学生传递、表达和分享自己的情绪体验和感受，与学生共同探索音乐的世界。

4. 学科相互助力，做艺术美的传播者

在信息化教学浪潮下，音乐教师需要充分认识到教学领导力的发展本身是一个动态的过程，是一个需要不断尝试，不断遇到问题的过程。音乐教师单凭一己之力往往难以解决艺术领域多学科互相掺杂的复杂问题。如果音乐、美术等多学科的教师在一起共同研究，站在自己的相关领域共同分析，学科交叉，从而避免片面研究的问题。在信息化与课程整合的过程中艺术学科之间在一定程度上也有相通之处，如：音乐和美术学科中都有相同的印象派、古典派、巴洛克派等等的艺术流派。教师之间的知识交互、相互学习可以打破各学科间的隔阂，促进学科融合。同时利用信息化手段如讨论组、群等，教师们还可以打破时间和空间的限制，通过网络随时随地的进行多学科教研，在共同讨论过程中充实、提升教学领导力。在学科融合的课堂教学中，不同学科老师相互借鉴，以多种多样的方式去传递艺术之美，潜移默化地让音乐艺术陶冶学生情操，帮助学生树立高尚的艺术品格和积极向上的人生态度。

四、结语

信息化教学的发展对传统教育带来了巨大的冲击，教育工作者必须重新思考优质教学资源的开发和利用。伴随着新时代的开启，教师在学校课程领导过程中的作用也越来越重要，作为一线教师必须迎难而上，认真反思自己在课堂中的教学方式和效果。初中音乐教师课程领导力研究只是刚刚起步，推进课程发展的理论研究是无止境的，由于本人能力有限，还有很多研究工作做得尚不够细致，但愿希望能够抛砖引玉，给各位同行老师提供一些借鉴和思考。

（作者系上海市奉贤区青溪中学音乐老师）

第四章　学生学习领导力提升策略

第一节 学生在学习过程中的角色担当

学生受教育的过程就是从接受走向发现的过程。学校教学应以接受学习为主，发现学习为辅，让学生吸收人类的文化，掌握人类通过漫长的实践积累起来的知识，是学校教学最重要的任务。在学生学习的过程中，再也不像原来那样只是知识的容器，而在学习过程中有自己的想法，能在学习上体现独立性的个体，拥有新的角色：知识学习的探索者、合作学习的行动者与创新学习的主动者。

（一）知识学习的探索者

传统的课堂教学模式以教师为中心，注重对知识的传授，注重教师对知识的讲解是否到位，而忽视学法的指导，忽视学生自主性的发挥。而随着社会的发展，教会学生学习，培养学生的学习能力，让学生成为知识的探索者，是现代教育的首要任务，重视学生的动手能力，激发学生的创新意识，是时代的要求，学生个体主动独立地去发现问题，并从不同的角度、通过不同的思维方式去探求问题、解决问题，进而培养学生的探索意识、探索能力和探索未知世界的积极态度。

（二）合作学习的行动者

合作学习旨在借助学习活动发掘潜能，培养合作意识、精神与能力，最终实现学习能力提升。其作为一种教学策略、学习方法、生活态度获得大多数人青睐。在具体情境或工作任务中相互合作，参与合作学习的学生能学会处理与他人的关系，培养、锻炼个人的交流、沟通、协作、尊重、包容等社会素养。学生在合作学习中带着批判性思维，在反思中激发创新灵感，从而提高个人的认知素养。

（三）创新学习的主动者

创新性学习是素质教育的需要，也是适应信息时代的需要，正确的学习能力是学生学会自己主动积极学习的根本保证，除了在平时各学科教学中要培养正确的预习、复习、做作业、记笔记、会用工具书等基本能力之外，更应培养创新学习能力，它们是会观察、会提问、会思考、会判断、会反思、会合作等正确的学习能力。正确的学习能力的养成要靠教师在平常教学中做有心人，潜移默化的培养，要建立在正确的教育观、质量观和人才观基础上。

第二节　学生学习领导力提升的关键知识

随着信息和知识更新速度的加快，社会竞争日趋激烈，学生必须要具备强大的自我学习领导能力，才能够不断提升自我，跟上时代的步伐。学生学习领导力与学生自主管理能力、计划与决断力、执行与控制力密不可分；在学习环境中学生需要具备的素质为亲和与抗压能力。

（一）自主管理能力

学生学习领导力包括学生自主管理能力，学生自主管理能力是学生学习领导力的一部分，学生学习领导力不仅包括对他人学习的领导能力，也包括对自己学习的领导能力，内容可以包括目标领导、行为领导、过程领导、方法领导等。教育的根本目的是实现人的自我管理、自我教育，自主管理能力是达到这一效果的有效途径。为了培养学生的学习领导力，可采取“竞选与自荐”相结合的办法，目的在于充分发挥每个学生内在的积极性，让学生由原来被动接受教育转为自觉地进行自我管理、自我教育。学优生能够更加积极主动地探索，学困、后进生能逐渐养成更好的学习习惯，在培养教育中启发他们的觉悟，充分激发他们主动学习的劲头。

（二）计划与决断力

在学期初，学校与班级应该计划本学期的发展方向与目标，设置明确可控的、可变的目标，这些目标又会分为多个子目标和近期工作重点相结合，使得目标具有可实现、可操作性，这样做的目的是促进学生制定自己的学习计划，积累每一点小的成功，最后一步步完成目标。在学习活动中，往往会出现大家意见不统一，对于同一件事情各有不同看法的时候，这时统一身边同学的意见与行为，让学习环境中所有成员朝着同一个目标和需要的方式去进行，显得尤为重要，否则整个班级会形如散沙。在班级和学校发展的大角度来看，每个学生是否有决断力关系到班级影响力，混乱中的冷静思考和决断力可以使得班级学习环境更加积极，学习者之间更加紧密。

（三）执行与控制力

在学习活动中的各个环节与流程中学生需要有足够的执行与控制力，学习过程可以是多样的，如小组合作等形式，在这些过程中采取统一领导，分工合作，责任到人的机制，使每一个环节都落实到不同的学生，而不是一句简单的概念化分工，学生的执行力大大提高，而作为小组总负责的学生只需要监督和提醒，做出的决定和设计好的流程在顺利条件下坚持执行。当学生作为总负责人，首先要熟悉并且掌握整个学习活动的流程，各种学习任务之间的联系和先后优先顺序，并且在学习过程中提醒各学生，采取实时汇报的方法，每完成一项任务要向总负责人汇报，在学习过程中，如果遇到任何突发情况都要报告以保证总负责人完全了解学习分配情况和完成进度，在必要的时候进行抽调其他负责人支持，保证学习各环节不出任何闪失。学生的控制力是维持学习活动正常进行的外部主要因素。

(四) 亲和与抗压能力

在学生心中都想要把自己所在的班级打造成集体感强烈、人与人之间关系密切、班级文化氛围浓厚、气氛轻松活泼的集体。学生作为班级一份子，应当是亲善的，这是学习领导力中强调的基本素质，这样一来每个学生都能在轻松氛围中学习，这种家文化会使得在学习中疲惫的人受到很大鼓舞，精神重新充沛起来，使得整个班级的效率大大提升。此外，在一个轻松快乐的氛围中学习生活也会让学生感到身心舒畅，形成一种依赖感和归属感，有利于缓解疲劳，提高效率，当学业压力、与人交际压力、时间压力等聚集到一起的时候，如何尽快调整自己的心态使自己不会被巨大压力击垮，抗压能力、排遣压力和转化压力的能力对于一个学生显得越发重要，要有强大的抗压能力其实是指有责任感和硬实力。

第三节 学生学习领导力提升的行动要点

(一) 学生学习方式的转变。

在新教材与学生学习方式的转变中，新课程提倡和发展多样化的学习方式、特别是要提倡自主、合作、探究的学习方式，让学生成为学习的主人，使学生的主体意识、能动性和创造性不断得到发展，提倡学生的创新精神和实践能力的培养。目前普遍存在着单一、他主、被动的学习方式，学生被动接受学习的现状随处可见，在接受中学习，学生的心理机制或途径同化，学生是知识的接受者；而新课程倡导的在发现中学习，学生学习的心理机制或途径是顺应，学生是知识的发现者。两种学习方式都有其存在的价值，但是传统的方法过分突出和强调接受和掌握，冷落和贬低发现和探究，从而在实践中导致了对学生认识过程的极端处理，使学生学习书本知识变成接受书本知识，学生学习成了纯粹被动地接受、记忆的过程。这种学习窒息人的思维和智力，摧残人的学习兴趣和热情。不仅不能促进学生智力的发展，反而成为学生发展智力的阻力。转变学习方式就是要改变这种状态，把学习过程中的发现、探究、研讨等认知活动凸现出来，使学习过程更多地成为学生发现问题、提出问题、分析问题、解决问题的过程，这就要求我们教师要不断变革自己的教学策略，采用多种教学方式，促进学生学习方式的转变。

（二）教师角色质的变化。

教师的作用不是把学生当作容器，向学生灌输知识技能，教师的责任中更重要的是启发、引导、帮助学生主动、积极、创造性地学习。根据课堂上学生出现的种种问题，教师要不失时机地进行针对性的课堂讨论，推动学生在积极主动的讨论中思考问题，在比较中分析问题，达到解决问题的目的。教师参与到讨论中，并要起到润滑剂和指向的作用，利用直观的讲解示范，引导、启发、鼓励学生讨论争辩、演示比较，及时地进行信息反馈，使课堂教学成为师生分享彼此的思维、见解、知识及交流彼此情感的场所，求得新的发现，通过归纳、概括，达到共识、共享、共进的效果，让学生自己去发现问题的结论和规律。

在教学中，教师必须建立相互平等、相互尊重、共同配合的师生关系，让学生主动地参与课前准备活动、课堂教学活动、课后延伸教育活动。只有使学生积极投入教学全过程，成为受教育的主体，才能使教育转化为自我教育。充分尊重学生，就是相信学生，放下老师的架子。彻底转变“我是老师，你是学生”的观念。教师应该是课堂教学的主导，应该营造一个良好的学习氛围。要想提高课堂效率，就要想办法优化教学语言，创设一个优化的课堂氛围。好的课堂氛围有利于消除他们心理上的疲劳，并调动学生学习的积极性。为此，教师的主导作用与学生的主体地位必须有机地结合起来，贯穿于教学活动的始终，这是因为两者具有内在的联系，是相互促进的。教学实践表明，只有以学生为主体，以教师为主导，才能充分调动学生参与教学，达到预期的教学效果。

（三）专题培训与实践结合增强学生领导意识。

面向全体学生，通过班会、队会、团会、专题讲座、讨论、演讲等形式，激发学生上进心，鼓励他们树立领导意识，从领导能力的基本构成要素出发，分专题进行培训，传授给他们相关的领导技能、技巧；也可以把“中小学生领导能力培养系列”丛书推荐给每一位学生，增强他们的间接经验。多给学生创造锻炼机会，让他们通过实践提高领导能力。

（1）让学生充分进行自主管理。

当孩子上了中学，具备一定的学习、社交能力以后，学校管理工作上的一些事务可交由他们负责，如学生会、团队的工作，建立班级自治委员会、学校仲裁委员会等，鼓励学生通过竞选，积极参与学校管理工作，培养自己的领导能力。在班级管理方面，为了使更多学生参与到班级管理中来，提高学生们的领导能力，班主任可以多设班干部职位，让多点学生分担班里的工作，为集体服务。班干部可以采取轮换制，学生轮流当班干部，让大家都有机会表现自己，锻炼自己，发挥领导才华。

（2）采用灵活的教学形式，创造机会让学生培养领导能力。

如让成绩好的学生当小老师辅导成绩较差的学生；把某些教学内容划分为若干专题，让每个学生各自负责一个专题内容，认真准备后作重点发言；结合教学内容，让学生以小组为单位自选研究课题，从课题计划的制定到具体实施，从搜集资料、建立假设、验证到得出结论，都由学生负责。这样既可以把学生的学习积极性、主动性调动起来，打破沉闷的教学形式，也给了学生展示领导才华，发挥领导才能的机会，一举两得。

(3) 组织多样化活动，在实践中体验领导力。

学生可以在校内举办各种各样的俱乐部，如创办学生自己的杂志、报刊，利用节日、纪念日举行一些大型的文体活动，还可以与社区联合开展有益青少年身心的社区活动。这些活动我们都可以适当地交由学生负责，由他们策划、安排、组织、管理、实施。学生成了活动的真正主人，真正的领导者、组织者，他们的领导能力也会在活动中逐渐发展起来。

在培养学生领导能力的过程中，教师要摆正自己的位置。教师只是一个引导者、协助者的角色，只适宜在背后作指导，从旁给学生出点子，为学生提供帮助。教师对学生应尽量少干预，放手让他们锻炼，提高领导能力。为了使学生在实践中收获更大，而不仅仅是停留在形式上，我们要组织学生进行经常性的评价和反馈。通过开展批评与自我批评，采用两分法，反思自己在活动、工作中的成绩与不足，总结经验教训，这样更有利于他们提高领导能力。此外，我们在培养学生领导能力的同时，还要注意培养学生的服务意识，淡化权利意识。

（本章主要负责人：王　芸）

第四节　论文案例

健康地走向美好未来
——班级文化领导力小谈

张　莉

摘要：班级文化建设实质是人的建设，它代表着班级中学生的生命价值的取向。而拥有健康的体魄和健康的心灵就是我在班级文化建设中所希冀的。“健康”是班级文化的核心，其内涵就是一方面通过各种手段监督与激励学生养成良好的饮食、卫生、运动习惯，从而让他们的身体日益强健；另一方面则通过共情和辩证思维的引导使学生健康地对待自己、他人和社会。学生在“健康”的文化中日益成熟，满足于这个时代对于青年一代的新需求。

关键词：健康　监督　激励　共情　辩证

引言：在美国民主党全国代表大会上米歇尔的演讲中有这样一句话“一个总统，最主要的任务就是一件事，要为孩子们争取更美好的未来”，想来我似乎也和这位第一夫人做着同一件事。那么，在班级这个我的人为干预有效性较大的小环境中，我究竟想通过我的领导力打造一个怎样的班级氛围；并且这种文化的营造是否可以引导一个更为美好的未来；我又应该通过怎样的方式来引领这种文化呢？这些问题在我的头脑中一直思索着。

正文：对于班级文化建设，孙宗良老师的“让生命飞扬”和曹刚老师的绿色指标“让每一个孩子都健康快乐地成长”，带给我很大启发。我希望我的学生健康，无论是身体还是心灵，他们能积极面对一切，包括课业上的压力，用自己健壮的双肩担负起应有的责任，充满善意地生活，享受着生活。所以，我们班级的目标就是健康。

对于健康，一方面身体方面即便健壮谈不上但是不容易生病，免疫能力比较高这应该是一个健康的标准。另一个方面心理方面的健康应该是不退缩、不懈怠、不放弃，光明正大，昂着头迎接一切，用辩证的眼光看待一切，用微笑的心情感受着一切。而这些也都是现代社会所需要的，教育要面向社会，就确定了在学生时代锻炼好健康的体魄和心灵。那么，作为班主任让学生达到这样的时代需求究竟有哪些途径呢?

(一) 健康之身，监督与激励是关键。

在班级文化建设中我比较重视学生良好的饮食、卫生、运动习惯的养成。

“饮食要荤素搭配”、“早晚要刷牙”、“运动有利于健康”……我想这些健康的理念在学生小学的时候就知道了，然而到了初中他们依然做不到。可见，健康生活习惯的养成并不在于健康意识的淡薄而是自我管理能力较弱。对于这一点，个人觉得别无他法，还是需要监督加激励。挑选了几个比较有趣又有效的小案例和大家分享一下。1. 牙齿连连看。很多家长反应，孩子不愿意刷牙。怎么办呢？晚上排队放学时加一项，两队同学面对面，像两组足球队员打招呼一样，只不过不是握手，而是呲牙一笑。这个方法用了两次，基本班级就没有不刷牙的孩子了。他们不愿意刷牙，但是更不愿意让同学看到自己的“大黄牙”。2. 光盘小组。学生还普遍存在的问题，吃饭挑食。这也是很多家长希望班主任帮助解决的问题。怎么办呢？分组。每个小组四个人，自选组员。每天吃饭算剩饭的量。有人会说每个组都要称，那岂不是工作量很大？排序之后又怎样呢？其实，不用那么繁琐，只要抓个头，再抓个尾就好了。吃的最少的，帮吃的最多的小组擦桌子。其实惩罚并不重，但是同学们谁都不想成为剩饭最多的小组，每个人也都不想因为自己而拖小组的后腿，自然大家都把饭吃光了。3. 互相举报。学生的习惯中还有两项坏习惯，一、喝水少，二、啃指甲。早上每人倒一瓶水，到了晚上谁没喝完谁要跳 50 个绳才可以回家。啃指甲也是如此。而这个工作要大家相互监督并施行举报制。举报者可以把这个惩罚转交给被举报者。因为本来这就是生活习惯，大家都把这作为一个游戏，不会心生怨恨，而且还会乐此不疲，即便受到“惩罚”的人也是笑逐颜开的。4. 一言不合就运动。其实，刚才在班级“惩罚”中就已经有这个方面的渗透。与其“罚抄”“罚站”不如“罚动”。学生现在处在生长期，运动给他们的好处不言而喻，所以要争取每个可以让他们运动的机会，这是一个方面。另一方面我想每个班级都会有两个小胖子吧，那么就来个关于两个小胖之间的减肥战。我借鉴了王卫明老师的“21 天自我挑战训练营”，设定的挑战目标就是“减肥”。挑战的规则：1. 总共 21 天的训练必须连续进行，如果其中某一天做不到，那么从头再来。2 每天星星自我考核，可以邀请自己信任的人进行每天的监督，结束时接受老师、同学或家长的考核。3. 考核通过，颁发证书。在王老师方案之上，我又加了一个环节，拉拉队。每个小胖都有一组拉拉队，拉拉队负责给自己的小胖选手打气。所以，这样下来，小胖的减肥就不只是个人的荣誉之战，而是关乎于集体了，这样他们的斗志就会被最大限度地点燃。当然，关于运动的所有都必须得到体育老师和家长的认可才可以实施。

其实，监督也好激励也罢关键都是你要打蛇打七寸，找到学生的“软肋”，才会有效。

如果说我们可以通过各种小聪明通过监督激励，从而让学生拥有更健康的体魄，那么如何对于青春期的学生进行心理疏导，让他们成为拥有健康心灵的人则更具有挑战性。

(二) 健康之心，共情与辩证思维是根本。

1. 健康地对待自己。

在《浅析如何在班级管理中培养中职生的健康心理》[1]中，提到初中生处在幼稚到成熟的过渡期，此时的他们心理发展充满着矛盾和动荡，他们的内心常常感受到躁动与不安。而对于六年级的学生，进入中学之后最普遍的情绪就是挫败感。因为原本他们在小学时各方面都是不错的，很多人在小学都是大队长、班长，老师或是同学都是格外看中自己的，但是到了初中发现自己不再出类拔萃了，这种落差让她对自己非常不满意，甚至于沮丧，我班的干某某就是这样。她是个多才多艺的学生，擅长画画，文化课成绩也不错，对自己的要求也比较高。但是在高手如云的班级，经过几次小考结果都不让人满意。开始，她还认为是自己一时疏忽，可当她用十分的努力去争取，但结果依然不让她满意时，她非常失望。并且当她认识到自己情绪中有太多这种消极情绪并无法走出的时候，她对自己的抗挫能力又失去了信心。于是，她从失望走向绝望。开始她就表现的不再理会文化课，全身心地画画，后来画画也不再是她精神支柱，她的眼神越来越空洞。在这个过程中我也找过她谈话，但是效果都不是很好。我发现和她说话时虽然她人坐在这里但是心思却不在，她已经听不进去了。于是，一天自修课，我让她来办公室，陪她看了部电影《火星救援》。看过之后问她，好看吗？她说好看。我问哪里好看，她说马克很了不起。当马克面临飞船损坏时他没有绝望，当他辛辛苦苦种的土豆一夜间荡然无存的时候他没有绝望，他的信念就是“我要活下来”。人生就是一次孤独的旅行，有了这个信念才有它的意义。她当时说得很激动，眼泪就要掉下来，重点是从此干同学不再那么低落，加之我在其它方面也在有意地帮她找寻表现的机会，她的脸上慢慢地又有了神采飞扬的表情。所以疏导是班主任教育工作中的主要方式，而疏导本身的手段还是有些小技巧的。比如刚才的案例中言语的说教其实效果并不大，我主要借用了电影这个很不错的方式。同样，到了七年级，同学们进入了青春期，他们对于自己情绪的控制能力还不是很好，我安排他们观看《头脑特工队》，希望从中他们能明白两点：一、人有负面的情绪是正常的；二、人的负面情绪如果处理的好，对人的成长是有帮助的。另外，如何宣泄掉这些负面情绪我也提供了一些方法。比如：写日记。这个日记他可以天天写，也可以想写的时候写，可以给别人看，也可以只属于自己，但是必须有。再比如运动，如果发现在某人情绪不高的时候，让她到操场上跑两圈，跑得筋疲力尽，然后躺在操场上看着蓝天，什么都不用做，效果也不错。再有的，就是和家长合作，和孩子多沟通，沟通时不谈学习，东拉西扯而已。

总之，让学生学会正确地对待自己这是个重要的工作，其中要以疏导为原则，可以借助各种小手段来得以实现。

2. 健康地对待他人。

人的成长过程中除了正确地对待自己之外，人还具有社会属性，要学会和人打交道，而健康地对待他人也是要学习的课程。首先人的面相是与人接触时最直观的印象。人说面有心生，其实反过来也是说得通的。如果人长时间保持着一种金刚怒目式的面相，他的内心也不会是安宁的。据说，日本幼儿园其中一个很重要的教学目标就是，让小朋友学会微笑。而我们评价一个人也会以大方得体、不卑不亢为上等的仪态。这也是与人相处时的第一关。

那么，如何引导学生慢慢趋近于这样的"卖相"呢？其中的一个技巧是简单说教不如让他情景的自主体验。其实，学生对于好与坏他会有个基本的判断，只是有时没有这个习惯而已。班主任需要提供一个情景让他进行自主体验。记得，有一次学生的一个活动，学生会的一个同学来到班级找我班的学习委员，当时，我们正在自修，我站在前面。那个学生是这样做的，径直走到班级前门，直接说了一声，你班的学习委员出来一下。当然，我班的孩子看了一下我，在我的示意下出去了。等到他回来之后，我问大家，大家觉得刚才的这个同学让你有种什么感觉？大家都说没有礼貌。我接着就问，如果是你，你会怎么做呢？我班积极分子杨磊，马上举手，我就借势让他情景再现一下，这样一说班级的氛围异常活跃。他走近门口，说老师……这时，班级同学都会提醒他，要先敲门，于是他又不好意思的重新情景再现，敲门，和老师问好，再大声地说出自己此行的目的。在这样一个 5 分钟不到的时间了，以一个类似于小品的形式，让学生们比较轻松有趣地意识到了类似情况应该以怎样的仪容仪表处理问题。其实就是利用了一个学生来找人这个教育契机对学生进行言行举止的引导。不是概念上的告知不要怎样，而是在他们自己的判断参与下自行表现出最美好的一面。

健康待人，当然不仅限于言谈举止，更在于如何产生共情。共情，指体验别人内心世界的能力，曾经有一位治疗师把它作为专业发展中的一个重要问题[2]。这一能力的提升虽说班级层面不能做得那么专业但却也是可以渗透其中的。比如在人与人健康地交往中我比较认可遵循换位思考的准则。比如说，青春期的学生很容易冲动，他会和同学之间发生矛盾，甚至和老师之间发生冲突，那么这这种情况下，他被带到了办公室，班主任该如何处理这件事呢？我一般处理的方式是，先让他说出为什么感到气愤或是恼怒？然后表示对他的这个心情很理解，如果是自己在这种情形应该也是很气愤、很委屈的。在让他感受到我的理解之后，问他那么这个结果是你想看到的吗？你有什么做的不对的吗？让他试想一下自己的行为会给对方带来怎么样的心情？最后，问他如果再出现类似的情况，你会怎么办？这几个环节下来，基本上都会让这两个同学冰释前嫌。而这个过程，有我和他的换位，有这个同学和另外一个同学心里感触的换位。引导学生通过换位思考的这一途径和人友善相处。如果能过做到换位思考，别人自然能够感受到你的友善。

3. 健康地对待外物。

前联合国秘书长安南曾讲了这样一件往事：我至今记得 17 岁时老师给我们上的一

堂课，老师手里拿着一张画有一个黑点的白纸，他问我们："孩子们，你们看到了什么？"我们齐声回答："一个黑点！"这时，老师说："难道你们谁也没有看到这张白纸吗？安南说这件事影响了他的一生。诚然我也觉得这真的是一个再好不过的例子。于是我经常发挥我语文老师的优势，在语文课堂可以天马行空的和他们聊。我遇到一个好玩的事也会和他们谈论一番，这本身就比和他们谈学科他们要感兴趣得多。比如一次我在《活着》这个新闻专栏看到一组图片，就是初中生在毕业的时候在河边赤着脚清洗课桌椅。于是，我就把这组图给他们看，让他们说说自己的想法，同学们说得很起劲，有的说他们不嫌冷啊，(图中看得出季节不是很暖)，这个人动作有多滑稽……然后我去问，他们在做什么？他们为什么这么做？这时同学们，会把关键词落在"感恩"上，然后让学生想想正在洗课桌椅的他们会和桌椅说些什么？有的同学说感谢你几年来的陪伴，有的同学说，你辛苦了，给你洗的舒服吗？之类。当然，这组照片除了让学生看到感恩的主题之外，还有其它。最后，我把这个初中的国籍在 PPT 中显示，——日本。同学们顿时眼神中充满了一些不友好的成分。而这正是我想要的效果。接下来，我问他们的行为需要我们学习吗？一些"爱国"青年说起，我们的文化才是他们的祖宗呢！还说"抵制日货"之类。我让大家冷静下来，明确今天我让大家看这组照片的另一个用意就是，我们除了义愤填膺地抵制这个民族的种种不友好行为的同时也要看到这个民族的确存在着值得我们学习的地方。这并不是我们崇洋媚外，而是"师夷长技以制夷"。看到它黑的地方是我们的敏锐，而看到白的部分则是我们的气度。类似地，我也会在日常的时事之中引导他们"相信世界上还是好人多"，"在看到这个人不足的时候也要看到他的长处"，"即便有着现在不能解决的事但是有着一些人正在为此努力，也希望你们赶快长大，成为这样的人"……相信这种思维如同溪流长此以往地流过他的人生中大大小小的沟渠，他眼中的世界可能就会不一样。那个为了抢回自己手机而烧死老师的孩子，可能当时会想到老师对自己曾经的好；那些只羡慕他人的少年少女们也会在镜子中找寻到自己身上的美；而对于网络中扑朔迷离的事件，一些人都在跟风愤慨的时候，他们已经能从各个领域找寻信息抽丝剥茧地离事件的真相越来越近。如果能做到这种程度，我想我作为班主任是大为欣慰的了。

结论：班级文化建设作为人的建设，它标示着这个班级的学生生命价值取向，是班级全体师生包括家长共同创造的财富。班级同学在微笑着倾听别人，微笑中敏锐地鉴别着、思索着，并用他坚实的双脚不断的朝着未来迈进。我想即便遇到不美好，但他的未来最终肯定是美好的。而此刻我再次看到"孩子的美好未来由我来争取"这句话时，不觉浑身充满了力量。

参考文献

[1] 教育教学论坛. 2010 年. 39 卷
[2] 中国心理卫生杂志. 2010. 24 卷. 6 期

（作者系上海市奉贤区青溪中学六年级班主任）

线上活动“新方式”，提升学生学习领导力

孟丽丽

摘要：学生的角色是合作学习的行动者，老师为学生搭建平台，学生在线上活动中发掘潜能，培养合作意识、精神与能力，最终实现学习能力提升。教师通过小组形式，展开各个流程。在这些过程中采取统一领导，分工合作，责任到人的机制，使每一个环节都落实到不同的学生，在线上活动中相互合作，参与合作学习的学生能学会处理与他人的关系，培养、锻炼个人的交流、沟通、协作、尊重、包容等社会素养。学生在合作学习中带着批判性思维，在反思中激发创新灵感，从而提高个人的认知素养。通过线上活动“新方式”，从而提升学生学习领导力。

关键词：线上活动　小组合作　学习领导力

一、课例背景

为积极应对新冠肺炎疫情，我校积极响应“停课不停学”有关工作安排，开展学生网上学习，班主任教育工作也将在网上完成实施。3 月 3 日，我根据学校每班报送“养成网络好习惯，争做新时代好少年”金点子活动为支点，展开围绕“网上学习”为主题班级网上系列活动，在特殊时期，达成了解学生网络学习困难、小组合作解决“网络学习”问题的目标，提升学生学习领导力。

二、课例描述

(一) 活动准备

班级 41 个人分成 6 个小队，每组设定队长，队长由班委担任，成员按照学习成绩、综合素养、性格等综合因素进行分组。每组各方面水平相当。

(二) 明确目标

每个小组利用课余时间以在线网络各种形式探讨，目前“网络学习”遇到的困难，如何养成网络好习惯？每个小组利用课余时间交流探讨，主要针对一个网络习惯养成，形成金点子文字 300 字。三天后班会课进行交流展示。

(三) 小组交流

各小组利用课余时间，利用钉钉平台、微信、QQ 等工具，通过视频、语音、文字交流等方式交流网上学习以来所遇到的困难，并针对问题，提出改进措施，最后形成最主要一条作为小组的金点子。

(四) 课堂展示

各组长代表自己小组进行发言展示，围绕自己小组金点子的主题，交流时间3分钟。各组交流时候，其他小组从“金点子”条理性、可行性以及组长表达效果（包括表述和辅助图片等），三个方面重点聆听，拿出纸和笔，给每个组大致打分(10分满)。

第一小组：《我的学习，我做主》

今天的线上学习，我们小组经过讨论发现，提高作业质效是关键一环，如何才能在这种缺少互动，通过云端设备来提高组员的作业质效呢？我们觉得可以这样做：

1. 根据实际情况制定一份作息安排，合理安排好一日的时间，把闲散的时间利用起来，有计划地完成老师在钉钉上布置的作业。

2. 在空中课堂中，静下心来听老师讲解，耐心做好笔记，遇到疑难做好笔记，等回看时，再查缺补漏。及时记录钉钉网课笔记，来不及的截屏以备课后补充。

3. 课后认真复习当日笔记，有针对性地复习重难点，让当日学习的知识都内化。

4. 做每一份作业前，认真解读作业要求，尽可能给每项作业设定预计完成的时间，对照时间限制努力抓紧完成。

5. 多多留意和学习老师评选出的优秀作业，取长补短，积极向优秀靠拢。

第二小组：《怎样上好网课》

课前准备好笔记本及学习用品，桌面整理干净，只放与学习有关的用具。虽然是在线学习，但是我们心理和生理上的学习模式也要有规律。比如我们一日生活作息时间尽可能和线下学习时保持一致，精神面貌和学习状态也尽可能和学校学习保持一致，多种方式保证网课效果“践行契约、自律自学”。

对于空中课堂：最近，很多家长都开始工作，一些学生父母都不在家，于是，在观看空中课堂课程时，有出现学生边看边玩手机的现象，为保证每位同学的听课效率，每天上完所有的课之后，老师随机抽学号，被抽到学号的同学说出当天老师指定的课程内容。如果说不出，就由那个被抽到的同学连续汇报五天的课程内容，并且这五天里面老师还需要继续随机抽人（也就是说在那五天里面，老师要看到两个人的汇报）

第三小组：《快速提高笔记质量》

上了三天的网课，我们小组成员遇到的最大的困惑就是老师讲得太快，笔记有时候来不及记。所以我们小组成员想分享一下网络学习中，如何快速有效地提高记笔记的质量，使笔记既整洁又美观。

1. 我们在上课时专心听讲，尤其是在没有家长监督的时候，这样才知道哪些该记，哪些不用记，哪些详记，哪些略记。

2. 遇到来不及记的内容或可能会出现一些错字或漏字等情况，一定要拍照或课后电视回看。（还可以到网上下载完整的视频）

3. 记笔记时要区分清楚，层次分明，不能都混在一起看不清楚，笔记是为了课后复习用的，不是为了完成老师的作业。

4. 由于课上记得比较快，有时会在记笔记时忘记老师说的，这个时候就索性不记了，等课后看回放，这样会提高后面的笔记效率。

第四小组：《用眼习惯》

在这个充满病毒的时期，我们身边处处是危险，但停课不停学，我们开始上网学习。接下来我就来提供几个网上学习的好习惯，好点子，以便大家可以更好地学习。

先说说用眼方面，长时间面对电子产品会加速眼睛疲劳，在学习的同时，也要积极地做眼保健操或者眺望远方来缓解双眼，避免用眼过度。提到用眼过度就离不开休息了，我们应该要合理规划生活作息，最好制作一张生活作息表，学会充分利用时间，在零碎的时间里可以背背英语单词和笔记。

另外，课前准备好书和笔记本以及学习用品，课中认真听讲，不要走神等，都是上课的基本要求，一定要遵守。让我们养成网络好习惯，争做新时代好少年！

第五小组：《网络学习好习惯》

在网课学习前应准备好相应书本、笔记本、练习册、文具等，充分做好课前准备。穿着整洁，校服最好，最好有点仪式感，你给自己创造什么样环境，大脑会自动带你进入学习氛围。网络学习通常节奏较快，所以笔记整理难度较大，有时可能会漏记或来不及记。这时，千万不要焦躁不安，以免影响后面上课情绪。我们可以通过网络截屏或课后看回放，来重新整理好笔记。课后课间可以透过窗外眺望远方或观察家中绿植，从而缓解用眼疲劳。

第六小组：《用记录评价表，养成自律好习惯》

使用记录评价表，养成自律好习惯。网上学习需要自律，如何对自己做好监管呢？可以制作一个表格，对一天的表现做好记录和评价。如果觉得自己自律性差的，一开始可以让家长监督打分，慢慢地再由自己监督自己并评分。在总结评价过程中养成自主学习的好习惯，提高网上学习的效率。见附表1

附表1： 网上自律学习记录评价表

日期	签到及时	做好课前准备	上课时间充足，精神集中	课间认真完成两操	上课与老师有互动	认真做好课堂笔记	及时上交作业				不玩电子游戏	汇总
							语	数	英	其它		
3.2												
3.3												
3.4												
3.5												
……												

备注：

1. **做好课前准备**包括桌面整洁、准备好下一节课需要用到的书本资料和学习用具等。
2. 做到填“1”，没做到填“−1”，**及时上交作业**中若被评为优秀作业填“2”，若作业质量差被打回填“−2”。
3. **不玩电子游戏**包括不刷抖音、快手，不玩网游，不看视频、网络小说，不聊与学习无关的话题等。
4. 每天达到10分为优秀。

（五）民主互评

课堂展示后，组织同学，通过“问卷星”网上进行问卷调查。内容主要从金点子条理性、金点子可行性以及组长表达效果（包括表述和辅助图片等）。

（六）教师总结

学生的评价投票大致还是能够反映出真实情况，但与事实多少有些差距，教师的总结就尤为重要。因此，我从三个方面进行总结。一是胜出三个小组的优点和不足，二是肯定剩下三个小组的努力，指出亮点。三是从各个组长和组员互动过程中学习领导力细节的体现，给予表现突出的学生高度表扬。

三、案例反思

“在线教育”对班主任常规工作挑战难度很大，在特殊时期，培养学生的领导力就变得难度更大，也因此意义非凡。

1. 通过“在线”系列活动，提高每个组长学习领导力。在过程中，每个组长充分调动自己的组员，积极为组员搭建学习交流平台，引领小组各成员积极思考，并把所有思考，进行总结归纳，并且汇报展示，可以说组长学习领导力极大提高。

活动在学生策划、安排、组织、管理、实施过程中。学生成了活动的真正主人，真正的领导者、组织者，他们的领导能力也在活动中逐渐发展起来。

2. “在线”系列活动，学生很感兴趣，参与度高，提升了每个学生学习领导力。学生在过程中的表现是出乎我的意料。金点子的提出过程和解决方案呈现出严密的逻辑思维，这和学生的积极思考和学生之间的合作探究是密不可分的，每个学生的学习领导力在这个过程中得到很大提升。合作学习中学生借助这个活动发掘了潜能，培养了合作意识、精神与能力，最终实现学习能力提升。参与合作学习的学生能学会了处理与他人的关系，培养、锻炼个人的交流、沟通、协作、尊重、包容等社会素养。学生在合作学习中带着批判性思维，在反思中激发创新灵感，从而提高个人的认知素养。合作学习旨在借助学习活动发掘潜能，培养合作意识、精神与能力，最终实现学习能力提升。

（作者系上海市奉贤区青溪中学六年级班主任）

运用班级“积分制”促进学生自主管理能力

朱瑛洁

摘要：一个班级的良好的班风和学风的形成不仅需要班主任的科学班级管理、任课老师的相关配合，还需要学校良好氛围的创设，更需要学生对自身行为和目标的规范，即学生的自主管理。过去一成不变的班级管理模式——班主任命令式、强制式管理不仅影响了师生之间的感情，而且在纪律、卫生、日常作业检查等方面的管理很难到位，学生不愿管或没有学生理，优良的班风难以形成。如何让学生积极参与班级文化建设并在其中获得成长呢？笔者慢慢开始尝试班级“积分制”管理，充分发挥每个学生内在的积极性，让学生由原来被动接受教育转为自觉地进行自我管理、自我教育，提升学生学习领导力。在实践中，笔者发现班级“积分制”文化的建设，对学生自主管理能力的培养与提升有积极的促进作用。

关键词：班级管理模式　积分制　学生自主管理　学习领导力

无论是在低年级六年级还是在高年级初三我都尝试过积分制，而且效果都很不错，下面就以我在六年级实施的“瞧，我的积分亮相！”班级管理的具体做法为例，浅谈如何运用班级“积分制”促进学生自主管理能力。

一、积分范围与班务管理范畴紧密联系，实现“学习成绩”向“综合素质”考察的转变

“积分制”对于我来说它是班级管理的一个载体，它承载着我对学生全部的爱、关心、耐心和精神激励，这是公平公正的体现，是学生努力、勤奋的见证，是学生积极向上的不竭动力。

我们班的积分制涉及行规、学习、卫生、餐桌、其它五个方面，积分体现得与失，每个方面又单独有若干的平分细则。每周纪律从迟到早退、队列、自习、两操、课堂、文明礼仪等方面进行考察；卫生情况从个人卫生、每周值日、大扫除、座位卫生、垃圾分类等方面进行考察；学习情况则是从语文、数学、英语、其他学科、家做记录、效率等方面进行统计，其中每门学科又是由任课老师和课代表进行记录，哪些方面加分，哪些方面扣分，最后汇总到这张表格中；餐桌情况是从桌椅摆放、桌面卫生、是否光盘这几方面考察；其它情况则是荣誉奖惩、大型考试、学校活动、班委工作等方面的统计。

积分范围与班务管理范畴紧密联系，不再是成绩优先，而是综合的、全面的素质考察，每个孩子的特点更加个性化的呈现，每位同学都有优缺点。学优生不再是“高高在上”，他们也有不足；学困生不再是“一无是处”，他们也是那么乐于助人有集体荣誉感，这是我作为班主任想让孩子们体会到的，也是积分制的用意之一。可喜的是，一个学期下来，确实

我们班的孩子之间相处不会唯分数论，每个孩子都能在班会课上直言其他同学做的好和不好的地方。

同时，我借助积分制想引导孩子们学会“包容”和“反思”，每个孩子每周都有得与失，我一直告诉他们这是多么正常的一件事，在成长的路上犯错是难免的，不要嘲笑别人犯错，这周做的不好的地方下周你改了就是进步。在这样一种氛围中，面对同学的指责，我们班孩子能勇敢承认自己不足的地方，而我总会在这个时候很欣慰的鼓励他“真棒，下周不后再有这个问题对吗?”答案是肯定的。通过每周小结培养学生注重反思，明辨是非，知道哪些事该做，哪些是不该做，碰到问题该如何改进。一段时间下来，发现“积分制”潜移默化中影响、规范着学生的行动、思想和言行，收到了一定的成效。

二、积分统计体现岗位要求，实现“班委管理”向“人人都是班级管理者”的转变

“积分制”的最大的成功之处在于放手给学生管理，学生管理成效证明了积分制能够成为班级管理中可采用的措施。班级管理者往往是班委，在积分制中班委依然是积分考核的重要成员，但是我旨在打造人人都是班级管理者的班集体。

在我们班，每个班委都有具体分管的工作：班长要对班级工作总体统筹，负责记录“其它”情况；行规纪律是一个班的重中之重，所以由副班长和纪律委员一起管理；学习委员统筹所有学科课代表，完成学习情况的记录；卫生委员统筹每天值日组长，完成卫生情况汇总；生活委员统筹班级垃圾分类管理员、餐桌管理员，完成餐桌情况的汇总。每周的班会课上总结班委工作，同学们投出最负责的班委三名和最不负责的班委若干，在上面的记录表中专门有一栏“班委工作”考核，会进行加减分。

同时，我们的积分制之所以得到孩子们的认可，很大程度上是因为我们有特别岗位，我们在每个岗位下设置督察小队长，也就是储备干部，负责监督各个中队委员，也帮助中队委员管理班级工作。每个月我们会进行岗位投票，小队长工作更出色就晋升为中队委员，中队委员就降为小队长，如果还是表现不好就更换小队长，这样让班级的委员们更加尽心尽力地为班级服务，起到带头作用。本学期有三个岗位进行了调整，卫生委员、纪律委员和体育委员，被“降职”的委员我会鼓励他们要正视自己班委工作的不足并继续为班级服务，他们也不负所望，依然履行职责，帮助新上岗的同学一起管理班级，比原来更加出色。

此外，每周班会课是同学们最期待的时刻，我们会一起对每个层面的表格进行反馈，同学们能畅所欲言进行补充。孩子们特别喜欢成为一名小小督察员，有一说一，该加分的地方他们毫不吝啬的夸奖，该扣分的地方他们会毫不犹豫的指出，这种公开透明的方式让很多小猫腻都无处遁形。

人人敢讲，人人敢管，人人都是班级管理者。一个学期下来，我们的每个部分都为班级争得了荣誉，实现了每周都有流动红旗，文明班级、卫生班级、文明餐桌、优秀板报、优秀连队等荣誉纷至沓来，每个孩子都有满满的集体荣誉感，因为每个人都在为班级付出。第一次全班 41 人全部光盘，在食堂餐桌管理员们拿着空空的桶激动不已；第一次两面流动

红旗全部获得全班欢呼雀跃;第一次有生病的同学呕吐,我赶到的时候同学们已经自发地进行打扫,没有一个人嫌脏。

三、积分原则体现人人平等,实现“精英激励”向“大众激励”的转变

让每个孩子在“积分制”中有同等的机会可以名列前茅是我的最终目的。特别是对于一些成绩平平的孩子,他们容易被老师忽视。但“积分制”给了他们机会,只要在每个方面都遵守规则,就很有机会进入班级“红榜”(积分前五)。从结果看,确实每周统计上红榜的同学各个层次的孩子都有,一学期下来,上过红榜的孩子就有27人,这也给了每个孩子在班级中发言的底气。学优生能够更加积极主动的探索,学困后进生能逐渐养成更好的学习习惯,在培养教育中启发他们的觉悟,充分激发他们主动学习的劲头。

只要学生获得了积分,哪怕是一分,学生更为看重的是一种参与和一种认可,一种成就感和一份荣誉。对学生积分激励进行巧妙引导,就可以把“要他参与”变成“他要参与”,实现“精英激励”向“大众激励”转变。

四、积分突显价值,实现了家班共育的价值和学校“五有学子”育人目标

想到积分制并落实积分制,主要还是与学校德育目标中培养“五有学子”有关。成绩不足以体现孩子所有的品质,利用积分制就能与学校德育目标联系起来。只有上过红榜的同学才能有资格竞选校五有学子,这成了孩子们最大的动力。虽然上榜的同学我会奖励他们下午茶、免作业券、小礼物等等,但是都不及这份荣誉来得重。积分制管理的成功实行,原动力最终是“人”的改变,从学生的需求出发,开展了形式多样的积分制活动,“积分制管理”就在与学生素质的互动中悄然提升。

此外,每周的积分榜单都会公告班级群,家长从原来的只看到孩子的成绩,到现在能全面了解孩子的在校表现,班级积分制在家长中也是颇具好评的。每周都会有很多家长了解孩子的具体情况,我高兴的是越来越多的家长更关注到孩子的行规问题,逐步走向家班共育。在家长会中,也不在是我来分析班级的问题,我们的班委走进家长,分享他们管理过程中的班级存在的问题,“唤起学生实现自我教育的教育才是真正的教育。”

总之,班级“积分制”文化的建设,对学生自主管理能力的培养与提升有积极的促进作用。作为班主任只作为“裁判员”,严格执行班级小组积分管理制度,兑现奖罚,让学生主动起来,个个争做一个优秀的“运动员”。而实施班级“积分制”管理模式意在引导学生去做一个努力学习、辛勤劳动、乐于奉献的人!

参考文献

① 韩菊英.班级小组积分管理制的尝试[J].江西教育.2009.11
② 许树梅.初中学生自主管理能力对良好班风学风形成的研究[J].课程教育研究.2014

(作者系上海市奉贤区青溪中学六年级班主任)

创设机会 激发学习领导力
——利用班级活动进行班干部培养

钱星燕

摘要：随着信息和知识更新速度的加快，社会竞争日趋激烈，学生必须要具备强大的自我学习领导能力，才能够不断提升自我，跟上时代的步伐。学生学习领导力与学生自主管理能力、计划与决断力、执行与控制力密不可分。一个班主任想管理好一个班级，必须要培养、锻炼一批优秀班干部，班干部能力的培养与学习能力的培养其实密不可分，在班干部中首先要树立好班长的形象。在对学习领导力的深入研究后，笔者通过班级活动，创设机会，来培养班干部，尤其是对班长的培养。

关键词：班级活动　班干部培养　学习领导力

初中学生正处于青春期，自身心理变化幅度较大，正从青涩逐渐走向成熟，在学习心理以及情感体验等多个方面都发生了急速变化。学生必须要具备强大的自我学习领导能力，才能够不断提升自我，跟上时代的步伐。班主任是班级工作的主要管理者以及组织者，怎样让初中学生顺利度过青春期，实现自身全面发展是一个非常关键的问题。作为班主任，我在培养班干部的过程中发现可以引入学习领导力的概念，更好地帮助学生发展自己的能力，提升自我。

一、班干部的选择

班主任必须要以学生为主开展班级管理工作，能够深刻了解学生内心想法以及相关感受，致力于细节的有效管理，认识到学生的闪光点，能够给予学生机会展现自己的能力。

在新生入校之前，我认真阅读了学生的档案，了解学生以前担任过什么职位，有何特长，成绩如何等等，为新生的到来做好接待的准备工作。在军训时，我也认真观察了学生的表现，挑选适合班级的班干部。六年级入学时，我们班共 29 人，女生 16 人，男生 13 人，为了平衡男女生之间的差异，我选择了小学时就有班长经验的小江同学作为班长。

二、班干部的困惑

在挑选了班干部之后更要慎重观察，有些学生往往很注重同学的面子，因为不想得罪任何人换来一个不好的名声。

经过了一段时间的考察，我发现小江确实为人正直，学习上也很认真，但是他性格却非常内向，对自己没什么自信，我向他了解了小学时当班长的情况，他却告诉我：小学时班长就是帮老师‘跑腿的’。再去询问了小学时与他同班的一些学生，我发现小江一直如此，虽然是班长但是却毫无威信，甚至还会因为维持纪律，将班中的不良现象告知老师，被同学们笑是“娘娘腔”。

内向的小江在做了班长之后果然遇到了与小学时一样的难题，自习课维持纪律会有些捣蛋的男生不理睬，那就干脆不管了，自顾自地做作业；为了融入同学们，作为英语课代表的他甚至帮一些没做作业的男孩打掩护，欺骗老师……慢慢地，小江对自己产生了怀疑，连成绩都跟着下滑。

三、创设机会，激发学习领导力

学生受教育的过程就是从接受走向发现的过程。同样的，对于班干部的培养，再也不像原来那样让他们只是做老师指挥下的“机器人”，而在学习管理的过程中有自己的想法，成为有独立性的个体。

对于小江的教育，我班的导师团队一致认为，这是个非常有潜力的孩子，只是我们需要在生活中通过帮他创造一些机会，不断激发他的潜能，提升他的学习领导力。

（一）进行专题教育，增强领导意识

伟大的教育家孔子曾说过：“其身正，不令而行；其身不正，虽令不从。”这就要求班干部处处以更高的标准要求自己，因为班干部不仅是指令的发布者，更是行动的带头者，应以自己的模范行为去取得全班同学的信任。

我和班级的导师们会面向全体学生，通过班会、队会、团会、专题讲座、讨论、演讲等形式，激发学生上进心，鼓励他们树立领导意识，对于班干部团队，我们又从领导能力的基本构成要素出发，分专题进行培训，传授给他们相关的领导技能、技巧。

在开导小江过程中，我也把领导意识放在了首位，这次的事件小江本身也有错，他不该为了“合群”而向老师撒谎，欺上瞒下，若是他想以这样的方式建立自己的威信，那可想而知，只会起到反方面的效果。因此就本次的事件，我对小江进行了思想教育，让他意识到“班长”这个职务带来的不仅仅是光环更是责任，领导好一个班集体不易，因此必须提升自己的领导意识与能力。

（二）转变教学方式，培养领导能力

在新教材与学生学习方式的转变中，新课程提倡和发展多样化的学习方式、特别是要提倡自主、合作、探究的学习方式，我们可以采用“学生帮教”“学生讲题”这样的形式，让学生进行自主学习，这样既可以把他们的学习积极性、主动性调动起来，打破沉闷的教学形式，也给了学生展示领导才华，发挥领导才能的机会，一举两得。

小江的情况根源在于其性格中的自卑与怯懦，联系他的成长经历会发现他的妈妈比较强势，爸爸是偏温柔型的“猫爸”，因此他的性格也更像他爸爸，我们导师团队商量之后

认为还是应该在小江擅长的学习方面入手给他自信，尤其是数学学科是小江的拿手项目，何老师会在每天的作业中布置一些“奖励作业”，鼓励学有余力的同学进行思维能力的训练，小江每次都能完成得很好。何老师经常会在课堂上表扬他，很多男孩子看到了以后也不服输，在下课时会向他请教数学题，何老师看到之后给他向全班同学讲课的机会，慢慢的，小江比之前更加有自信了，同时他为了要给同学们讲题，也愿意去钻研难题，成绩慢慢进步。

(三) 明确干部职责，提升自主管理意识

初中的学生具备一定的学习、社交能力以后，班级管理工作上的一些事务可交由他们负责，我从班干部的职能入手，进行管理意识的培养。既然是班干部，对班里的各项工作就有不可推卸的责任，所有班干部都要同心协力，互帮互助，为共同搞好整个班集体而努力。因此班干部必须形成一个团结的整体，要有较高的团队精神，班长则需要带领这个团队。

学校的活动非常丰富，体育节、读书节、艺术节都需要策划一系列的活动。刚好遇上了读书节有一个课本剧的演出，以往的小江都是躲在幕后，或是不参与节目的编排和设计，这一次我对整个班干部的团队提出要求：由班长进行统筹，班干部分配任务，自行安排排练时间，总算这些孩子们也没让我失望，小江尽心尽力的带领着班干部团队聚集在一起，从前期的分工，到排练、服装道具的租借，他都能参与其中，原本内向的他居然也做出了表率，站上了舞台，做了一回男主角。

在活动之后，他好像对班级的管理更有了心得，不论是自习课的纪律还是大型活动的组织都比之前更有成效。不仅如此，他上课的听课效率更高，作业质量也提高了，成绩更是稳步上升。

(四) 举办丰富活动，凝聚集体荣誉感

在学生心中都想要把自己所在的班级打造成集体感强烈、人与人之间关系密切、班级文化氛围浓厚、气氛轻松活泼的集体。作为班干部，无论是学习，还是其它活动，都要有不服输的精神，充分调动全班同学的积极性，敢于拼搏，大胆工作，不断创新，用自己的意识去带动全体同学，让全班同学感到有这样的班干部而自豪。

我们的年级组也经常会开展一些集体活动。例如定期进行的全年级拔河比赛、运球传球大赛，我们班的孩子们本就爱好体育活动，在这些比赛中，班长总是带头报名，还会带动男生们参与。通过这些活动，激发了他们的班级团体荣誉感，他们看到班长在比赛中涨红了脸，拼尽全力的样子，自然而然也都想为班级争光；也看到传球大赛上小江绞尽脑汁安排阵型想让班级获胜，对班长的认可度也更高了。这样一来，班级的凝聚力也慢慢变强，像一个温馨的大集体，每个学生都能在轻松氛围中学习，这种“家文化”会使得在学习中疲惫的人受到很大鼓舞，精神重新充沛起来，使得整个班级的效率大大提升。

要做好班干部一职实属不易，尤其是班长，身上所肩负的压力更大，像小江这样一个

敏感内向的男孩子，我一开始也怀疑过他是否适合担任这一职务，但好在小江没有让我们失望，通过在活动中不断磨练自己的领导能力，建立起了自信，也推动了他在学习上的信心与进步。在培养学生领导能力的过程中，教师要摆正自己的位置。教师只是一个引导者、协助者的角色，只适宜在背后作指导，从旁给学生出点子，为学生提供帮助。教师对学生应尽量少干预，放手让他们锻炼，提高领导能力。在之后的班主任工作中，我将继续大胆放手让学生自己干力所能及的事，并做好组织引导工作，最大限度的营造一个守纪、进取、勤奋、活跃的先进班集体。

参考文献

[1] 欧相霞. 初中班主任对班级的管理与规划探讨[J]. 中国校外教育. 2016
[2] 边秀梅. 试论初中班主任的班级管理策略[J]. 才智. 2015
[3] 赵新有. 浅谈初中班主任对班干部的培养[J]. 课程教育研究. 2014

（作者系上海市奉贤区青溪中学八年级班主任）

激发主动性学习，提升学习领导力的实践研究

陈枫丹

摘要：众所周知，学习相较于其他活动（如游戏、电视、手机等），是一件比较枯燥、无趣的事情，学生很容易被丰富多彩的生活所吸引，失去学习的动力，从而显现出学习领导力的不足。八年级作为初中生活的分化时期，面对学生在潜移默化中所发生的身心聚变，是教师需要格外关注的。因此，笔者从如何智慧地寻求方法促使学生主动性学习，激发学生较强的学习动机出发，探索和发掘提高其认知水平和自我管理水平的方式方法，提升学生的学习领导力。

关键词：学习领导力　借助网络　家校合力　亲子关系　合作意识

领导力学习包含了四个维度：主动性学习，创新性学习，个性化学习以及社会性学习。主动学习是知学→好学→乐学的过程。知学、好学、乐学的核心是乐学，即对学习怀有浓厚的志趣。而实践表明，反复和学生探讨学习的重要性并不能激发其学习主动性，当他们的生活被老师家长约束着，只面对学习这一个内容，自然会感到生活的单调，枯燥，就特别向往和迷恋外面的世界。学习来源于生活，无学科之分，教师需要从学习以外的切入点入手，正确帮助孩子保有探索知识的动力，提升其学习领导力。

一、研究背景

对于本人所任教的八年级学生而言，面对这一敏感的时期，学习领导力的提升尤为重

要，作为初中阶段比较特殊的群体，这群“小大人”非常有个性。八年级是初中生活开始分化的时期，有些学生很容易在潜移默化中发生身心聚变。一方面，经过两年多的学习生活，对于环境、同学和老师的熟悉，学生们失去了探索的新鲜感，掌握了学校与老师的套路，从而失去了观察倾听学习的兴趣。另一方面，八年级虽然没有九年级的升学压力，但是八年级的知识相较六、七年级是一个比较大的跨度，学生在学习方面会面临更大的挑战，一些学生会产生畏难情绪，从而失去学习兴趣，破罐破摔，自我放弃。这些的情况都是无法避免的，因此作为老师需要有所警觉，及时干预，助其提升学习领导力。

而事实上，老师们面对这样的现象都有所行动，每学期期中期末考之前的思想动员，每周班会课心与心的对话，每天午会课的日常教育，都时刻和学生们强调学习的重要性和他们好好学习的必要性。这对于部分学生而言也许是有用的，但有些学生也会渐渐地产生抗药性，对班主任任课老师家长的话产生免疫，造成“今日壮志凌云，明日卷土重来”的效果。

二、具体措施

（一）借助网络世界，激发学生学习领导力

对于学生而言，学习领导力的培养不是一蹴而就的，而是无形中慢慢生成的，而这样的生成需要许多的外力加持，而手机就是教育工作中的一把双刃剑。手机对学生而言一直充满着诱惑，很多学生的学习问题都是由手机造成的，手机问题一直是初中阶段的老大难问题，学生渴望通过手机去放眼看世界，而通过老师一味地压制，似乎也得不到很好的效果，反而让学生产生了逆反心理，导致学生无心学习，课堂上昏昏欲睡，晚上在被窝里疯狂刷手机。而八年级的学生有个普遍现象，他们觉得自己已经长大了，自认为什么都懂，一切尽在掌握，却实际上一知半解，以自己片面的知识去感知这个世界。所以要培养学生的学习领导力，教师与其欲盖弥彰遮遮掩掩，不如大大方方，解开她神秘的面纱，帮助孩子通过网络树立正确的人生观，价值观，脱离低级趣味。

充分利用每天15分钟的午会课时间，带学生通过网络认识世界，了解时下最热新闻。对大部人的手机用户而言微博热搜是大家每天都要看一看的，了解时下发生了什么，其实当中很多新闻内容都是可以被学生知道感悟的，学生对信息的处理能力，就是体现其学习领导力水平的高低。就比如说19年12月爆发的新型冠状肺炎，如今科学家都或多或少有所探究解读，而读懂这样的新闻就要求读者有一定的科学、物理与化学方面的知识。这让学生不自觉得会去想要学习这样的知识，在课堂上，当学生听到相关内容的时候，思想会格外集中，只有在潜移默化中引领学生正确感知世界，处理信息，才能让其学习领导力得到进一步提升。

当然老师一定要在这之前做一下过滤，教会孩子们怎么看新闻，怎样的新闻才是值得师生去了解探讨的。信息化社会，盲目隔离并没有用，教师要教会学生的是如何在这数以亿计的信息中汲取有用的正能量的信息。此外，作为青溪学子，带领学生们看看自己学校

的公众号，了解下自己学校所发生的事也是很重要的。甚至可以让学生自己创作，编辑新闻，写写身边的奇闻趣事，不知不觉中也是作文水平的提高，或者让学生创建青溪热搜，同时也是信息技术的习得，这些都是学生感兴趣并且愿意做的，学生在潜移默化中形成探索意识，提升了探索能力，在老师的推动下逐渐探索未知世界的积极态度。

（二）家校合力，提升学生学习领导力

对于学生而言，他们的视角是非常狭窄的，他们过的都是学校家里两点一线的生活，换言之，学生需要多方位的帮助，才能形成学习领导力。而作为学校会尽力开展校外活动，让学生了解外面的世界，但是所能做的也十分有限。如果孩子一旦通过电视网络传播接受到了外界不正确的信息的时候，很容易偏离正确的人生轨迹，所以作为教师可以寻求家长的帮助，利用家长不同的职业给学生呈现了一个积极向上的社会，帮助孩子把好方向盘，度过危险期，提升其学习领导力。

1. 开设“百家讲坛”，探寻学习动力

助力学生学习领导力的提升，教师可以充分利用家长资源，了解书本外的知识，拓宽视野。学校开展家长进课堂的活动，让孩子们了解到自己爸爸妈妈在各自领域的擅长，让学生了解不同工作领域的作用。学生们从小就被问及一个问题就是长大了你想做什么，很多孩子会脱口而出科学家、警察、老师等等，但是他们中的很多人只是随口说说，并没有将其设为目标，为此努力，“百家课堂”的开设不仅仅让学生收获了知识，还让学生真正了解不同的工作性质，从中寻求自己喜欢的领域，并为止奋斗，不经意之间也许目标就在他们心中设立了。

本学期一位同学的家长在120急救站工作，便将救护车开来我们学校，让同学近距离认识，并给孩子们宣讲急救知识，术业有专攻，我觉得教师很需要这样具有专业知识的家长给予孩子课本以外的知识。而对于学生而言，有不少学生对医护人员的工作肃然起敬，在物理课、科学课上相关知识的学习尤为感兴趣，这是学习领导力逐渐形成提升的重要显现。

2. 缓解亲子紧张关系，克服学习阻碍

学习的主阵地绝对不只有学校，在一天繁忙的学习后能在家吸收消化也是至关重要的。面对学校老师严格的要求，很多学生选择遵守，但到了家中，很多家长反应学生出现了逆反的倾向。对于初中生这个年龄特点是可以理解的，但是学生无法在家合理规划执行学习时间是本年级大部分学生的通病。此时就需要家长的正确辅助，但现下家长和孩子之间普遍缺乏沟通，家长一味的指令对这个年龄层的孩子是无效的。而所以作为老师，不能只做家长的传声筒，而且还要帮助家长去学会倾听孩子的心声，心灵的成长需要宣泄。教师要想方设法将家庭教育变之为学习领导力提升的助力而非阻力。

19年暑假热播的一部电视剧《小欢喜》聚焦高三学生家长的高考生活，其中学校针对学生家长开展了一项活动——畅言会，让学生把平时不敢说的话，以背靠背的形式大胆表达出来，让孩子和家长沟通。艺术来源于生活，虽然由于人数场地的限制，全面铺开有些

困难，但是针对班级里一些问题比较严重的学生而言是完全可以实施的。实施过程中学生从起初的沉默不语到渐渐敞开心扉，哭诉自己内心的委屈，这都在帮助孩子在学习领导力提升的道路上减轻阻力。

除此之外，还有一档心理释放表述节目《少年说》，节目组为少年提供一个自由诉说的表达环境，让少年大声吐槽身边的人或事，面对台下乌压压的听众，胆子会稍微肥一点，被吐槽者也会了解到孩子真实想法，并给予反馈，这也是帮助交流沟通的另一种方式，学生在大声诉说的同时压力也得到了释放。八年级组对这两个节目的方式方法手段进行借鉴模仿的，消除了部分学生学习的逆反心理也是帮助减轻学生在学习路上的阻力，提升学习领导力。

（三）唤醒合作意识，培养学习领导力

1. 协助学生自主开设班队会

对于每周一次的班会活动，是一次非常好的激发学生学习的时间，但是只凭教师的慷慨陈词对于八年级的学生而言是发挥不了什么作用的，因此使学生成为合作学习的行动者是培养其学习领导力的关键。

在校日常的班会课中，可以采取新的模式：以小组为单位筹办，给予学生施展身手表达想法的空间。每一节班会以两个并行的、系列的主题呈现，班主任学生各司其职，共同完成。形式上：两个主题，两个系列，时间上：25mins＋15mins，给予学生更多施展身手的空间。　内容上：自选为主，适时调整，老师把握正确的基调。在班会课上半部分的筹备过程中，小组成员制定设计方案，教师以顾问的形式提出修改意见，具体执行都由学生来完成。合理分组，培养团队协作意识，学生合作准备的过程就是学生学习能力培养的过程，班会课的合作协办也让学生们意识到团结协作的益处，并运用到学习中去，学生在合作组织过程中所体现出来的组织能力，协作能力以及实施能力等都是学习领导力慢慢提高的显现。

2. 开展游戏活动建立团队意识

八年级学业上的压力还是比较繁重的，加上本年级的孩子比较喜动，学生们适度参加一些游戏团建活动，会让学生在之后的学习中更加轻松愉悦，以年级或班级为单位开展些小游戏，给学生提供压力的输出口，也是为教师在培养学生学习领导力的过程中清除障碍。

综上所述，如何在学习生活中寻求途径，最大程度提高学生学习主动性，从而提升学生的学习领导力，是每一个教师都需要思考的问题。授人以鱼不如授人以渔，一味地给学生灌输知识已经行不通了，只有从根源出发，激发其主动性学习，培养其学习领导力，引导学生在学习过程中自我觉察、自我反省、自我评价与自我调节，才能将学习效益值发挥到最大。

（作者系上海市奉贤区青溪中学八年级年级组长）

将集成式管理融入初中毕业班组室管理的初探
——对学习领导力的探索和实践

蔡飞鸣

摘要：年级组长领导的核心工作是教师和学生的学习力，领导学习力需要创新的管理。本文针对初三年级特点，从集成式管理方式入手，由内部领导力与外部领导力展开，阐述了集成上级部门力量、平行组室力量、课组力量、班主任力量、家长力量以及学生干部力量打造全面的、有活力的德育管理与教师队伍以及朝气蓬勃的学生队伍。

关键词：初中毕业班　年级管理　集成式　学习领导力

一、概况

（一）集成式管理的意义

最早提出集成管理思想的学者是美国切斯特·巴纳德（Chester Barnard），他在《管理人员的职能》一书中最早提出了系统的协调思想。如今，集成管理就是一种效率和效果并重的管理模式，它强调的是“一体化”的整合思想。集成管理是一种全新的管理理念，传统管理模式主要使用的是分工制度，集成并不“1＋1＝2”。集成与集合的主要区别在于集成中的各个元素互相渗透互相吸纳而成的一种新的“有机体”。马克思谈到管理时就指出，管理不仅提高了个人能力，而且还通过管理把许多单个独立的劳动整合起来，从而融合成一股新的力量，而且这股新的力量的效力要远远大于元素个体的简单相加，即“1＋1＞2”。

本文中所提到的集成式管理指的是将这种企业上创新的管理方式运用到学校的管理中来。就以我校九年级组举例，两名分管领导分别是总务处和教学处的行政领导，更高效的协调年级工作运转，在年级组长的配合下负责年级工作计划、安排、策划活动、组织协调考试等。这样的一个体制让年级组集成了校长室、教学部、德育处、总务处等的宏观管理思想。最终形成整个管理系统高效运转，领导出有执行力的班主任队伍以及有学习力的学生队伍。

（二）九年级管理的特殊性

随着信息和知识的更新，九年级学生必须具备强大的自我学习领导能力。但初三毕业生处在一个特殊的时段，学生都是14、15岁的青春叛逆期，再加上临近中考的压力，容易出现不稳定、不成熟的心理。不稳定的心理主要有困惑、矛盾、焦虑、灰心、自卑、自负等等，不成熟的心理有冲动行事、做事幼稚等等。不仅学生，九年级全体教师、学生、家长都到了军临城下的时刻。此时，教师和家长的学习领导力是取决于学生发展的关键。压力加上日已累计的复习，难免各方会出现一鼓作气，再而衰，三而竭的状态。所以，我认为领导力要体现在年级组建设上，我通过集成式管理的方式在年级组中充分发掘每一个教师乐业爱业的教学心态，激励每一位学生乐学爱学的学习心态。因此我认为领导力也可以说是我对组室的影响力。

二、九年级组管理的现状与问题

（一）老派管理思想导致凝聚力下降

作为年级组长，应该具备自身的组室领导力。应将团队领导成有创新力、有活力、有突破的团队。但是在小部分学校中，老旧的年级一人负责制达不到效率的最大化，一人管理也会出现管理上的盲区。此外，班级的班主任一人负责制也达不到年级资源的合理利用。从而，年级一人负责制会分散年级组员的凝聚力，班主任的一人负责制会分散任课教师之间的向心力。领导力一旦被打散，团队凝聚力便会下降。

（二）独立办公导致执行力下降

学校由多个组室组成，在校长室的统一协调下开展工作，年级组长对各个组室实行全面、统一的管理，但往往组室之间是独立办公，各个年级形成各自的方阵，学校管理更加无序。其次，各个组室所属学校各个部门管理，大多数学校中会出现组室脱离大局的情况，它们无法第一时间触及到全校，无法站在全校的角度全面思考问题，因此渐渐被边缘化，从而导致组员的执行力下降。

（三）持久战导致学习力下降

学生自身应该具备自我学习领导力，学生学习领导力包括学生自主管理能力，也包括对自己学习的领导能力。九年级学生长期处在高压的情况中，再加上处在青春期，年级结构容易出现动荡，学生自我学习领导力下降。学生在题海战术中打持久战，疲惫度上升，加之小学科管理不够规范化，容易在学生之间散播消极的气氛。学困生长久找不到成就感而逐渐放弃自己的情况也时常可见。其次，班主任队伍不能发挥最大的协调作用，使教师之间、师生之间、家长之间的沟通没有实效性。教师队伍也会出现心有力而余不足的消极情况。教师领导力下降，从而导致学生学习力大大下降。

三、将集成式管理融入组室管理的策略

（一）建设良好的组室外部环境，领导互溶性的实体

创新管理是学习领导力的核心，从事年级管理，我不应该是执行任务的机器，应该在自己的领域内进行创新性的领导。学习领导力是基于教师、学生实践活动的一种领导模

式。所以在实践的过程中，利用集成式管理的外部协调集成多方力量，产生真正意义上的一加一大于二，使集体成为互溶性的实体。

1. 集成上级部门力量，领导教师执行力

首先，年级组不是独立存在的，它所属学校上级部分管理，年级组作为下属部门，必须贯彻执行上级部门的决议，但在执行过程中会遇到种种问题，那么年级组长应集成各个部门和分管领导的力量增加工作效率。如：我所在的九年级联合教学部关注小学科管理的规范性，年级组长监督好小学科的质量、以及在时间上给予足够的时间，提高毕业班学生的综合能力，同时让毕业班的每一位任课教师将执行力最大化。

2. 集成平行部门力量，领导教师凝聚力

年级组长的领导力是在学校组织教育教学活动时，发挥自身的专业知识、非权力因素，形成一种自我激励及对组内教师的综合性影响力。在学校组织活动时，往往部门与部门之间是独立存在的，让平行部门之间加强合作会让教师之间的凝聚力更强。在教学资源上的共享、管理技巧的分享上，部门之间都是相关的。就像在本次校迎新晚会上，我所在九年级与八年级组联手，相同特长的教师团队合作，共商共议，不仅得到资源的优化，还增强了组室、教师之间的向心力。

3. 集成家长力量，领导团队向心力

年级组要得到发展也离不开家长的力量。首先，作为年级组长要领导每一位教师用适当的方法得到家长对年级工作的支持。再次，让家长信任年级组的工作。那么，沟通交流是搭建家校关系的桥梁。我们要擅用家委会的力量组建和谐共进的年级组。具体措施可以是：定时开展家委会，听取家委会成员的建议，再进行提高改善制度。还可以加强家校活动，增加家校之间的联系。如我校在开展校运会时，各班家长志愿者的加入让班级更加有大家庭的感觉。如“亲子运动会”，不仅在初三繁忙的学习中让学生们缓一口气，而且增加了学生与家长的关系，从而形成一个和谐向上的年级组氛围。

（二）夯实年级内部管理，领导有活力的实体

学习领导力直接服务于学习者的学习，它将组室的领导力延伸至备课组、班主任、学生的相关人员。此为内部管理，内部管理是集成式管理的基础。前文所提到，年级工作与多个部门相关，所以，年级工作不能依靠年级组长一个人的力量，要利用团队的力量，在工作中充分调动班主任、任课老师、年级备课组、学生干部的力量，将团队打造成有执行力、有凝聚力的团队。

1. 集成备课组力量，打造年轻的教学队伍

教学工作离不开备课组的建设，尤其是九年级教学工作任务重、压力大。如何协调好备课组的发展是教学成绩的第一战线。年级组长应首当其冲，领导好组室内备课组，联合教学部及备课组长督促各备课组之间的工作，把握好“集体备课”的基本教学常规，时刻为老师们提供先进的教育理论，引导教师们转变老旧的教育观念，以年轻的思想、年轻的心态面对教学任务。通过和备课组之间的努力，提升年级组的教学效率，改善不良风气，增

强年级组备课组之间的协作精神。

2. 集成班主任力量，打造全面德育队伍

作为年级组长，领导以班主任为核心的全面德育队伍是重中之重，让每一位教师都成为德育工作者，这是我校“导师制”的宗旨。我校开启导师制以来，大大提高了班主任工作的效率。德育工作不仅仅是班主任的工作，也是每一位教师的职责，每一位任课老师都积极参与班级管理中。年级组长要协助德育处具体分配导师工作，如后进生的分配、对个别学生的心理辅导、班级大型活动的组织等等。此外，年级组长应经常召开班主任会议，加强班主任和任课老师之间的协调，交流，鼓励任课老师出谋划策，使整支队伍都更有凝聚力。

3. 集成学生干部力量，打造朝气蓬勃的学生队伍

年级领导的最基本单位就是每一位学生，如何发动每一位学生的学习力是领导力的基石。所以在管理过程中学会利用学生力量，发扬年级中学习干部的领头作用。九年级学生中良莠不齐，如何让学优生的力量盖过学困生的力量是问题的突破点。所以，要充分发挥年级中学生干部的作用来让整支队伍朝气蓬勃。学生之间的影响力往往大于家长的碎碎念，所以我成立年级学生会。年级组长定期召集年级会，传达积极的思维、协调年级的事务等等。如组织定期的由学生主持的班会；让学生干部组织校运动会、誓师会等大小型活动。不仅培养了学生干部的组织能力，而且有效开展年级中的各项事务活动，还能引导学生走向自我管理，增强这类学生的影响力，从而发掘每一位学生的学习领导力。

四、结语

学习领导力的发展对于学校的革新、教师之间的合作以及师生之间的关系都起到至关重要的作用。在管理工作中，年级组长要用心探索以最科学、最高效的方式促进年级组的发展。集成式管理是众多管理方法中的一点，要把团队打造成有执行力、有学习力的实体还在于不断的探索创新。它的真谛就在于每一位教师的教师领导力和每一位学生的学习领导力的提升，从而将年级管理形成体制。

参考文献

[1] 李卫东. 年级管理中的集成式与柔性化管理[J]. 中国德育. 2006，6：57—59
[2] 永青. 浅谈“处室指导、年级管理”在小学中的运用[D]. 创新教育. 2019，10：126
[3] 黄兆全. 把年级建成有活力的管理实体[J]. 辽宁教育. 2015，12：69—70
[4] 于助江. 条块分明、目标明确、创新管理——九年级部目标管理一点思考[D]. 教育教学论坛. 2019，1：21—22

（作者系上海市奉贤区青溪中学九年级年级组长）

语文教学本质驱动下的创造性思维培养策略
——学习领导力激发学生多向思维发展

钟 晶

摘要：新课程改革要求学校要全面实行素质教育，培养具有创新精神的新一代，从语文学科角度，站在语文教学本质下，通过培养和发展创造性的学习领导力，结合语文教学的课堂和课外训练，来实现中学生的批判性、发散性和创造性思维进一步得到提高。

关键词：语文教学本质　创造性思维　学习领导力

一、正文

随着信息和知识更新速度的加快，社会竞争日趋激烈，学生必须要具备强大的自我学习领导能力，才能够不断提升自我，跟上时代的步伐。在语文教学本质下，对于学生在创造性思维角度的学习领导力更为重要。

(一) 对于语文教学本质的认识

对于“语文”一词的含义从过去到现在都是有着许多的解读，经常性听闻的有汉字、汉语、文学和文化等组成部分的总体。但随着时代的发展，在教育背景下的语文也有着符合教育意义的含义。溯本究源，语文所代表的现代意义，其内涵必须超越语言文字和文章的范畴，而是涵盖了对人的素质具有全体发展和培养的作用。

因此，语文是具有一个民族时代的缩影，它不仅可以具有工具性功能上的意义，同时承载了文化的传递。通过语文教学，使得一个人掌握功能类的语言文字知识(作为交际过程的语言使用能力)，以及拓宽各个领域里面的知识视野和提高自我的文化品位。

从本质出发，我们要建立起语文教学的维度：

(1) 语言训练和逻辑训练相结合

人类的思维大多都是建立在语言的基础上的，语言成为了逻辑的载体，不论是输入还是输出都需要通过语言来得以实现，故而在语文教学中，通过听、说、读、写等方式来进行语言训练，长期以往是有益于逻辑训练的；从逻辑训练的角度来谈，思维的广阔性、深刻性、敏捷性、周密性、创造性，都是可以强化自身的语言能力的。而这两种训练的紧密结合，会使整体的语文素养得到提升。

(2) 课内学习和课外拓展相结合

语文是具有生命力的，它的蓬勃发展不可能局限于课堂本身。它应当也必须存在于生活和社会中去体验，如此一来它的价值和意义才会得到更好的深化。而学生在课外的实践体验就像是吸取的水露，越发的饱满，就会在课堂上更快、更好地形成自己的见解和思想。

(3) 语言输出和人文意识相结合

语言功能和人文意思在语文教学中不是割裂存在，而是相互作用，相辅相成的。教师在分析和把握最基本的语言文字或语言结构时，讲究知识点的过程中需要对其所有的审美情趣进行赏析。

在教师的教授后，学生可以从个人经历出发，自行形成自己的见解和看法，这是语言的再输出过程，在自我输出的环节里注重教师的引导，让学生的文字具有社会、人文价值。

(二) 运用学习领导力来培养创造性思维

“一个人认知自己的能力，以及多视角看待世界的能力，就叫做领导力。”

随着时代的发展，越来越多的观点趋向于认为，学习领导力的培养实际是一个帮助学生自我认知的过程，让学生更了解自身的特质、价值观、兴趣、优点与不足。在此基础上，帮助每一个学生更好的认知世界、认知社会。

“创造性思维”是以感知、记忆、思考和理解为基础的，一种探索性的思维方式。这种思维训练的载体是语言本身，所以我们可以依靠于语文教学来实现这一思维方式的提升。

在探究了语文教学本质和创造性思维之后，我们要去分析其中如何提高学生的创造性思维。由于思维方式也同属于逻辑范畴，故而探究教师如何运用学习领导力来促进学生的逻辑能力。下文将从三个方面来进行论述：

(1) 利用课堂教学培养学生的语言逻辑思维

第一、课堂教学中要培养学生的创造性思维，一定是立足于《语文课程标准》中的“语文核心素养”的把握。在近年来，我校邀请孙宗良老师对语文教研组进行教学指导，在长期的教研中，我们将重点落实在语文教学中的文本解读上，以问题链的设计来贯穿一节语文课堂。

以我执教的《滹沱河和我》为例，通过“滹沱河本身有怎么样的自然语言?”“我怎么样走近滹沱河?”以及“在滹沱河上寄予了我怎么样的情怀?”三个问题的衔接，让学生去形成一个思考的逻辑链：1. 滹沱河是自然景物，它具有自然的特点 2. 我与滹沱河之间的联系 3. 我的写作目的。在课堂上如果有一条清晰的思考路径提供给学生，那么学生在这个受教的过程中也会一步步模仿老师的思考方向，从而最终获得自己的逻辑思维能力。

第二、语文课堂的智慧在于“留白”。中学生的学习领导力应该是自主学习、自主管理的一种能力，而这种能力往往是需要老师来推动的。学生从小到大，看文章、识文字绝对不是什么难事，但是随着步入更高的年级学习，对于他们的阅读能力就有了更高的要求。而这个更高的要求也给语文课堂带来了挑战，传统的语文课堂是语文老师分析＋学生回答问题的模式，但现在语文课堂应该给予学生“思想自由”。

在日常的教学中，遇到比较难以突破的问题时，我会把课堂交给学生，让课堂“留白”。

安静独立思考3—5分钟，在这个时间内学生可以动笔写一些想法，也可以托腮思考。留白时间结束，同学A可以表达自己的观点，同学B可以说说不同意见，教师则安静聆听。等一轮发言完毕，教师鼓励学生在不同的言论中进一步思考：同化或异化自己的观点皆可。最后再在学生们的理解中，教师进行修正，而非论断对错。

这其实是一个发散性的授课模式，语文课堂不必过分追求对错，只要言之有理即可，鼓励A的想法，也肯定B的独树一帜，这样一个班级的语文课堂才会百花齐放。

(2) 利用课外阅读培养学生的拓展阅读思维

语文阅读教学能为创新教育提供广阔无垠的天地。教师的一个重要职责就是要努力挖掘阅读教学的“创新点”，使创新教育之锤敲得准，敲得巧，以真正培养学生的创新精神和创新能力。

在更换了部编版教材后，新教材对于整本书的阅读有了明确的要求和指向，这也就意味着在语文教学中，“大阅读”的需求需要得到落实。曾执教过《整本书阅读的方法》，在这堂课上，初步让学生把握了阅读一本书的基础性准备，但准备都是为了阅读服务的，阅读书本的价值才是教学中的重点。

又如本学期九年级第一学期的期末课外读物为《简爱》和《儒林外史》，对于课外阅读的要求和评价标准到底应该是怎么样设置才是最为合适的？普通的检测手段是要求学生写读后感，这种方式确实可以考察学生的思考含量，但由于如今网上的信息渠道很多，学生的读后感质量未必真实。故而我可以考虑以“问题卡片”的形式来考察学生的阅读情况：1. 学生在阅读后自行形成几个问题，并附录问题的看法 2. 教师收集后，将答案保留，并将问题发送给班内其他同学 3. 班内同学用他人的问题进行思考回答。这种方式也会存在弊端，比如学生的问题设置会比较有层次和差距，但是这可以在前期语文课堂教学中加以引导，培养学生去提问有价值的问题。

(3) 利用作文教学培养学生的人文品质思维

培养学生的思维既有输入的过程，自然也要有输出的过程。那在所有的形式中，写作一定是最直接能够看出学生思维逻辑的方式。学生在吸收之后，可以以自己的语言形式来表达出他的思想和见解。

在记叙文的写作指导中，如《开在记忆深处的那朵花》，学生利用细微的小事来展现了一个很细腻的情感世界，这个时候老师可以更加注重情感的力量，将这种文字表达加深强化，从而让学生能够更加直接地体会到文字中的人文情怀。这种感知其实对学生而言是最为强烈的，因为是自己的作品，他们会更清楚他们所描写的情节背后的深沉。故而在记叙文的教学中，老师应该关注学生的人文需求，培养自我的审美情趣。

九年级的学生在学习了记叙文这个文体的写作之后，接触到了新的文体写作，那就是议论文。众所周知，议论文的写作更加要求学生能够清晰地表达出自己的观点和理由。那么在本学期中，我以《冲过风雨》和《碰撞》的写作教学为例，指导学生能够有更发散、更有品质的的高阶思维模式。

例1.《冲过风雨》中“冲过风雨对我来说是一次对未知的挑战，它给予我了勇气和信念。敢冲过磨难的人生其实才会是一段有味的旅程，它能让我们心朝着方向坚定不移地走下去。即使未来风雨兼程，也定会一蓑烟雨任平生。"围绕这三句话，其实背后是在关于论题"冲过风雨"的三个维度：(1)倾向(我的收获)(2)追求(人生价值)(3)超越(未来做法)。这堂写作课就是指导学生从哪些方面去思考，从而来形成观点。

例 2.《碰撞》的难点在于如何理解碰撞，因而首先围绕话题，形成思考：(一)对话题的认识：(1)定义(2)范围：外界、自身内心。(二)话题的意义：为什么要碰撞(碰撞伴随痛苦，为什么还要碰撞)(三)话题下的行动：懂得价值后，我会怎么做

以上是通过论题进行思考，当然也可以采取材料中思考的方式来进行挖掘深意，让学生一分为二地分析问题的能力得到锻炼，防止在议论中出现绝对、偏激的倾向，达到说理的思辨化；同时鼓励学生对周围的事发表看法，学生能够学会透过现象分析实质，从而实现思维的深刻性，议论就能切中要害。

二、结语

在党的十九大报告中，习近平总书记强调，"加强师德师风建设，培养高素质教师队伍，倡导全社会尊师重教"，指明了加强教师队伍建设的关键点。教师是教育内涵式发展的主要"践行者"，充分发挥教师领导力对我国教育改革和发展影响深远，教师领导力建设更是教育内涵式发展的重要路径。

同时，创新性学法的研究，其目的就在于从语文教学的实际出发，根据学生身心发展和语文学习的特点，关注学生个体差异和不同的学习要求，爱护学生的好奇心，求知欲，充分激发学生的主体意识和进取精神，最终全面提升学生能力。

故而，立足于语文教学的本质下，发挥教师的学习领导力，去培养学生的创造性思维是一个重要的教学模式，这也将会是一个互补的过程，让学生也成为拥有学习领导力的人，自主学习和更好地管理自身。

参考文献

[1] 赵迎.国家社科基金"十三五"规划 2016 年度教育学一般课题"高校青年教师领导力发展研究"[BIA160102]
[2] 王捷，汤继强.中国青年报.2015 年 05 月 04 日.02 版
[3] 曾毅，张树苗，郭利婷.指向语文核心素养的阅读教学问题设计研究.中小学教师培训.2019
[4] 周碧春等合著.国语文教学理论与应用.2008.06

(作者系上海市奉贤区青溪中学语文老师)

依托微课教学提升学生主动性学习的策略研究
——以初中英语六年级 Great Cities in Asia 为例

王 芸

摘要：微课教学是老师借助新媒体技术手段实施的一种微型课程的教学方式，具有学习时间短、教学目标明确，教学内容精炼等特点。疫情期间，学生在家收看由上海市教委统一录制的“空中课堂”，据学生反馈，离开课堂的环境与教师的指导，学生在线英语学习缺乏兴趣、缺乏主动与自主性。而微课教学正是提升学生主动性学习的有效途径。教师通过录制微课，在教学中合理运用微课资源帮助学生进行课前预习、课后复习巩固和拓展学习，从而提升学生主动学习的积极性。本文以初中英语六年级 Great Cities in Asia 为例，旨在论述用微课教学来提升学生主动性学习能力。

关键词：微课教学　主动性学习　学习领导力

一、问题的提出

2020 年是特殊的一年，“疫情就是命令”，在全国防控新型冠状病毒的大环境下，学校延迟开学。这对全国千万大中小学生来说无疑是刻不容缓，亟待解决的问题，于是，教育部开通各种学习平台，号召“停课不停学”，自 3 月 2 日网络在线教学开始，学生在家收看由上海市教委统一录制的“空中课堂”，每节课时长为 30 分钟左右，然后学生们登录线上教学平台和老师互动交流，而这宝贵的十几分钟也是整节课教学的重点和难点。根据教学反馈，发现学生离开课堂，离开教师的指导与监督后，在线英语学习缺乏兴趣、缺乏主动与自主性，而这几点恰恰是学生学习领导力关键的要素。英语学科有其特殊性，平时在学校里进行的“听说读写”环节，要浓缩在短短的十几分钟，显然难度极大，为了辅助学生对课文知识点的理解，突破在习题中可能会遇到的问题，在我区英语教研员的带领下，我参与了牛津英语 6B Unit One Great Cities in Asia 的知识点梳理与复习微课的录制。作为一线教师，我也在思考如何利用微课这种新型教学模式，提高学生主动性学习的质效。

二、微课教学的内涵与特点

随着科学技术的高速发展，教育教学活动与信息技术相结合的教学模式是如今教学改革，提高课堂质效的有效途径。微课教学是老师借助新媒体技术手段实施的一种微型课程的教学方式，具有学习时间短、教学目标明确，教学内容精炼，容量少；学生学习时间、地点不固定，观课方式方便等特点。在微课教学中，主要强调把学生作为教学过程中学习的主体和中心，对学生使用合理化的教学手段，同时微课教学的时间长短不一，能让学生自由选择学习时间、学习知识的传授速度较快。

三、微课教学提升学生主动性学习的作用

学生受教育的过程就是从接受走向发现的过程。学校教学应以接受学习为主，发现学习为辅，让学生吸收人类的文化，掌握人类通过漫长的实践积累起来的知识，是学校教学最重要的任务。在学生学习的过程中，再也不像原来那样只是知识的容器，而在学习过程中有自己的想法，能在学习上体现独立性与主动性的个体，从而拥有了新的角色：知识学习的探索者、合作学习的行动者与创新学习的主动者，而这些角色都需要学生对学习有足够的主动性。微课教学为提升学生主动性学习起到了重要的作用。

1. 翻转课堂，提升学生学习的积极性

微课在很大程度上取代了传统教学方式中黑板和粉笔，幻灯片和投影、录音机等教学工具，同时在这些基础上也增加了初中学生学习英语的方法和媒介，同时，老师也要根据新的教学模式重新定位自己在教学中的角色。在学校授课前将微课教学资源提供给学生，学生通过观看微课了解相关知识点与重难点，这种教学模式将学生作为英语学习的主体，大大提高了学生对英语学习的积极性与学习英语的兴趣。

2. 创设情境，激发学生学习的主动性

传统的英语教学主要是老师占主体地位，而学生只能依赖于老师进行学习。但是在微课教学的帮助下，英语教学转变成学生是学习的主要核心，老师只是学生在学习方面的帮助者和引导者。初中是英语学习的重要阶段，先进而优越的教学方法是提高学生英语学习效果的关键。微课的出现，为初中英语教学优化提供了一个新渠道，有助于促进教学改革。运用微课作为教学手段，制作与教学相关的情境微课资源，学生在观看的过程中结合自己已有的知识储备进一步探索未知领域，同时还可以根据自己的喜好或不足之处选择英语课程和英语老师，在情境中激发了学生学习的主动性与求知欲。

3. 创设资源，培养学生学习的自主性

对于英语学习而言，课前预习与复习是学习过程中非常重要的两个环节，对提高学生学习质效有至关重要的作用，每节课前的预习能帮助学生更好的预设与接收新课知识，学生在学校课堂中所学到的知识需要课后复习来沉淀与积累，在没有微课资源的情况下，学生只能通过听读、阅读文本来预习与复习，对于自制力差，学习较困难的学生而言效率低下，预习与复习环节几乎形同虚设。利用微课资源在课前进行预习，通过可视化的教学方式让学生了解教学内容，看老师的口型跟读单词与课文，观看相关教学资料可以提升学生预习效率；在课后复习中，观看微课的知识点整理与重点句型结构等讲解可以帮助学生查漏补缺，直达学习盲点。在微课的帮助下，学生的学习自主性可以大大提高，学生通过学习微课，独立预习与复习教学重难点，最终促进了主动性学习能力的提升，对课堂质效的提升也有了保障。

四、微课教学提升学生主动性学习的策略

微课教学不同于在课堂中与学生面对面的教学模式，微课是课堂教学过程的再现，也是教师在讲台上把教学过程进行展示，期间包括问题的提出、课堂活动的安排等都要再现，但是微课没有学生的直接参与，教师的提问和活动设计都要假设学生已经完成，然后将下一个环节进行展示。这对教师而言有很大的挑战，需要对学情分析到位，对教学重难点把握准确，在有限的时间内，把最关键与重要的内容呈现出来，为学生主动性学习提供辅助。

1. 运用微课补充背景文化知识，激发学习兴趣

学生的主动性学习离不开学习兴趣，英语学习又离不开文化背景知识的学习，文化背景知识影响学生英语的语言使用能力。在英语教学中，不仅要让学生掌握基础知识，还应加强有关文化背景知识的渗透，让学生更好地融入英语语境中。教师如果在课堂中介绍文化背景知识过长，则会挤压重点和难点教学环节的时间，如果只是只言片语介绍文化背景知识，时间过短学生对其了解的程度又不够，无法全面了解。对此，教师可以开发与背景文化知识相关的微课，运用翻转课堂的教育模式进行授课，在微课中插入纪录片、短视频，开启学生对英语文化、外国文化认知的大门，激发学生学习英语的兴趣，如在 6B Unit One Great Cities in Asia 单元教学前，我利用网络平台搜索了关于亚洲大城市的相关视频，做成一个视频集锦，作为预习作业发在家长的钉钉群中，请学生观看并思考对亚洲大城市的感受，以此让学生更直观地了解背景，帮助他们在课堂上更快地接受相关知识，投入到教学活动中，更让他们在课堂上有话可说，激活学生的思维，增加课堂的厚度。

2. 借助微课进行查漏补缺，突破学习重难点

为了给“空中课堂”的教学内容进行补充，让整个区域的学生能够最高效的掌握单元的重点，在设计复习课前，先对 6B Unit One 所有涉及到的知识点进行梳理，然后分为单词、词组和句式三个板块，根据一个单元 3 节复习微课的录制要求，每一节微课讲解 5～6 个知识点，每一个知识点配套 2～3 个练习题，练习题以词性转换、选择题、改句和翻译这四种常见的题型为主，选择的练习题有梯度、有关联性，让学生看完课程之后一下就能了解知识点的用法，在语言的使用和表达中基本掌握要领。

如在第一节复习微课中讲解两个城市不同位置的表达，在知识点的讲解中，用图示的方法为学生讲解了 A is in the east of B 表示 A 在 B 的东部(内部)；A is to the east of B 表示 A 在 B 的东部(外部不接壤)；A is on the east of B 表示 A 在 B 的东边(外部接壤)的区别，同时在接下来的两个练习中先让学生根据地图上六个城市的地理位置填写上海与其他五个城市的位置关系，然后再进行翻译练习和判断 T or F 练习，这三个练习的设计就是从简到难，符合学生认知和思维培养的过程，通过观看复习微课与完成小练习，学生在自主学习的过程中能发现自己存在的学习盲点，借用微课可以提升学生反思与突破重难点的能力。

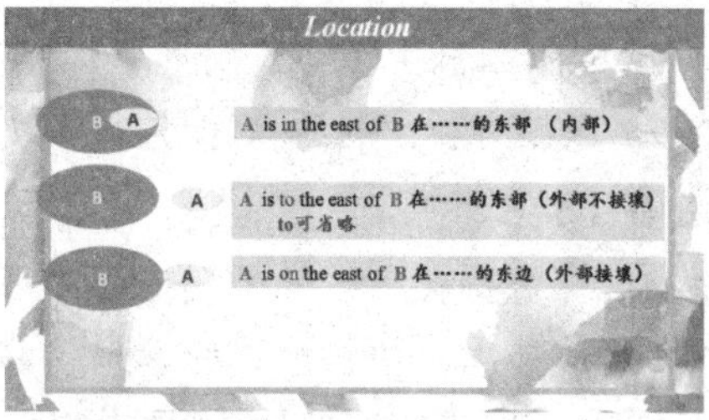

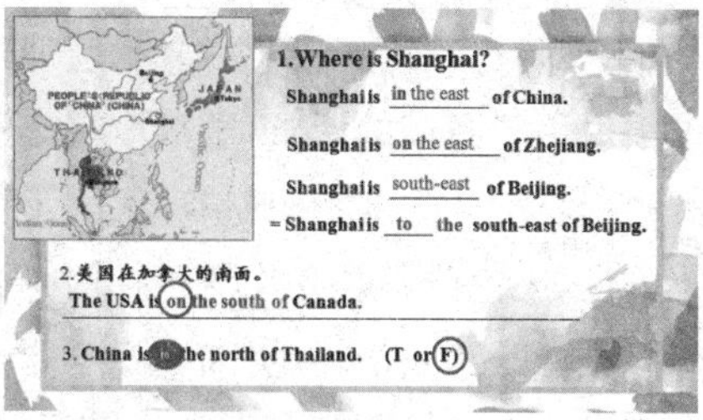

3. 利用微课开展课下学习,提升自主学习能力

在培养学生学习主动性学习能力的过程中,教师要摆正自己的位置。教师只是一个引导者、协助者的角色,适宜在背后作指导,从旁给学生出点子,为学生提供帮助。利用微课开展课下学习恰好体现了以教师指导为辅,学生自主学习与自我管理为主的学习领导力特点。教师可以组织学生利用课余时间学习微课,增加自己的知识储备,同时也可以增加学生学英语的兴趣,提高英语教学质量。教师可以通过总结和学生反馈课堂中存在的问题,以及学生想了解的知识制作成微课,发布到学习平台上供学生利用课余时间学习,这些微课的内容既可以涵盖课堂知识的突破,习题的讲解,也可以是拓展补充学习的内容,如在 6B Unit One Great Cities in Asia 的微课中系统的讲解了 other, others, the other, the others 以及 another 的用法,对于六年级的学生来说是难点,只要掌握 other 与 others 的用法就可以了,但是对于整个初中英语学习来说,这个知识点是重点,需要学生能辨识每个词的用法与能够具体运用,所以通过微课教学,让六年级的学生能全面了解此考点的含义与用法,并通过完成相应的习题加深印象,帮助学生克服难点,满足学生课后巩固与提高的要求。一个单元准备三到四节不同类型的微课,在不同的时间供学生学习,也可以作为教学资源让学生在双休日的时候自行下载巩固学习,如语音教学微课,听力训练微课、阅读讲解微课等。值得注意的是,因为视频资源的特性,学生如果某个知识点没有听懂,还可以反复观看,有利于提升学习的理解性与有效性。

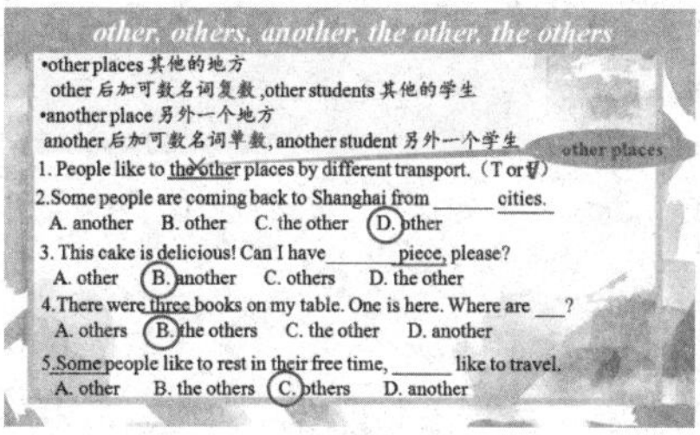

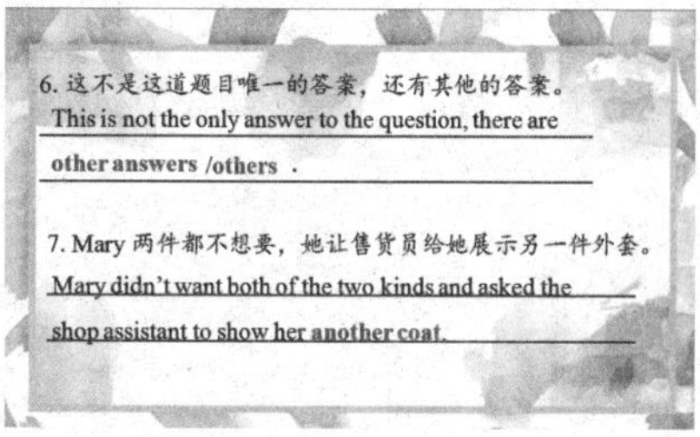

五、结语

随着"微时代"的到来,微课的应用也越来越广泛。教师要正视学生最迫切的需要,用最直接、最高效的教学方法辅助学生学习。运用微课进行英语辅助教学就是一种适合现

状、满足学生需求的学习方式。教师认真的教学态度结合精心准备的教学内容让学习更有温度,也用实际行动诠释着“立德树人”的使命。无论是“线上”还是“线下”教学,这样的教学模式都适用于我们的课堂,虽然没有华丽的外表、没有新颖的活动,但是却实实在在、踏踏实实地提高了学生的知识储备,巩固了英语语言学习难点。

由此可见,无论是不是在疫情防控时期,借助微课进行英语教学是现实需要,是提升学生主动性学习的有效途径,更加突出了学生为主导、能力本位的当代教学理念,兼顾了每个学生自身特点的发挥,让每个学生都可自主的掌控学习内容,为初中英语教学工作带来了新的动力。

参考文献

[1] 王凤琴.基于微课教育的英语教学模式探讨[J].英语广场.2020.4
[2] 黄晓容.例谈微课在高中英语阅读教学中的运用[J].英语教学.2015.4
[3] 汪长梅.浅谈微课在初中英语教学中的有效利用[J].课题研究.2020.6
[4] 王美,任友群.从教学设计走向学习环境设计:学习科学视角下的教学变革[J].上海教育.2013

(作者系上海市奉贤区青溪中学副教导)

初中化学个性化作业的实践研究

钟文涛

摘要:作业是我们教学中重要的一个环节,但是传统作业偏向应试教育,给学生知识点但是不能满足对技能,情感的要求。所以针对这个现象,作为常年的初三化学教师对个性化作业做了三方面探索:(1)增加家庭实验;(2)增加成果展示;(3)增加自我整理。通过这三个方面的尝试,帮助学生真正从技能上,情感上更亲近化学,提升学习的品质;也同时培养化学学科的核心素养,从而达到素质教育的目标,做到成为学习的探索者。

关键词:个性化作业　学习领导力　能动性　家庭化　作品化

一、现状分析

近年来,教育在不断地改革,不仅仅从考试的科目、分数进行更变,还对学生的综合素质提高了要求,学习不仅仅是知识的习得,更是一个过程性的经历。而对应的我们教师的教学也会随之而改变,从前年开始,上海市有了专门作业设计比赛,可以看出整个教育行业已经不单单是比拼教学能力,还要比拼教师们的综合能力。在教学五环节中,作业也起到了反馈学生学习程度的作用,可谓是非常重要的一环。而如何在作业设计中调动学生,培养学生学习的能力,也进一步进入人们的视野中。

二、提出问题

作业是我们教学中重要的一个环节，但是传统作业偏向应试教育，给学生知识点，但是不能满足对技能，情感的要求。针对上述背景和现状，本文提出了个性化作业，将家庭实验、作品展示、知识整理融入常态教学，它是区别于传统训练模式，利用其它的方式对学生进行考察，甚至提升学生学习能力和效率，使自身整体综合素质得到培养。

相对于传统作业体系，主要功能在于 1)巩固和延伸；2)培养和发展；3)反馈和交流。在这个框架下，作业确实满足了教师对学生的要求，但随着我们教育的目标的革新，我们要培养具有核心价值观的学生，让学生能够更主动地感受化学，喜欢上化学，这也是我们教师需要花心思去探索的，更是提升学生学习领导力的一个重要研究方向。

三、个性化作业实践

(一) 实验家庭化

化学的学习，最根本的还是以实验为载体，所有的理论推想都离不开实验的验证，但是现在的课堂上，大部分还是以教师演示实验为主，学生实验较少，而且部分实验比较难在学校开展，所以学生在实验操作和理论上都是有所欠缺的，反而实验是学生对化学最有兴趣的地方，可以说现在的化学教学，可能有点本末倒置。新的中考改革把实验操作也加入了总分，这不应该变成老师的负担，反而应该是个契机，我们可以重新让学生感受化学带来的魅力。它有几个非常重要的优点：

1) 有利于培养学生实验操作能力

学生在学校动手的机会比较少，主要还是基于理论知识的学习，没有培养出实际操作能力，也就没有最基础的化学功底。而引入家庭实验后，可以弥补这个缺陷，不仅增多了实验的机会，也可掌握最基础的实验技能，增强了学习化学的兴趣。为学生自主学习，自主探究找到一个切口，从而提升学生的动手、探究能力，对今后的实验学习打下基础。

2) 有利于与日常生活结合

很多学生虽然在学习化学，但感觉化学离自己很远，也只是为了考试而学习，这样的学习心态，固然不能大幅度影响成绩，但是也没有特别向上的主观能动性。而在平时的作业中，增加家庭实验，不需要很多时间，通过用最常见的药品，最普通的仪器，他们就能体会到实验的生活性和趣味性，有些实验也能帮助解决一些实际的生活问题，比如“醋酸除去水垢”、“自制灭火器”等等。帮助学生建构知识应用于生活的，服务于生活的思想，也更加能提高学生学习的主动性。

3) 有利于学生理解化学原理

学生在学习化学的初级阶段，感觉很多东西都要去背出来，不需要理解，但是这恰恰是学习化学最大的误区。实验和反应在改变，解决的问题就会不同，而学生要锻炼的不是记忆力，而是解决问题的能力，在家庭中开展实验，就可以帮助学生感受实验原理和现象，从选择药品到组装仪器，真正达到理解化学的目的。从根本上学会应用知识，解决问题。从知识性的学习提升到应用性，探究性的学习。

具体实施的过程，主要以教师给出实验方向，学生自己选择常见药品和仪器，完成实验，并拍摄视频和讲解上传给班级群，班级群内共享。

例：双氧水制氧气的实验，学生可以选择药店较低浓度的双氧水，催化剂的选择可以由教师给出常见物质如：猪肝，红砖粉，铁粉等，在常见的容器中进行反应，利用带火星的木条检验氧气的生成。实验完成后，也可以在课后补充后续实验，比如“探究双氧水浓度对氧气产生速率的影响”、“比较催化剂种类对产生氧气速率的影响”，这些设计思路都是需要一系列化学原理支撑的。可以让学生更主动地去思考化学问题。

（二）作业作品化

作业作为评价学生学业水平的依据，一般都是由老师批阅，留下了批阅的痕迹，学生一般不会保留或者收藏。但我们可以使得一些作业作品化，我们一直会看到美术教室或者班级布置里都会有学生留下的艺术作品，这些美丽的作品会一直保留下去，学生看到自己的作品也会很开心，那我们理科能否有这样的作品呢？当然可以，我们能在实验中完成物质的制备，可以在过程中制作模型，都是留下作品的方式。通过作品化的方式，提升学生对化学的喜爱。

（1）实验成果的展示

有些实验，我们关注的是过程，我们拍下录像，交流。但有些长时间的实验我们可以通过最后的作品来展示自己的成果，比如我们课内的“制作蓝宝石”，这需要静置比较长的时间，比较难通过拍摄的方式来展示，那我们可以通过最后硫酸铜晶体的大小，品相来进行展示，学生可以通过比较、分析、交流自己这次实验的心得。比如“叶脉书签”主要是通过碱性腐蚀作用的知识点，学生可以在相互展示中，感受到化学的趣味性，增加学生的主动性。这些作业也可以作为礼物，相互赠送，增加学生的友情。

（2）微观的模型展示

化学涉及到微粒的教学，个别学生很难从微观的角度来看物质，我们在课上就用微观模型来解释一些问题，不过学生没有自己动手感受过原子、分子，所以我们可以设计让学生自己制作原子分子，来体验化学在微观上的变化。在完成的作品中，挑选优秀的放在教室中展示，当然这个制作模型的过程，需要学生对分子微观结构非常了解，并具有一定的学科基础，再自己选择合适的材料进行制作，既培养了学生的空间想象能力又培养了动手实践的能力。过程中亲自体验微粒在化学中的变化，更能加深对化学变化本质的理解。

（三）知识整理化

化学学习中的自我整理非常重要，常见的自我整理比如错题集等也是一个非常有效地措施，错题集能解决自己犯过的错误，对于经常翻阅、整理错题的学生，自己的能力也一定是非常优秀的，但是错题偏向一个个零星的知识点的错误纠正，没有一个大的框架，而每门学科的知识框架建构是非常重要的，所以针对这个问题，我觉得可以有两个方向去开展。

（1）思维导图

思维导图这个概念的出现已经很长时间了，但是学生真正运用起来的却不多，老师一般会给学生整体自己的思路，让学生按照思路理解记忆。这样其实也是在局限学生的自我构建，所以我觉得在最后的复习阶段我们可以布置思维导图的个性化作业，让学生把各级的主题关系和相互有关的知识点串联起来，不管最后的图像如何，通过作图本身，就是一个全面，深入复习的过程。在整体梳理中，学生可以发现自己的问题，自己有指向性地主动解决这个困难。同时这样穿插着艺术性的作业，也会让学生更愿意去花时间思考和尝试。

（2）设计考卷

一般选择考卷的是老师，到初三的最后，都是各区的二模卷或者中考原卷，这些练习卷当然从质量上来说都是可以的，但是学生还是一种被动地做，被动地听讲，所以我们这样设计，可以给学生一个月的时间，在二模后（四月中旬到五月中旬），自己挑选试题出一张试卷，要求全部手写，不能有过多的修改痕迹，这个是因为后面我们可以挑选部分学生设计的试卷当做当堂训练，这样的试卷有几个好处：

1）学生自己设计试卷，会对试卷有个整体的分析和整理，对试卷上的知识点、分值、难度进行研究，这个过程是我们做试卷无法给予的。学生自身知识网络得到提升。

2）在制作完一份完整的试卷后，我们选择合适的几份做训练，被选中的学生会有种被信任的优越感，这也可以帮助他们增加学习化学的兴趣，后面的批阅和讲评，也可以让这个出卷“小老师”来主导。在情感上得到满足。

3）对教师而言，这种试卷是一个契机，可以看出学生对知识点的把握程度和对整个初三化学框架的理解，从题目的挑选上，感受学生可能存在的薄弱知识点。能准确找出常见的问题并解决。

四、问题和困惑

在实践过程中也存在很多问题，值得思考和再研究。比如对于学困生，个性化作业的实施难度和指导难度都增加了，学生完成效果不佳，存在敷衍了事的情况，这也是我们需要一系列尝试后，再总结和思考的。

五、小结和启发

综上所述，在初三化学的教学中，我们可以逐步增加个性化作业，让学生能够更加亲近化学，也更加强对化学核心素养的理解，增加对化学的兴趣，成为知识学习的探索者，合作学习的行动者，创新学习的主动者。学生在达成学习目标的同时又在锻炼能力，学会思考，学会梳理，也为今后的学习生活做好结实的铺垫，自发地成长为能解决复杂问题的优秀人才。

参考文献

[1] 张倩."家庭趣味实验"对初中化学教学的探究初探[J].课程教育研究.2018(51)
[2] 吴秋月.初中化学学生作业作品化探究[J].教育理论研究.2018(11)
[3] 魏凌云."家庭趣味实验"在初中化学教学中的应用[J].中国教师.2019(S1)

(作者系上海市奉贤区青溪中学化学老师)

促进学生学习主动性,提升学习领导力
——以运用初中历史课堂课前5分钟为例

孙 赟

摘要: 学习的主动性是课堂上的先进生产力。对于初中学生而言,历史是一门新鲜但有难度的学科,所以,历史教师若能在历史教学中通过各种途径激发学生学习历史的主动性,对提高历史教学的有效性、促进学生对历史知识的掌握和理解有着非常重要的作用。同时在新课改背景下,如何打造高效课堂成为众多教师、学者所研究的话题。本文将立足于当下学生学习现状和课改趋势,充分利用"课前五分钟"从学生、教师入手,围绕促进学生主动性学习以激发学习热情、提高历史学习能力。

关键词: 学习领导力 学习主动性 高效课堂

自上海初中历史教材采用部编教材以来,知识量的扩充使得如何打造更高效的课堂,在短暂的两年内实现教师教授、学生消化其他省份三年完成的内容成为初中历史教师重要的思考的方向。而对学生而言,提高学习主动性从而主动获取知识,并根据课改要求对知识更深层次的理解、掌握、运用成为教师和学生共同努力的方向。

一、主动性学习的重要性

(一) 以激发学生学习兴趣出发

弗洛伊德曾经说过:"人只记感兴趣的东西。"当学生对于历史这样一门陌生的学科产生兴趣,那么在后续的教授知识—获取知识的过程中所能达成的效果能在一定程度上得到初步保障。在课程标准中也要求教师引导学生自主学习,激发学生的学习兴趣和求知欲,使他们在学习中变被动为主动,变消极为积极。可见从激发学生学习兴趣出发,主动性学习十分重要。

（二）以中考改革需求出发

随着上海中考的改革，历史从一门合格考学科变成中考学科，相较于之前“死记硬背”基础知识就能拿到还不错的分数，如今对学生的理解能力、思辨能力等等历史核心素养都有了新的能力要求。从原本简单的掌握知识变成了阅读史料—提取信息—分析信息并与教材所学互相关联形成最后的答案。在大的论述题当中，综合评价历史事件成为大趋势，学生不能只是简单地“非黑即白”地评价历史人物或事件，而是要一分为二地辩证看待，这对其思维能力的分析有了新的要求。同时在中考改革背景之下，对学生的综合素养也有了新的培养目标。就历史这一学科而言，它不单纯只是从古至今简单的“故事”，而是与其他学科息息相关从而提高学生的综合素养，比如说史地结合、文史结合、史政结合等等，这对教师的教学有了新的要求之外对学生的学习能力也是新的挑战，如何拓展学生知识面、提高读图能力、历史事件思政性学习等都有了要求，有些仅靠教师课上的教授还远远不够，需要学生发挥学习主动性。所以，激发学生的主体意识，培养学生学习历史的兴趣，成为当前历史教师重要的任务。

二、当下初中学生历史学习主动性现状

从当下的现状来看，初中学生学习历史的过程中呈现出来的主动性问题大体分为几种：

1. 有兴趣但是懒得学

2. 有兴趣也愿意，但是由于七年级刚接触历史，且新课改后历史难度升级难以获得心仪的成绩继而慢慢丧失对历史学习的信心和兴趣

3. 没兴趣但是在家长、老师的督促下能够被动学习

4. 没兴趣也完全不想学

就年级来看，七年级学生身上普遍对历史的兴趣高于八年级的学生，但是八年级学生基础知识掌握方面也由于一年的积累和练习更加扎实。从学习动机、学习目标制定、自主学习实施这三个方面来看存在以下几个问题：

在学习动机方面，学生在历史课程学习过程中自主学习目标大部分较明确，在自主学习过程中对历史学科学习兴趣亦日渐浓厚，同时普遍认为融洽的师生关系对自主学习效果是有益的，但在自主学习主动性方面仍感欠缺。

在学习目标制定方面，大部分学生能根据自身的实际情况制定切合实际的学习目标，但仍有不少学生目标制定是为“家长老师所期望的”。

在自主学习的实施方面，除了在自主学习过程中能和其他同学合作解决问题情况稍好外，在学习过程中偏离制定的目标时能自觉调控、有较强的意志完成自我学习的全过程、在学习时能自主解决问题、课堂上的疑难问题课后能继续探究、个性化自主学习等问题上仍存在着严重的偏差，说明学生自主学习的意识、能力仍有欠缺，甚至有多数学生在自主学习过程中从来没有采用过任何策略，以致自主学习陷入毫无章法的误区，其结果必

然是机械学习、事倍功半。

三、初步的实践与探索

针对在日常教学中发现的学生学习主动性的问题，再结合当下的新课改和中考改革需求，我认为对于教师而言，提高课堂效益是非常关键的，在短暂的40分钟如何合理利用好每一分每一秒尤为关键。其中，一节课正式开始之前的5分钟我觉得尤为重要，在这五分钟里如何快速吸引学生注意力，激发学习兴趣从而提高学习主动性有如下探索与思考：

（一）采用灵活的教学形式，创造机会激发学生学习主动性培养领导能力

良好的开端是成功的一半，因此一节课的导入环节十分重要。把存在于过去的历史人物和史实，变成一幅幅生动鲜活的画面，来个有趣的开场白，就能激发学生学习历史的兴趣。在这学期的课程中我最多用的导入方式就是从学生有所了解的内容开始。比如在《中国境内的早期人类》这一课中我就以“你们认为人类是从哪里来的?”这样一个问题引起学生的思考，并为原始人类的演变进行铺垫。又比如说在《盛唐气象》这课中，我以学生看过的一些影视剧、文学作品入手，不仅拉近学生与新知识之间的距离，同时也回顾了影视剧、文学作品的证史价值和路径这一重要的知识点。在上近现代史的内容时也可以借用一些报纸、当下的纪录片等等作为一个导入吸引学生，激发学习兴趣。

同时，对一些简单和学生感兴趣的内容，可以让学生自己来讲，让学生成为课堂的主人，为学生提供“课前5分钟历史小舞台”及其他展示渠道和平台。学生为了把课讲好，就会主动阅读、查找、收集相关的历史资料，这种形式不仅仅能增强学生查找、挑选、分析资料的能力，更激发其参与的积极性，逐渐培养起学生的课堂领导能力，敢思考敢表达更敢传达自己对于历史事件、人物的想法与看法。这时，教师要突出学生的参与，不重结果重过程，学生越是积极参与，其思维就越积极，对历史就越感兴趣。在七年级上学期的教学过程中，在讲“淝水之战”的几个成语，比如“投鞭断流”、“风声鹤唳”等就鼓励学生做小老师，用PPT或者讲故事的方式讲解给大家。讲的学生会为了完成任务精心准备，听的学生也会感到新鲜，提高了听课的效率。而学生精心准备地小故事也为接下去35分钟的正式教学打下基础。

此外，要想方设法多开展丰富多彩的“历史小舞台”，充分利用好课前的5分钟。如，举办历史故事表演会、“我喜欢的历史题材数书籍、纪律片、影视剧推荐”等活动，丰富的历史课前活动，不仅能使学生的视野开阔，还能提高学生的实践能力及综合运用知识的能力，使他们学会运用学到的知识解决问题，以此来激发学生学习历史的积极性和主动性。

（二）利用单元知识概括，把握整章内容

在新的历史教材指导中明确提出要培养学生整体把握历史事件的能力，主要检测学生在新情景下运用知识、解决问题的能力而不是考察简单零散的知识点。就比如说在考察明朝的科技、文化时会要求学生要考虑到明朝当时的社会大背景，以一个整体视角看待

问题。那在这样的要求下，我在上学期的教学中有这样一个简单的实践，即利用课前5分钟全班朗读单元导言。

课前朗读这样的教学环节在语文、英语课堂中十分常见，但在历史课堂中只放在基础知识的复习整理课上，而对于单元导言这一块内容的利用率也不高。在多次的阅读和教研培训过程中，我发现单元导言在专家编写过程中是对整单元内容的一段高度概括和凝练，把整单元中看似独立的几节课用一条“线”串联在一起，如果学生能够在阅读过程中找出其中的逻辑关系，并把握单元的整体内容对之后的学习会轻松许多。在上学期魏晋南北朝这一单元的教授中，由于这一时期的时序复杂且事件重要，对教师的教授和学生的掌握都是个不小的挑战。那么，我就从单元导言中对于这一单元的整体描述：国家分裂与民族融合，从这两个关键词入手，将内容进行分类最后的教学成效比简单的按照课目教授提高许多，学生也能从史料分析题中较快地概括出与“国家分裂与民族融合”相关的知识点。

同时，课前5分钟的阅读也有助于学生尽快进入历史课堂状态，也能在阅读中形成问题，并带着问题进行主动学习。

（三）延伸课前5分钟，提高自身教学能力

对学生而言课前的5分钟可能是真正意义上的五分钟，而对教师自身而言，这5分钟可以延伸至50分钟甚至是500分钟，这其实就是要求教师常思考、常学习，提高自身的教学能力。

就历史学科本身而言，原本是很令人感兴趣的。学生们都说很喜欢历史，但不喜欢历史课，这是为什么呢？也许有些时候我们把本应该很生动的课堂变得枯燥无味了，让学生在课堂上昏昏欲睡。曾经有人做过这样的评价，在各个科目的任教上，历史老师最好当，因为他们认为，凡是认识汉字的人都能教历史。但这种教，就是照本宣科，这样就把原本生动的课堂变得枯燥了。一名能激发学生学习主动性的历史老师是不可能也不会被替代的。所以教师必须体现自己广博的知识面。恩格斯曾说过：我们只知道一门社会科学，那就是历史科学。我们也经常听说文史一家、史地一家、政史一家甚至还有史艺一家，这都是因为历史学涉及的方面实在很广，和很多学科都可以扯上关系。这就需要教师具有广博的知识面，而不是仅仅知道书本和考纲的内容。大到现今的时事政治，小到古代的小城镇，都应该有所知晓，未必要精通，但必要时可以与书本相联系，作为在课堂上吸引和激起学生兴趣的武器，不仅活跃了课堂内容，改变了枯燥的讲课，而且增添了教师自身的个人魅力，使学生愈发对历史课堂感兴趣。

记得有位著名的教育学家这样说过：“历史教学既要有严谨的科学性，又要有感人的艺术性。”历史教学中，学习主动性是学生学习入门的向导，是学生主动学习的内在动力，在历史教学中我们教师应通过多种途径激发学生学习主动性，拨动学生的情绪之弦，提高教学效果，并确保在大多数学生主动参与的前提下提高历史教学效果。同时巧妙利用好课前5分钟，丰富教学方式，拓宽学生收取知识的路径和视野，让他们从一节课的第一分钟起就进入历史的世界，以兴趣为导向发挥学习主动性实现历史学习的高效率。

参考文献

[1] 陈伯超.在初中历史教学中培养学生自主学习能力的意义及对策[J].知识窗(教师版).2017.12
[2] 张皓.浅谈如何调动学生学习历史的主动性和积极性[J].读与写·上旬刊,2013.8
[3] 马永录.培养初中生学习主动性的实验研究[D].兰州:西北师范大学.2004

(作者系上海市奉贤区青溪中学历史老师)

创"领导力"课堂　促主动性学习

周　丹

摘要: 随着对教师素质能力和专业水平要求的不断提高,教师领导力这一新概念也随之出现。这一概念的出现意味着教师角色的改变,教师不再只是知识的传播者和课堂的管理者而是领导者。正如管理学理论所认为的任何社会组织离不开有效的领导一样,课堂作为一种独特的社会互动也离不开有效的领导。教师自身所具备的专业知识、能力、品格和情感都成为重要的领导力,时刻影响着学生在课堂上的活动。本文将探索如何通过提升教师在课堂中的领导力促进学生的主动性学习。

关键词: 教师领导力　信息科技课堂教学　主动性学习

一、问题的提出

信息科技课堂虽然一直都颇受学生喜爱,但在几年来的教学中发现大部分学生的学习热情其实是欠缺的,学生在课堂中缺乏学习的主动性。尤其是自小学信息科技学习后时隔三年很多学生将基础知识都已抛之脑后,因此学生之间的基础水平差距很大。基础较差的学生在课堂中消极的态度就会特别明显,表现在上课走神、开小差、爱说话、课堂任务完成不了等,究其原因都是由于学习主动性不够。但是作为一名老师,如何调动学生的学习主动性呢?在课堂教学中,教师是学生面对最多、所受影响最深的,单纯的依靠奖励机制或是竞赛活动等等都已无法有效激发学生的热情,因此还是需要从根本上找出解决方法,也就是教师在课堂中的作用。课堂教学中目标的设置、任务的安排与达成等都离不开教师的领导,如何影响学生、激发兴趣、提高参与度、促进主动学习显然关键在于教师领导力的发挥。

二、基于课堂教学的教师领导力

教师领导力是教师通过自身的权力性要素(如教师的传统、职位和资历因素等)以及非权力性要素(如教师本身的知识、能力、品格和情感等)影响学校其他成员(校长、同事、学生等)实现共同目标的能力。在课堂教学中教师领导力是对学生实施领导的能力,通过教学设计与教学资源的使用引导学生完成教学目标，最终促使学生可持续发展。尽管教师领导力这一概念定义广泛，但就课堂教学而言主要是教师对于课堂教育教学的驾驭能力，体现在以自己独特的方式发挥自身积累的领导智慧。每个老师都有着不同的领导力，在课堂中往往教师的非权力性要素起着更为关键的作用。不仅仅是涉及专业与教学的知识，教师也需要与企业领导者一样具备沟通协调、管理组织、决断等能力。此外教师的个人魅力往往也会在很大程度上影响学生对于老师的态度，教师的品格诸如道德、品行、作风等，这些都体现在平时的一言一行中。教师起到的模范和示范作用也会让其具有更高的感召力和说服力。

可见基于课堂教学的教师领导力是在学生对教师信服、崇敬和亲近的基础上产生的一种吸引和凝聚，对学生产生的作用是广泛和持久的。教师的知识、能力、品格和情感等缺一不可，它们在课堂教学中共同发挥作用影响学生的全面发展。

三、教师课堂领导力表现与案例分析

中国科学院“科技领导力研究”课题组认为领导者必须具备如下领导力：前瞻力、感召力、影响力、决断力和控制力。其中感召力(对应于或来源于被领导者的能力，是吸引被领导者的能力)和影响力(影响被领导者和情境的能力)能够促进学生的主动性学习。那么教师该如何提升自身领导力，通过感召力和影响力吸引和影响那些对学习缺乏主动性的学生呢？根据已有研究中对教师领导力中感召力和影响力的定义，可以从以下三个方面尝试发挥教师领导力在课堂上对提高学生学习主动性的作用：

1. 营造教与学的氛围

首先教师可以通过创设课堂氛围传达教师的感召力。课堂中教师的感召力是最根本的领导力，而感召力很大部分源自于教师对学生的情感投入。在教学三维目标中第三维目标为情感态度价值观，可见情感在课堂中的重要性。但是如何将情感传递给学生呢？这就需要教师通过自身的领导力，也就是通过语言、表情、动作传递给学生，让学生体会到教师营造的课堂氛围。

在一次分享交流会中我得知了一位老师在课堂上的做法，让我对于课堂氛围的重要性有了更深的体会。这位老师在每节课的刚开始会利用一些有趣的小故事和案例来开启教学，在她分享的那节课的内容时就连我自己也忍不住笑出了声。那节课究竟怎样我并不清楚，但是长期创设的轻松幽默的课堂氛围让学生对这一学科和老师的喜爱却是我亲眼目睹的，总有学生充满激情地与这位老师沟通交流请教问题。可见这位老师通过自身领导力创设的课堂氛围在一定程度上提升了学生对这门学科的主动性。

教师领导力是教师所具备的专业素养以及非权力性要素如情感、能力、谈吐甚至是着装等相互作用后对学生的综合性影响力。课堂氛围看似源于教师的个人魅力，但其实是教师能够有目的性地创设的。除了提高个人的基本素养之外，教师可以通过设置课堂物理环境如音乐、教室墙面或黑板的装饰、各类合理的小道具等让学生意识到自己所处的氛围。还可以通过创设真实或吸引人的情境让学生通过课堂氛围产生代入感从而增强其学习主动性。不管是案例中老师事先准备的笑话和小故事还是老师在课堂中制定的各类活动或特定情境，每一位教师都可以通过各种媒介传达自己的态度和情感。

2. 创造体验成功的机会

“成功的欢乐是一种巨大的精神力量。要促进学生学习，请你无论如何不要让这种内在的力量消失，缺少这种力量，教育中任何巧妙措施都是无济于事的”，这种内在的力量正是由教师的领导力来唤醒的。成功所带来的激励是任何其他方式都无法达到的，每个学生哪怕是最讨厌学习的孩子在内心深处都渴望着成功带来的喜悦。要在短暂的40分钟以内让大部分学生体验成功并不是简单的一句口头表扬能达到的，这就需要教师具备的领导力去引导学生体验和感受。

不得不提到的是曾经教授班级里基础特别差的一名男生，不论是什么学科都提不起学习的兴趣。刚开始的课堂中也是发呆走神，根本无法完成任务。每当我走近他时，他就装作在认真思考的样子，几周后一次很偶然的机会在讲解完后我又一直指导到他完成任务为止，之后还将他的作业作为了展示作品之一。几次尝试后他虽然没有变成积极学习成绩优异的学生，但当我走进为他重新讲解示范后他会认真学习操作有时还会主动提问，并且在一年后的会考中比很多其他类似学生拿到了更好成绩。

这个案例中虽然有很多的做法还不够完善，但通过一些方式将我对他的关注、乐观的态度和赞赏传递给了这位学生，并且让他体验到了自己的成功。不同于单纯的口头表扬，我选择了作品展示的方式，让同学们客观的找出作品的优缺点。相信对于这位学生来说来自于同伴的认同远比教师一句赞赏要有用的多。正如夸美纽斯曾说过：“孩子们求学的欲望是由教师激发出来的，假如他们是温和的，是循循善诱的，不用粗鲁的办法使学生疏远他们，而用仁慈的感情与言语去吸引他们；假如他们和善地对待他们的学生，他们就容易得到学生的好感，学生就宁愿进学校而不愿停留在家里的。”教师的领导力这个案例中体现在发现学生的闪光点并利用自己的教师的角色引导学生们去发现这个闪光点，让案例中的这位同学体现和感受到了自己的成功之处。

3. 增强师与生的互动

“领导力是领导者创建的共同愿景和目标，选人用人、影响人、实现目标与愿景，给组织和成员带来回报的能力”，对于教师来说课堂教学目标就是师生的共同目标，而影响力作为教师领导力的核心时刻影响着学生学习的热情与主动性，是决定能否达成目标与愿景最重要的领导能力。影响力是影响学生实现学习目标的能力，也就是提高课堂中学生有效互动的能力。教师在课堂中的影响力能调动大部分学生的积极性和参与度，提高学生学习的主动性。然而根据相关调查，在课堂互动形式中教师为主的互动占据了85%以上，并且多以教师提问学生回答为主，课堂的师生互动效果不佳也无法激发学生的兴趣。如何提升课堂互动效果，使得教师能掌控学生的进度，师生的互动不流于形式？这就需要教师发挥自身的领导力促使学生深入合作，并能独立思考，主动性及创造性都充分发挥，真正在互动中获得价值和收获。

在信息科技课堂中，常常会遇到基础差距太大的问题并往往无法兼顾两者。在课堂中一旦进行到了操作环节就会有非常多的学生出现困难，我奔走于机房却还是无法解决所有学生的问题。时间一长课堂中那些缺乏主动性的学生变得更加逃避懈怠，同时也逐渐会有学生因为自己的问题无法得到解决导致任务进行不了而产生消极情绪，这无疑对学生的学习主动性造成了极大的负面影响。一次偶然的机会我让班级一名学生承担了一部分同学问题的解答，让我感到意外的是渐渐的会有不少同学开始主动求助于这位同学，很好的完成了任务。通过这次尝试我在新的一学年开始之初设立了小组和组长，在完成任务时小组内可以互相帮助解决问题，同时部分率先完成的同学作为助教可以帮助部分难以完成任务的同学。在这一过程中，作为老师的我似乎有种身处团队的错觉，自己与学生的互动也变得多样起来，不是局限于问答的形式而是更多地参与到小组的活动、与组长沟通任务的布置和反馈等。当然这种方式还是存在一定不足，比如怎样更好地激发学生的求知欲与主动性，是否能通过一些规则和评价的制定来规范这种课堂的互动方式等。但无疑在这个案例中，通过互动的方式解决了一些问题并提高了课堂的效率。提供帮助的同学在解决各种“疑难杂症”中提高了自身对于知识技能的认识和应用能力，同伴间的互动也使得一些不愿主动提出问题的同学积极地尝试寻求帮助，让求助者和提供帮助者都更主动地参与到课堂中。

教师在课堂教学中作为一名领导者，其实就是提出正确的目标，赢得认可，使学生在此基础上自愿成为追随者。而教师最主要的领导力也就体现在课堂的互动中，通过构建多样的互动形式增强互动效果从而形成核心影响力，使班级的每位学生都能发挥自己的能力、主动参与到教学活动中。

四、小结

随着对教育的重视与关注，教师的职能也在发生不断的变化。老师如何充分发挥课堂的作用，让课堂变得有效、生动，如何培养学生的能力激发主动性与创造性等等，要解决这些问题教师的领导力是必不可少的。基于课堂教学的教师领导力是学生因为教师的知识、能力、品格和情感等对教师产生的崇敬、信服和亲近感，并在此基础上形成的一种信服力、吸引力和凝聚力，它对学生产生的作用比一般教师更广泛、持久和有效。

教育是一项复杂的社会活动，与其他组织的领导者不同，对教师来说并没有一个可以永久使用的不变而有效的领导者模式，只有通过不断的学习、实践和反思才能成为课堂上真正的领导者。

参考文献

[1] 陈盼.国际视野下的中小学教师领导力开发[J].基础教育.2009(8)
[2] 郭凯.教师领导力：理解与启示[J].课程・教材・教法.2011(6)
[3] 贾成净.教师领导力与有效教学[J].中国教育技术装备.2010(18)
[4] 李款.蒋莹莹.浅析提升教师领导力[J].现代教育论丛.2009(3)

（作者系上海市奉贤区青溪中学信息技术老师）

第五章　家长学习领导力提升策略

第一节　家长的角色担当

家长在家庭教育中扮演着重要的角色，教育孩子是父母的法定责任。家长应努力创造适合孩子成长的必要条件和生活情境，提升自身素质和能力，积极发挥榜样的作用，增强自身在家庭教育中的领导力作用。

一、家长在家庭学习领导力中担当引领者的角色

在一个家庭中，家长作为孩子的重要领导者，在各方面都应以身作则给孩子起到榜样的作用。提供孩子健康良好的家庭学习环境，在孩子的成长过程中，家长有意识地引领孩子养成良好的生活和学习习惯及优秀的品格。

二、家长在家庭学习领导力中担当提升者的角色

家长有意识地进行学习，提升自己各方面的素养；不断更新家庭教育观念，在培养孩子的过程中用不断创新的方法应对孩子的各类问题；同时在家庭教育中不断提升自己的能力。

三、家长在家庭学习领导力中担当促进者的角色

家长做到主动参与，走进学校和课堂，了解学校、教师，了解教育的发展趋势，了解孩子的在校表现。与学校、教师一起促进孩子有效学习健康成长。这就需要家长成为家校合作中的促进者，通过利用自身的各类资源拓宽教育资源，丰富家校合作的活动形式。

第二节　家长提升学习领导力的关键知识

家长学习领导力是一种全新的培育孩子的理念，它在家长养育孩子的过程中起着关

键的作用，让孩子更好地成长。家长学习领导力主要在于三个方面：首先，给孩子创设一个良好的家庭学习环境，这里的环境有两个方面既有温馨的硬件布置也有整体和谐的家庭氛围；第二，家长教育孩子的过程也是自我学习提升的过程，自身也要通过各种途径进行育儿能力的加强；第三，家长还需与学校、社区进行良好的协作，致力于为孩子创设全方位的学习环境。

一、引领孩子成长

在引领孩子的成长过程中，家庭环境的氛围非常重要。它客观地存在于每个家庭之中，并且严重地影响着生理和心理都正在处于迅速发育和发展过程中的孩子。良好的家庭氛围能使孩子活泼开朗、积极向上。因此，建立和谐、愉快、整洁、有序、完好的家庭氛围是保证孩子健康成长的有利途径，这就需要家长发挥领导力的作用创设良好的家庭氛围。

二、提升自身能力

为了指导好孩子，家长光有知识还不够，还需要有各种能力。换句话说，家长的育儿过程也是一个成长的过程，需要通过各种途径不断提升各方面的能力以达到引领孩子更好成长的效果。

（一）不同阶段孩子的问题

家长要了解孩子，并非只满足知道孩子的温饱就行了。这种了解是远远不够的。要运用心理学、生理学、行为学的知识，去认真地观察孩子在不同年龄阶段的言行，了解他们心里想的是什么？需要的是什么？拿学习来说，要了解孩子有无学习兴趣？学习方法如何？学习习惯如何？如果学习成绩较好，要知道如何表扬和鼓励，使之保持和发扬如果学习成绩不佳，要知道造成的原因是什么。所有这些，都要求父母具有一定了解孩子的能力。

（二）家长情绪的掌控能力

在处理孩子问题的时候，家长的情绪显得尤为重要。家长需要掌控好自己的情绪，这也是一种能力。很多时候，情绪失控下，并不是处理问题的最佳时刻。孩子的问题并不是靠严厉训斥和打骂能解决得了的。家长自己能掌控良好的情绪于孩子的一生来说也是学习的榜样。

（三）家长学校培训课程

这里主要指家长需要参加社会各界举办的家长学校培训，这能促进家庭教育观念的更新；配合学校教育的实施；帮助家长掌握家庭教育的现代科学知识和方法让孩子能更好地适应社会；为子女的成长造就一个适宜的家庭教育环境。

三、促进协作交流

促进协作交流在这里更多地指家校合作，即家庭与学校以沟通为基础，相互配合、合力育人的一种教育形式。通过家校合作，提升家长的领导力，让孩子受到来自学校、家庭两方面的教育。这两方面的教育是相辅相成、各显特色的，其终极目的都是为了促使孩子更好地成长。家校合作对学生的健康成长、家长教育水平的提高以及学校教育环境的优化都具有重要的意义。

(一) 学校整体发展的理念和培养学生的目标

家长通过学校中“家长学校”的培训课程了解孩子就读学校的发展理念和学校对学生的培养目标，只有在了解清楚后才能更好地与学校共同携手进行教育与培养。

(二) 家校沟通合作的意义

家长要知晓家校合作的意义，有利于促进家庭和学校的教育目的达成一致。家校合作有利于形成教育内容的互补。家庭和学校的教育内容侧重点不一样，家校合作可以使双方的教育内容在一定程度上实现互补，保证学生接受全面发展的教育内容。家校合作有利于保证教育方法的科学化。家校之间通过密切合作、相互学习，能保证教育方法、教育措施的有效性和科学性，大大提高教育效率，并取得理想的教育成果。

(三) 校外资源的有效利用

教育是社会、学校和家庭三位一体的，在对学生实施教育的整个过程中，学校教育始终处于主导地位，然而家庭教育却起着关键的作用。引导家长挖掘自身潜在的教育资源，发挥家庭教育的优势；以及利用家长的资源对孩子进行有效教育，以达到全面教育的效果。

第三节　家长在以“学习为中心”的家校共育中的行动要点

一、家庭育人环境的布置方法

这里更多指家庭中的硬件布置，根据家庭的经济财力进行适当的有目的的布置——干净、舒适、温馨。比如有根据各自家庭特点，可以布置“阅读角”、“音乐角”、“自然角”……找到适合孩子成长或者孩子的兴趣点进行规划布置。

二、家庭育人的思想观念

家庭育人的思想观念从家长的文化素养、行为习惯、生活态度、思想境界以及性格气质等说起。家庭中的每一个人思想观念一致，能对孩子产生积极的影响，使其能在健康积极正面的氛围中成长。

三、家风家训的树立

家风，就是一个家庭或家族的传统风尚；家训是指对子孙立身处世、持家治业的教诲。也就是说一个家庭的生活方式、文化氛围即构成了家风。家风就是一个家庭的风气、风格。建议每个家庭树立或形成自己的家规、家训，让家庭的公众行为习惯构成家风，让孩子在家庭中感受到自家的家文化，并积极去传承。

（本章主要负责：顾佳红）

第四节　论文案例

做孩子的朋友
——家长学习领导力在我家的体现

唐明辉

孩子是祖国的未来、民族的希望；是每一个家长的牵挂、家庭的轴心；一个孩子可以成就一个家庭，千千万万个孩子将在不远的将来缔造中华民族的伟大复兴！

我是一名两个孩子的父亲，和其他家长一样，我也一直在学习，努力做一名优秀的家长，也希望自己的孩子能够有一天出类拔萃。我们是一个新上海人的家庭组合，两个孩子给我们的家庭带来了无数欢笑，也给我在工作之余能够有更好的放松体验。孩子在慢慢长大的过程中，我们也在学习如何更好地为人父母。非常幸运，我自己认为我和我的孩子们的相处还是非常和谐的。“做孩子的朋友”是我一直以来的亲子教育理念，与大家分享。

一、家长学习领导力之和孩子用心沟通

做孩子的朋友，就让孩子真心地主动成为你的朋友。那么我们就需要走进孩子的世界里，良好地沟通、真心地陪伴就变得尤为重要。

（一）打开孩子心扉—完美破冰

老大在刚进小学那年，老二也来到我们家庭中，改变了我们三口之家的格局。起初我们没有发现老大有什么变化，直到三年级时候我们发现他开始对于一些事情越来越敏感，学习上有厌学情绪，生活上也开始有点反抗，直到有一天孩子爆发了，在我和他妈妈面前嚎啕大哭，非常伤心，甚至咆哮着责怪我们对于他的关注越来越少、认为我对他的要求太高了，他无法达到。那天，我和爱人也哭了，我们和孩子谈了很久，安抚他、开导他；爱人也感到非常委屈和难过，晚上一直抱着孩子，没有松手，整晚没有入睡。虽然事发当天孩子口头上说理解我们、心里也释怀了；我知道其实没有那么简单，这件事情对于我触动很大，因为我个人工作非常忙，所以和孩子的深入沟通很少，从这件事情以后，我开始改变。

每天早上和晚上我亲自接送孩子，保证每天有半个小时以上的车上聊天，改变了自己和孩子的沟通方式和语气。起初，孩子因为惧怕我仍然不愿意说话，更不愿意分享学校的事情，我就和孩子讲述我在公司一些有趣的事情，希望有更多的话题来一起聊天。在周末的时候把孩子带到公司去看工厂的自动化设备的加工过程，来博得他对于我的好感，也让孩子更多的了解我的工作环境以及父母工作的辛劳。

慢慢的，孩子开始和我分享学校里的事情，包括老师对于他的每一次表扬，每一次考试测试之后感受，以及每天在学校里一些闲情趣事。我们对于孩子的改变小有成效了，和孩子真正的交心，走进他的世界，这次的破冰之旅给了我非同一般的体验。

（二）给予孩子信心——自我升华

四年级那年的冬天，有一天，老大非常正式地和我说，“爸爸，我不想练武术了。”问他为什么，他说“因为武术不能加分，而且我练了这么久，一直没有得到很好的比赛成绩，有时候同学们在自习的时间，而我在训练，对于学习影响很大。”

听了孩子的话语，说实话一开始我不能理解：老大是校武术队、也是区武术队的头牌明星，我想可能时间因素影响学习一定是有的，孩子也担心自己的学习成绩下降？或许是孩子在逃避一些事情？但慢慢地我冷静下来我开始理解孩子的想法——他毕竟年龄很小，一天学习下来，同学们回家了，他还要练武两个小时，回家写作业时间变少，身体也很累，其实作为家长我们也很心疼。但是已经坚持了四年，不正是要出成绩的时候吗？何况我们也不能轻易地放弃一件事情。

我整理了我的思绪，斟酌如何和孩子交流。我没有责怪他，我非常清楚，这个时候，我需要给他信心、相信他、鼓励他、支持他自己的决定。我告诉他，人的一生会有很多选择，有时候要学会放弃，有时候我们要学会挑战自己、克服困难。我分享了我的经历，告诉他我和他妈妈来上海之初是如何打拼，而后又如何立足的艰辛的生活经历。我也相信他能够通过自己的努力，做到学习和武术两不误，当然无论他做什么决定我都支持他。孩子似乎纠结了两天，放学后有时候会静坐写字桌旁发呆。“爸爸，我要坚持武术，我应该可以，我不仅要练，还要练出一点成绩来！”最后的回复给我很大的信心，他那坚定的目光似乎传达给我是抱歉、是不甘心、是对胜利的期盼！

而后，其他同学在周末休息娱乐、寒暑假外出游玩的时候，他一直在坚持自己枯燥的武术套路训练，每一次的倒地、背摔，每一次的挥汗如雨，我在给予鼓励的时候也真有点心疼。功夫不负有心人，在次年的上海中小学生武术锦标赛上，老大获得了小学生组别的刀术冠军！掌声、奖杯、荣誉，一切都是那么的来之不易。也正因为这次最高的荣誉，孩子的自信心完全回来了，整个人蜕变了，俨然变成了一个自信、开朗、正能量的追风少年！

（三）协同老师沟通——家校联合

孩子在成长过程中一直在转变着角色，也在适应着新的学校、老师和同学。老大进入青溪中学之初信心满满，开始两周每天回到家和我分享学校的一些事情。开始我们感觉孩子应该适应的非常好。到了第四周开始，我发现他对于作业有点开小差，而且作业完全不在状态，甚至做作业的时候有点狂躁。六年级的第一次月考成绩出来了，他的语文竟然已经在倒数了。我也第一次因为孩子学习问题接到了任课老师的电话。陈老师和我描述，刚开始几周学习非常积极，表现是不错的，而且这次的月考试卷很多内容是课堂上反复讲到过的，按照老师对于他的了解和课堂表现不应该是这个结果的。

我和孩子开始了一个新的话题的交流，是否他在新学校上面适应有点问题，果不其然，他的思想上出了问题。在一个新的班级里面，他没有小学的同学一起进初中，可能其他同学很多是一个小学一起上来的，有的抱团聊天；同时因为前期开学之初，学校很多活动的才艺方面表现有些突出，有很多同学在他背后聚集议论他的来历以及其他信息。他感觉非常不舒服，而且不知道如何和对方沟通，何况是新同学，也还不认识。我想症结就在这里了。

我把这个问题也反馈给到陈老师，同时也告诉了陈老师我和孩子制定了一个国庆计划，利用国庆的时间对于前面的课程进行复习巩固，争取在期中考试能够拉回来。陈老师在后面的教学过程中也给了老大特别的关注，也和他在课后时间对于新环境的适应问题单独进行了沟通。孩子回家后很开心，说自己一下子轻松了，老师单独找我聊天了，那个表情像考试得了满分似的。

通过这次我和老师一起对于孩子的沟通以及查漏补缺，在期中考试的时候老大发挥了自己的水平，也得到了陈老师的表扬。孩子也在这段时间内，非常好地融入青溪大家庭。

二、家长学习领导力之在孩子面前“示弱”

做孩子的朋友，需要做孩子的榜样；做孩子的朋友，就要相信孩子的强大，家长也要在孩子面前学会示弱。

孩子的内心是很强大的，虽然年幼，但是他们的想法不是我们能掌控的，所以作为家长我们需要逐渐试探孩子的人生观、价值观、以及对待各种事态的看法。有时候我们会讨论时事政治、国家层面的一些政策，他的想法往往会超出我们自己的想象。这些学习、家庭之外的一些沟通更能看到孩子自己的价值观。

2019年暑假，公司有一个数千万的项目竞标失败了，回家后孩子发现我非常不开心的表情，主动邀请我一起散步聊天。我和孩子讲述了我的团队整个项目的竞标过程；我们自认为是志在必得的，最终我们失败了。孩子竟然很平静，也非常客观的帮我分析，反而安慰我，"你不是一直告诉我，努力付出是成功的基础，但是不一定所有的努力都能成功的。既然你已经尽力了，我们就问心无悔了，凡事都不一定是我们主观上能决定的！"忽然一下，我发现孩子的思想变得非常成熟了，六年级的孩子讲出来的话已经非常的成人了。因为一个案件失败后的父子交流让我更加清楚看清了孩子的成长。所以，有时候我们在孩子面前不能只有坚强、坚持；偶尔也需要脆弱、软弱，孩子是能够提供一个伟岸的臂膀让我们依靠的，只是我们一直不相信他们可以，其实他们可以！

三、家长学习领导力之做孩子的"影子"

俗话说："近朱者赤，近墨者黑"。家长是孩子的一面镜子；家长的很多行为直接影响着孩子的行为。工作之外回到家里的主要矛盾其实就是教育矛盾，所以把工作和教育做到分开而又能统一就是一个很好的办法。分开就是不把工作情绪带回家，做到统一就是可以把工作带回家。时常把工作带回家，孩子做作业的时候，我在继续工作，大家能够相互鼓劲、相互打气；这样也更能拉近和孩子的距离；孩子也能体量到父母工作的辛苦。我想一个努力工作的父母也一定给到孩子一个努力的榜样！

做孩子的朋友，我们需要和孩子一起做一个正直的人、懂得感恩的人。《战国策》中说：父母之爱子，则为之计深远。那么如何做到计深远呢？父母需要把做人最根本、最重要的东西，尽早地教给他们。我一直教育孩子三点：珍惜生命、懂得感恩、学会奋斗，这些是为人的基本素养、做人的基本原则。我想很多家长都在描绘着自己孩子未来的模样，往往忘了他们最初的模样，所以孩子的基本素养将打底他的未来的精彩人生。

做孩子的朋友，我太难了。因为孩子一天天在长大，我们一天天在变老，我们在努力工作奋斗的时候，也要与时俱进地和孩子一起接受他们的世界。当然，享受和孩子一起成长的过程本来就是做父母的一种责任和义务；也是作为家长们的人生之趣事。我想，应该在往后余生的某一天，孩子对着年迈的我们说"和父母做朋友"！

做孩子的朋友，做真正的朋友，非常难；但是我将继续坚持，努力走进孩子的内心世界，观望他们的变化，守护他们，做他们人生演绎的观众；我们陪孩子长大，孩子陪我们变老！

（作者系上海市奉贤区青溪中学唐靖尧学生家长）

谈谈家长领导力在我家育儿中的作用
——从孩子成长的一二件事说起

方丹华

每一个孩子都是父母的天使，因为天使一出生都伴随着父母最美好的期许，孩子都会是父母一辈子最大的牵挂。当然天使的成长之路也会有各种各样的问题，父母也需要在孩子的成长中一起探寻解决之道。多年与孩子的陪伴也让我们从懵懂无知中学会如何与孩子相处，了解孩子需要什么，知道他现在青春期了该怎样和他成为朋友，孩子叛逆期时该怎么与他有共情沟通。以下是我们与孩子一起近期经历的成长过程事例一二件。

我家孩子正好本学期转学到新学校，新学期面对新老师、新同学，孩子与原本相处交好的同学和老师分离，总会有诸多不舍，原来班级的班主任非常贴心，在学期末最后一次修业式返校期间将孩子与最好小伙伴合影留念下来，孩子看到这张珍贵的照片也是抑制不住地嘴角上扬。一直以为这孩子原本是个心大的人，也许这也是他在慢慢成长了，孩子已然到了青春期，心思也开始细腻起来了。也由于今年的新冠疫情关系，他与新同学都是在家上课，他有时会困惑于老师讲课节奏，有时会困惑于老师对于作业要求。按照之前小学阶段我都是让他自己解决问题，但是在家学习的限制，他可能还无法很顺畅的与新同学和新老师请教，做作业时会明显有一些急躁情绪。本着就事论事的原则，他提出对于各科新老师作业要求不够清楚的问题，需要我们怎样的协助。我们家长也不能全部包办，但我们必须发挥家长的协助力，能促进他更好的融入新集体中，于是请教了各科老师，老师们建议在钉钉软件提交作业有一项非常好的功能是老师评选的优秀作业，可以让孩子自己理解老师对作业要求的完美诠释。可也需要和孩子约定欣赏优秀作业，坚决不能抄袭他人作业，为人处事首先要诚实守信。渐渐的，孩子对于老师的作业要求越来越清晰明，这不仅是他自己的成长，也是我们家长和孩子共同的成长，因此孩子成长的每一步都不可或缺父母的关爱和指引。

在解决了孩子的作业问题后，第一周班会如约而至，孩子发现还有个人积分的红蓝榜排名呢。班会结束后立马兴冲冲地跑过来说："我要多争取拿到个人积分，红榜同学有老师的特别奖励，简直太棒啦！"我问他："那知道怎样才能多拿个人积分吗？我们需要了解'游戏'规则，对不对？"这下貌似有点难住了孩子，因为转学关系，他还不太清楚这些规则。我朝孩子爸爸眨了眨眼，爸爸立马心领神会般与他探讨一番，根据班主任老师的积分榜排名文件，孩子自己去发现积分的规则和需要自己注意的小细节。接着第二周和第三周的积分排名陆续公布，有些可惜还没能进入到红榜名单，怎么来开导孩子些许的失落情绪呢？我们会和大部分父母一样先去分析原因，哪些没做好呢？其中有一项是提供老师孩子在家的两张照片，需要家长在每晚 7：00 前发给老师。但有两次是我的问题没能准时提供，孩子没有过多抱怨，但我还是需要和他道歉，因为虽然不是每一个错误都会被原谅，但是我们家长也要有承认错误的勇气。不管任何时候我都希望我的孩子能和我们一样要有勇于承认错误的勇气，也要有勇于承担责任的担当。终于在孩子不断努力下，第四周的红榜名单公布时有了他的名字，这一刻他是欢心鼓舞的，也使他更积极地与新班级融入在一起。我想这也是家长领导力的一次体现，我们进行规则的分析，并引导孩子遵循规则以取得成绩。

对于孩子的兴趣，家长领导促进于开明支持的立场。在他五年级时提出要学习编程，作为80后的家长，之前都没有接触过这些，该怎么给他选培训机构呢？不能直接说因为我们不懂而随意给他报名课外机构吧。我们也开始上网查资料，与其他家长沟通了解，紧锣密鼓一周后让他如愿开启了编程之旅。为了不让孩子只有三分钟热度，我们会更多关注和搜集这方面信息，刚开始如果有难度低一些的比赛也会让他多去尝试。现在他已经开始自己写一些简单的代码，做一些小游戏请我们和他的小伙伴试玩，家里所有和智能产品有关联的设置都会请孩子来帮助调试。每一步的陪伴都希望他不会半途而废，希望他能持之以恒。

在这段特殊的疫情上网课期间，不管是老师还是父母都付出了比平时更多的时间和精力，常常听到老师半夜批完作业的钉钉声，父母在家与孩子的嘱咐声。若干年前听过这样一句话：每一个孩子都有自己的花期，他需要父母的关爱和呵护！我们想这样守护着他，在他不知前路时给他指引；在他赶路时给他支持；在他疲倦时给他港湾；在他取得胜利时默默欣喜。自誉为护花者，也让我们静待属于孩子的美好花期！

（作者系上海市奉贤区青溪中学万柯辰学生家长）

“青春期”和“更年期”的碰撞
——浅谈如何用家长领导力化解矛盾

季 霞

曾在朋友圈自嘲现在的状态：少儿调皮期、青春叛逆期和步入更年期的碰撞。小俞看到这一动态圈后很认真地跟我说：“妈妈，你还年轻，真的，我觉得你特别年轻！”这就是我那个已经13岁的小伙子，不知不觉已经长大成人让人又恨又爱的小伙子！

发展心理学里曾经提到过，由于心理发展的矛盾和易出现的偏差，少年期会出现的心理矛盾现象有：

1. 心理上的成人感与半成熟现状之间的矛盾；
2. 心理断乳与希望在精神上得到父母的支持和保护的矛盾；
3. 心理闭锁性与需要理解、交流的矛盾；

4. 要求独立自主与依赖之间的矛盾；

5. 自以为是与常常出现自卑感之间的矛盾等。

而作为家长来说，我们也要随着孩子的成长，不断地更新家庭教育观念，提升自身的能力，从而用不断创新的方法来应对孩子不同时期的各类问题。

一、家长是孩子最坚实的依靠

在我还把他当作一个小孩子时，在我认为"顺其自然，静待花开"时，总之在我还没有做好任何准备时，他已经表现出异常，首先表现出来的是沉默。他再也不像之前幼儿园小学时候回来那样需要我的"陪伴"，每天叽叽喳喳地告诉我他认为开心的事情、不可思议的事情，和我探讨某个同学的行为是否正确，告诉我他受到老师批评了，他如何不高兴了……他变得不爱说话了，回到家之后就钻进房间，平时能跟他聊上话的竟然是小他六岁的弟弟。一开始的我并没有在意，觉得这是成长中的孩子正常的现象，并且还一直打趣他说装酷，直到我越来越多地时候发现他每每在对某个话题很感兴趣想要发表意见时，突然会打住，嘴里嘟囔着一句："算了，说了你也不信。"

青春期的孩子要完成心理上的断奶，需要更多靠近同伴，远离父母，甚至以叛逆来获得独立自我的认同，这是很重要的心理发展过程，同时又需要权威在自己有困难的时候给予适时的充分尊重自己独立性的帮助和指导，对青春期孩子这种矛盾处境的理解，是良好沟通的起点。

我开始反思：在家庭中，我们的"陪伴"是提供"依靠"的，我们一定要成为孩子的依靠，特别的是心理上的。而我曾多少次破坏了这种"陪伴"规则：在车上，我絮絮叨叨地只问他每天的学习情况，而从未过问过他换了一个新的环境有没有适应；曾多次，我粗暴地打断他的眉飞色舞的描述，催促他赶紧去做作业；又有多少次，在他做错事后，我发挥我职业特色理直气壮地把他批评一通，"逼"他承认错误……

想想以前他小的时候，为什么喜欢跟我分享呢？他告诉我今天高兴的事情，我们会一遍一遍回忆，一遍一遍狂笑；他告诉我今天因为什么哭了，没有什么开心的事情，我也装得不以为然，告诉他很正常啊，生活中的不如意太正常了，每个人都是这样的，我们要关注以后发生同样的事情我们怎么更好地解决才是最重要的，我们会把哭了的事情再演一遍，看看怎么做最好，虽然当时有点难过，但我想他会学到东西。而随着年龄的增长，我把所有的关注点都集中到了他的学业上，再加上人到中年，增添了更多的生活琐事，人也比年轻时少了几份耐心。每每有学生犯错的，我立马会想如果小俞也这样我该怎么办啊，想得多了，我就变得急躁易怒，其实现在想想，杞人忧天不正折射在我的身上吗！

二、家长应掌握沟通的技巧

所以陪伴过程中，沟通是必不可少的，而随着年龄的增长，光有耐心是不够的，还得掌握技巧，该装糊涂的时候装糊涂，该商量的时候商量，该严格要求的时候严格要求。记得从初中开始，小俞再也不肯在家用理发器理头发了，一直给他理发的爸爸很失落也很生气，觉得小小年纪就开始挑剔，并且开始留心自己的打扮，这背后肯定有一定的问题，容易分心，我也立马认为现在正是青春发育期，过度关注这些肯定是有害无益的，于是我和爸爸站在同一战线。当理发器在头上划过时，在旁边帮忙的我看到了小家伙满脸的委屈和不甘，突然觉得自己是不是错了，晚上躺在床上，静静地想了一想，对他爸爸说："下次让他自己去一次理发店吧，看看他要求理成怎样的发型。"过了一段时间，带着长长头发的小俞来到了理发店，听着他对理发师的要求，突然心里就踏实了：不要太短不要太长，两边不要剃光，我还是个学生。

是啊，不理怪发，不留奇特发型，这无伤大雅，没有触碰底线，没有违背原则，为什么一定要与孩子争个对错呢，这还是家长独权心理在作祟罢了。大人有大人的思维，我们在望子成龙的心理下，容易揠苗助长，总是容易忘记了，孩子有自己的眼，自己的手，自己的心，孩子已经长大了，长成年轻小伙子了，他在我们的搀扶下已经慢慢长大，已经开始探索他们自己的世界，他在我们"陪伴"的"依靠"中已经产生了安全感、自信，最终自然地离开这样的"依靠"和"陪伴"。

三、家长的现身说法达到事半功倍

孩子进入青春期后，他身为一个独立人的愿望强烈，总觉得自己什么都可以做，什么都可以做好。而吃过很多亏，也看透很多事儿的家长，从经验出发，很想把自己人生的经验和教训统统告诉孩子，一旦孩子没有按照家长既定的方向走，家长就会担心会害怕。其实我一直认为，孩子的成长，不是来自于父母的说教的，最主要的恰恰是来自自身的经历和感悟，以及由此带来的行动和改变，我所愿做的是当一个麦田的守望者。

这段时间应该是每一个家长难熬的时光，在家的网课急坏了老师和逼疯了家长，我家同样如此，通过我和小俞的相互观望和探试，我们已经了解了各自的情况和掌握了各自的规律，他从开始的下课十分钟和同学聊天、逛网页慢慢渗透到中午休息时间，再渐渐地在我开始网课时偷摸打游戏、看小说，后来我越发觉得他不对了，在一些劳技课、体育课时他也开始偷偷看小说，还向同学炫耀、拉同学下水，依照我之前的性子，我肯定会暴跳如雷，把他劈头盖脸大骂一通，而现在的我已经跟他斗智斗勇许久，碰撞出一定的火花了。我不动声色，在吃晚饭的时候，跟他聊起了我的初中生活，在那金庸古龙盛行的年代，在那租赁小说流行的年代，我是如何挑灯夜战每天晚上一套武侠小说的。他未觉察到我的意图，满脸羡慕地问我："你这样，外婆不管你的么？""外婆只有小学三年级的水平，哪里知道妈妈在看的什么书啊！""那你没有作业的么？""妈妈那时是班长，班长只负责批改别人的作业而没人检查班长的作业的。""真的太开心啦！""是啊，当时的妈妈也是这样想的！但是后来这事情被同学告发了，妈妈被撤职了，而且后来妈妈只考进了一个普通高中。现在想想，真是不值得啊！所以啊，妈妈讲这个故事是要告诉你，别人走过的弯路可以借鉴，能不走的尽量不要走，当然，路是要自己走出来的，自己必须要有判断力！"

接下去的几天，小俞好像觉察到了什么，收敛了很多，但是爱玩是孩子的天性，那天我突然推门进去，他的屏幕正停留在游戏界面，他怔住了，满脸的惊恐，因为当时的课已上一半，我索性合上电脑，坐在他旁边，跟他开始了心平气和的对话，从网课的效率聊到了自律，不过我们的对话没有高深的说教，只是在进行探讨。最终的结果，我们进行了约法三章，而小俞明白的，有了约定那肯定是按照约定来的，没有讨价还价，这也是我们的家规。当然，之后的学习中还会有摩擦，我想，这样的一种平和的方式也是青春期和更年期碰撞的一种完美的姿势！

对刚刚进入青春期的青少年进行教育，是一个需要不断对话的过程，需要不断地调整与孩子沟通的方式，进行坦率的沟通。青少年真正需要的是一个朋友似的领导者，是一个在他们需要帮助时，能够立即伸出双手援助的人。而对于所有父母来说，看着自己的儿女慢慢地成长，并且渐渐地了解他们自己，学会自己解决难题，这就是最大的安慰。

最后，摘录一段共勉："你不必复制父母的人生，但你值得用自己的汗水，浇灌出一块不一样的麦田。""不用自己的经历评判他，让他在自己的探索里，拥抱真实的体验。"

（作者系上海市奉贤区青溪中学俞乐天学生家长）

家庭教育，从自我提升开始

张　伟

"养不教，父之过"，家庭是孩子人生的第一课堂，父母是孩子最早的老师，事实上也是孩子最好的老师。不仅因为言传身教，日夜厮守影响，也因为心脉相通，心灵相印。而当我们只将孩子的教育当作是学校和老师的事情之后，孩子便失去了最好的教育。更多的时候，我们的孩子需要的是父母的教育。谈到家庭教育，它不是一种技术，既不能实验也不能模仿。家庭教育是一门艺术，它是需要通过学习去寻找适合自己孩子的教育手段和方法。在家庭教育孩子的路上，我一直都在学习。通过学习来提升自己各方面的素养，不断更新家庭教育观念；通过学习来提升自己的综合能力，不断创新教育方法。在这条路上与孩子共同进步。

一、言传身教，蒙以养正

"蒙以养正，圣功也"，在孩子小的时候，就要培养她正直无邪、浩然正气的品质。使她从小充满正能量，且懂得孝顺、感恩、友善待人，那么她的世界里便处处都是爱。关于启蒙养正，作为家长也不要轻视细枝末节，也不要急于求成。还是要忠实于伦理、落实于行动。在言传身教的过程中，我通常都是提高自己自身的修养，从而去影响和引导孩子。

从小我就教导我女儿要孝顺、善良不欺人、心胸要宽广。在老家和她爷爷奶奶生活在一起的时候，我有个习惯，就是在吃饭的时候父母不上桌，我是不动碗筷的。有一次她就问我了:"爸爸,为什么爷爷奶奶不来,我们不可以吃饭?"我当时笑着回答她说:"当然可以啊,不过爸爸想等爷爷奶奶过来,大家一起吃饭岂不是更热闹?他们是长辈,我们也要尊敬他们啊"打那次以后,我女儿每到吃饭的时候,她总是先高高兴兴地把碗筷摆好,然后坐在那里兴奋地说:"等等爷爷奶奶、爸爸妈妈来了就可以开饭喽"。现在我们一家三口到了上海,我们一家在吃饭的时候,我女儿仍然保持着我和她妈妈不到齐,她不先吃饭。还有,在家我偶尔会有帮她爷爷奶奶洗脸、端洗脚水等事情。记得她都问过我:"爷爷奶奶都是大人,你为什么帮他们啊?"我当时回答她:"我们小的时候,他们也是这样照顾我们的啊,爷爷奶奶劳累一天了,我帮他们洗脸、端洗脚水,他们会很高兴,这样就不会疲劳了"。现在我和她妈妈回到家,只要坐在那里说今天特别累等类似的话,她就贴心地为我们端一盆洗脚水。

记得,一次我陪女儿去逛超市。她买了很多她自己爱吃的零食,整个过程我们都很开心。结账的时候人很多,都在排队,我排在最后面,我女儿在一旁等我。这个时候,一个身材比较结实的人插到我的前面,还语气很差地咕叨了一句:"排队都排不好,不会向前挤一挤"。当时,我没讲话,我女儿看到说了:"爸爸,他插队!"那人回过头看了我女儿一眼,然后又看着我。我顿了一会儿,笑着回了他一句:"没事!"超市出来后,女儿嘟着嘴说:"爸爸,那个人插队,你怎么不说他,你害怕他吗?"我想了想,蹲下来帮她理了下头发,然后说:"欣儿,今天跟爸爸逛超市开心吗?"她嘟了一个字:"嗯"。我接着又说:"如果刚才爸爸真的和那个人争吵起来,你会开心吗?"她摇了摇头!我又摸了摸她头说"对呀,我们两个开开心心出来,干嘛要被这种事情影响到心情了!人要心胸宽阔,跟别人计较的时候,我们自己也会不愉快的"她似乎像是明白了什么,连忙点头说:"嗯!嗯!"。直到现在,我女儿在这种负能量方面,从来不会和别人争强好胜。

生活中太多太多的小事,我不能一一叮嘱她。我只能提升自己的素养,只有自己做好了,才能用行动去引领她。引导她要知道尊重长辈;引导她知道父母不容易,要懂得孝顺;引导她知道做人处事要大度、心胸要宽广。让我们的孩子从小都扎根于圣贤的智慧中。

二、躬身实践,正确引导

孩子成长不单单是在学校学文化知识,还应从艺术中体验到创意和想象力,从运动中学会包容、学会团结、学会责任、学会面对失败挫折。要培养她的学习观、事业理想观和价值观。现实社会中,我们经常会碰到这样的情况:有些孩子面对压力自闭、跳楼轻生;有些孩子辍学离家出走;还有就是好不容易到了知名大学,毕业后却很茫然,没有了方向,变成了"家里蹲"。前两者属于无法面对学习压力,后者是因为除了学习,他们从来没做过任何生活上的决定,离开家和学校后根本没办法面对社会。这不禁让我们产生了疑惑:到底什么样的孩子,长大后更容易融入社会;怎么样引导她,长大后才能自立?这里关于孩子的思想教育就显得尤为重要了。那么我们又该如何给予正确的引导呢?

"爸爸,好好学习,将来是不是会挣好多好多的钱,还可以买好多好多的东西?"关于这类理念的问题,我想大多数家长都遇到过,我也不例外,而我没有选择与她直接讨论,我觉得我更应该做的是通过学习来提升自己,然后去寻找更适合方法的机会,最后再去引导她，让她真正去明白“钱”的意义。从而让她树立正确的学习观念和价值观念，并非去让她清晰地界定对与错。

03年中专毕业的我开始背井离乡的打工生涯，05年底到上海后，开始有了家庭，通过努力事业也开始蒸蒸日上。2017年我拿了成人大专学历，2018年我又报读成人本科。我在学习的路上除了自我提升外，更想让我自己的孩子看到她的父亲也在不断学习。果然，在我报读本科后，女儿问我了：“爸爸，你已经挣到钱了，还上学干什么？”我记得那天晚上，我带女儿去吃肯德基。我开始和她讲我离开学校后的故事，我说道，如果当时我继续学习，我进入社会后会少走很多弯路并且我会有更多的选择机会；进入社会还不学习的话，可能会跟别人的差距越来越大，甚至说话交流都会出现差距；现在不继续学习的话，可能会被更优秀人的人取代，然后被淘汰。等我说完，她立马来了一句：“学习除了学知识、挣钱，还能让我们生存！”我笑着摸了摸她的头说：“上学读书，绝不仅仅是为了分数，更不仅仅是为了中考、高考，更重要的是学习生存之道，学会与人交流、与人相处，学会尊重人、宽容人、理解人。”学习很大程度上是解决生存能力问题，学习不一定能挣大钱、知识也会随时间遗忘，但是生存能力会一直在。

一个暑假的晚上，我有意安排一家人围在电视机旁边，看了场电影《唐山大地震》。观影的过程中，我有留意到女儿一直在掉眼泪。我还一边打趣：“是不是很难过？”，她擦擦眼泪伤心地说：“她们好可怜，为什么会有地震……”。看完电影，我又特意搜了一个抗震救灾晚会，电视里不停地再说谁谁谁捐了多少，女儿这时候激动了。她说：“爸爸，我也想捐钱，帮助那些孩子，可是我们没有这么多钱”。我笑着点点头说：“是呀，和你一样心底善良的人很多，可是没有能力的话，也帮不了别人”。她立马站起来说：“我要好好学习，将来挣好多好多的钱，想帮助谁就帮助谁”。虽说当今社会是一个充满着形形色色难以抗拒诱惑的金钱时代，我们父母给孩子灌输金钱至上的观点，显然是不正确的。如果孩子从小不识人间冷暖，没有无钱之忧的话，似乎也不妥。通过我的引导，我想她应该找到了答案。

生活的更多意义在于其质量与高度，而其质量与高度又往往取决于我们以什么样的态度和价值观念生活。价值观的问题是一个古老而常新的问题，在当下社会飞速发展的时代，如何引导孩子从多元的价值观中作出正确的选择，坚持正确的思想观念取向，就显得尤为重要了。孩子从义务教育（思想观念）到高中（人生观）阶段，除了学校教育外，父母家庭教育方面更要做好榜样，才能正确的引导自己的孩子。大学（价值观）到进入社会（世界观）阶段，是要靠孩子自己结合个人实际和社会现实去形成的。

三、不急不躁，适时指导

通过心灵的启迪和思想上面的引导，让孩子健康成长，最后形成良好的学习行为习惯。在家庭教育中，虽然我们这个年龄段的孩子还没有呈现及其严重的厌学、辍学等情况，但是已经逐渐出现隐患。比如：作业拖拉磨蹭、注意力不集中、沉迷手机，学习动力差、亲子及师生关系紧张等。长久下去，孩子终究有一天会爆发。怎么做到降低风险，防患于未然呢？我们家长要用智慧等来恰当的契机，然后用正确的方式引导帮助孩子，培养她的学习管理能力。

2020 年春节由于“新型冠状病毒”的来袭，注定它是一个不平凡的春节。正因为这场没有硝烟的战争，让孩子们的开学时间一再延迟。我女儿在学习方面自控能力很差，整个寒假期间，我很少看到她做作业，尤其这个突如其来的“最长寒假”，让她的这个寒假全面失控。在这个过程中，我也和家人商量过，大家都不要去提醒她或者催促她做作业。结果等到 2 月 13 号老师在群里通知要求 15 号要提交作业，她开始蒙圈了。她也和她妈妈说道：“妈妈，我以为这个假期会很长，我很多作业都没做，我只剩今明两天了”，面对这种情况，我们仍旧没有催促她。她选择了疯狂地补作业，晚上都要到凌晨一两点。2 月 15 号她按着要求提交了的“寒假作业”。第二天，我开始接到老师的反馈：漏作业、作业抄袭、不认真……

其实，我等的就是这一刻。接下来老师的电话来访、视频家访、视频会议等，这一系列着实让她有点恐慌了。在通过和老师的交流和沟通过以后，决定让孩子把作业存在问题的地方，重新再补做一遍。面对补做的部分加上寒假作业补充版，老师要求 2 月 28 日前提交。她又开始有点着急了，觉得这段时间要完成这么多作业，有点不可能了。她开始找我了：“爸爸，太多了！怎么补都来不及，万一再和上次一样……”她的眼泪在眼睛里打转转，我知道，她认识到自己的不对了。“不一定！要不我们一起来试一试?”我走到她旁边抚摸着她的头。那天下午我用了 2 个小时的时间，和她制定了一份作业计划表，并提交给了老师。计划表里把每天每个时间段做什么作业，每个作业必须在规定的时间完成等都详细的制定了出来。很多作业因为已经在练习上已经做过，这部分由我负责把题目摘抄在 A4 纸上，然后让她再完成。有了这个计划，她突然觉得要完成作业并不是不可能了。她也不再需要我们的催促。同时，也受到了老师们的肯定，她也是越来越有信心。事后我问她，这件事对你有什么启发？你从中学到了什么？她的回答是：“以后作业再也不拖拉了，我不仅要在学习上制定计划，以后生活中的每一件事亦是如此”。我并没有选择一开始去催促她或者要求她去做作业，我选择的是通过一个时机去引导她，让她自己慢慢去重视学习行为，并且要用行动去做到。

“教育兴则国家兴，教育强则国家强”习近平总书记在不同场合强调教育的重要意义。发展高质量教育，让每个孩子健康快乐成长成才，是提高国民素质、实现民族复兴中国梦的必然要求。孩子能否得到高质量的教育，需要家庭、学校的共同努力，其中在家庭教育的过程中，父母的言传身教对孩子的教育和成长就显得至关重要了。

“我无为而民自化”一个好的家长，应把家庭教育的重心由教育孩子放到自我提升上来。教育孩子只是个桥梁和纽带，自我提升才是重中之重。当我们把自己教育好了，孩子在我们的映射下自然会优秀。在教育孩子方面我没有太多的经验，作为一个父亲，我唯一能做的就在于：在有生之年，通过不断学习和自我提升，然后根据自己走过的路来启发和引导我的孩子。

（作者系上海市奉贤区青溪中学张欣怡学生家长）

教育，从提升家长能力开始

金 花

"至乐莫如读书，至要莫如教子"，父母是孩子的第一任老师，在孩子的成长过程中我扮演着重要的角色。每个孩子都是一个优秀的独立的个体，教育本来就是个难题，作为家长的我一直在不断学习、摸索和自我提升中。教是为了不教，管是为了不管，因人而异，因材施教，只要是适合自己孩子的教育方式就是有效的方式。教育孩子如育花，精心浇水、施肥、呵护、给予孩子阳光雨露的同时，也让我在教育孩子的道路上不断成长……教育，从提升家长能力开始。

一、言传不如身教，让自己成为孩子的榜样

教育，从我开始。我的一言一行，无不潜移默化地影响着孩子的成长。因此，作为家长的我日常生活中的言传身教，是家庭教育的重要教育方式。"以铜为镜，可以正衣冠；以史为镜，可以知兴替；以人为镜，可以明得失。"教育应该是父母通过孩子这把镜子，不断地改善自身的不足，做到以身作则，言行一致。作为父母，我只有严格要求自己才能真正成为孩子的表率，培养出孩子的良好品德。经常在电视里看到这样一则公益广告：一个小男孩透过门缝看到自己的母亲在给家里的长辈洗脚，于是孩子看到了也端来了一盆水给自己的妈妈洗脚。我想这则广告不仅是发扬尽孝道的中华传统美德，还是一个以身作则来影响孩子的例子。

教育孩子学会感恩，首先要教育孩子感恩父母。作为家长首先我要在孩子面前做出表率，在节假日周末时，我会经常带着孩子一起买上礼物或者好吃的点心回到父母家看望父母长辈，孝敬父母。所以平日里她也会记得一些特殊的日子给我们点小惊喜。通过我自己的言传身教让孩子学会感恩自己的家人。

其次，教育孩子学会感恩这个社会。我要让孩子知道，我们生活在这个社会里，每个人都应有自己的社会责任感。做点我们力所能及的事情积极参加一些公益活动，为社区驿站打扫卫生，体验劳动的快乐，看望社区的孤寡老人，体验为他人服务的快乐。如：今年春节前，我利用假期组织她和小伙伴们一起给社区生活驿站的爷爷奶奶们写福送上自己的祝福，和老人们一起度过了愉快的周末。我想这样也让她常怀感恩之心，培养她与人为善、与人为乐、乐于助人的品德。

二、一同学习，让孩子感受家长的努力

教育，从我开始。兴趣是最好的老师。比如：我会通过和孩子一起看电视人文频道，引导她知道些书本上没有的人文地理知识；通过和她一起玩各式各样棋类，自然就促进逻辑思维的开发；特别是语文、英语是一个从不同角度触类旁通去提升语言能力的学科，知识是互动

的互补的，是长期积累提高的过程。早上起床时我会放些英文歌代替闹钟，让她愉快地起床。周末完成作业我会让她看些英文原版电影，这样也能提升孩子对学习英语的兴趣。闲暇之余我也会和孩子一起追剧，一起搜索一下剧中历史人物和背景等，也是增长知识的一个方面吧。我不特意去灌输知识，而是通过生活点滴中，让她感受知识无处不在，妈妈也在学习中不断地提升自己，学无止境。这样她也很喜欢和我一起探讨共同的话题，也更容易接受新知。

提高作业效率是重要的过程。我会提醒她看清老师布置的作业要求，安排好作业时间截点，哪项作业先提交哪项可以暂缓。我也一样在一项工作任务中一件事情上想到了就及时去完成，也督促孩子及时完成自己的任务。时刻提醒作为班干部的她不仅要自己起带头作用，而且完成了作业还可以帮助其他同学一起养成“今日事今日毕”的好习惯，循序渐进，她在我的影响下从小也习惯了完成作业再休息娱乐。我也会及时给予她鼓励和肯定，这样她学也学得踏实，玩也玩得痛快！

三、和孩子成为朋友，也是家长需要掌握的能力

教育，从我开始。父母是孩子的良师亦是益友。当她遇到困难没办法独立完成时，她会寻求我们家长的帮助，我和她爸爸也会耐心的及时给予指导，一起去探讨怎样解决问题的办法。特别是现在开始步入青春期的少年，我会更加关注她的心理变化。平时作为家长的我，为了和她拉近彼此间“友情”，我居然和她的小伙伴们打成了一片，有时周末带上她们一起去图书馆看书，羽毛球场打球运动，听她们喜欢的音乐，陪她们看她们喜欢的电影等和她探索身边有趣的事情。久而久之，她也愿意和我分享一些她和小伙伴的事情，谈论学校里一天的学习情况和发生的事情。这样我们就像无话不谈的朋友。

四、全家一起努力，家庭和睦助力孩子成长

教育，从我开始。要教育好孩子，我想首先要家庭和睦，处理好夫妻关系。有时我经常会开玩笑地让孩子她爸夸我，孩子她爸总是很配合，她就在一边哈哈大笑。爸爸也是我们的开心果，总有些幽默的语句冒出来，引得全家人开怀大笑。我们也经常带着孩子散步，散步时喜欢讲些有趣的事情，她也会跟我们一起分享身边的故事。这样在良好的家庭氛围中，孩子能体会到父母之间互相关心、互相尊重、互相理解的情感。让孩子生活在温馨稳定的家庭环境中，从而心情舒畅，也有利于学习。我想这样也达成了父母教育理念的基本一致，双方共同承担起教育的职责。

总之，教育孩子是一项系统繁琐工程。教育从我开始，需要我从讲道理、教方法开始。作为家长的我自身从认知上不断提升自己，严格要求自己；作为家长的我在孩子学习上也给予更多的鼓励和肯定，发挥孩子自身学习的能动性；作为家长的我也全力以赴给孩子营造一个更好的学习氛围和生活环境。教育从我开始，和孩子共同成长，一起在交流、总结、探索中不断提升自我，也让孩子成为更好的自己！

（作者系上海市奉贤区青溪中学周金圆学生家长）

用心探索，智慧引导
——日常生活中的一些家庭教育小心得

吴清华

“一千个人眼中有一千个哈姆雷特”，对于孩子的教育也是需要因材施教、因人而异的。我们家应该算是一个温馨和睦的家庭，因此孩子从小就是一个自信乐观，积极豁达，懂感恩有爱心的孩子。但自从孩子进入了精彩而烦躁的青春期后，我发现他有时候特别勤奋懂事，有时候又故意处处找茬，时刻挑战着父母的权威。于是，在磕磕绊绊的日常生活中，我小心试探、察言观色，用更多的心思寻找更加智慧的教育方法去引导孩子，希望在潜移默化中帮助孩子顺利渡过青春期。

一、与其口苦婆心讲道理，不如激发孩子的同理心来理解父母

和大多数父母一样，苦口婆心的讲道理，是我以前经常用的教育方式，但后来发现，大道理讲了几箩筐，真正的效果却微乎其微。特别是对待青春期的孩子，不能和孩子恰如其分地沟通，那么一切努力都将白费，恐怕还要面对孩子的不理解。

孩子进入中学以后，我特别注重他的自理能力，我希望他能够在做完作业的时候把他那凌乱不堪的书桌整理干净，早上起床可以把横七竖八的床被铺好叠好。但是男孩子的自觉性真的是差很多，都要在我的反复提醒和要求中才会勉勉强强地去收拾一次，有时候我说多了，他就会脾气上来和我杠上……

有一次吃晚饭趁他心情不错的时候，我不经意说了声“今天心情好差，没什么胃口。”孩子立马关切地问我发生了什么事情。我皱着眉头回他：“早上发现你的房间还没收拾，本来想进去帮你整理好的，后来上班时间来不及了，就没顾上。然后上班的时候心里面一直想着这个事情还没做，工作时就有点恍惚了，一个文件上连着错了好几个参数，被领导抓出来说了几句。”他听了以后就“哦”一声，埋头吃饭不说话了，这让我的心情无比忐忑。第二天早上孩子起床去洗漱的间隙，我照例去他房间看一下，发现他书桌上的东西都摆放整齐了，书包也已经整理好放在椅子上了，就连红领巾都准备好放在了书包上面。床上的被子已经叠了起来，虽然叠得不是那么整齐，但这是他第一次自觉做到的。此后的一段日子里，孩子基本都能做到早起先把房间收拾好，有时候他起晚了，匆忙间来不及收拾房间，他会在出门前叮嘱我“妈妈，房间等我放学回来再收拾，你不用管的”。接收到孩子正在努力的信号，我就再也没有唠叨过他。慢慢的，孩子就养成了自觉收拾自己房间的习惯。

后来在闲聊的时候我问过孩子，你怎么会突然开窍了？他说：“我希望妈妈每天都有好心情。”这就是孩子的同理心，他感受到了我的情绪，所以能够做到真正接纳。大道理对他来说枯燥乏味，有时候更会适得其反，但孩子都有天生的柔软心，在日常交流中多激发孩子的同理心，让他像感受自己一样感受父母的内心世界，能够从父母的处境来体察父

母，做到真正接纳并理解父母的良苦用心。

二、打破网络游戏神秘感，转移兴趣，引导孩子合理使用电子产品

现在的孩子和我们不同，身为信息时代的中学生，早已不是“两耳不闻窗外事，一心只读圣贤书”的书呆子。手机、平板电脑是他们生活的一部分，而网络上丰富多彩的虚拟世界，却极易让他们上瘾。如果完全让孩子不用、不接触电子设备，这些抵触态度也是不适宜的。

起初我的孩子拥有自己的手机时，我也担心他沉迷网络而不自知，为此采取了各种手段，例如规定玩手机时间、手机设置密码、设置少儿模式等等，防贼似的整天防着孩子偷玩手机。但孩子每天跟我斗智斗勇着，只为了能够利用一切可利用的时间玩手机。我深知青春期孩子“越禁越凶”的逆反心理，所以我就从手机游戏入手，让孩子试听了一节编程课程，从而让他认识到一切的网络游戏都是由一串串代码组成的，如果他学会了编程，就可以改变游戏程序，让自己轻松过关，更甚还能设计自己的游戏。孩子试听后立刻对编程课程产生了兴趣，决定利用课余时间正式学习编程。在后来的课程学习中，孩子也感觉到了比起单纯的玩手机游戏，自己用编程去开发设计一些小游戏，小机器人更能让自己获得成就感。

打破网络游戏的神秘感，对网络游戏有了更高层次的认识后，孩子明显对手机不再那么执着。我就慢慢引导他可以利用手机来提升自己的知识面，例如早上可以边吃早饭边用手机收听每日一句古诗文，新闻早班车；晚上睡觉之前，可以用手机播放新概念英语，美文阅读等等。我又引导他如何让手机成为自己学习的好帮手，例如有默写作业时，可以用手机录下默写的词语音频；背诵的时候可以用手机录下自己的背诵视频；上网课的时候，拍下来不及记录的课堂笔记等等。至今，这些日常使用手机的习惯已经持续了 2 年多。我还会和孩子一起分析哪些网站不利于身心健康，应该直接屏蔽，哪些平台信息资源与时俱进，可以拓宽视野，帮助他将来能够更好的融入这个社会中。

现在我的孩子和大多数的孩子一样，也喜欢玩手机，偶尔也会在假期里和同学们约着打一会网络游戏，但他从来不会因为游戏而耽误学习，他说和同学一起玩可以帮助自己更好的融入圈子，毕竟游戏还是他们的热门交流话题。而手机对他来说，更多的是能帮他获取丰富的信息和各方面的知识，是提高他学习生活质量的一个有利工具。

三、满足孩子合理要求，引导孩子通过努力收获喜悦

虽然我们初中孩子的身高大多已经超过父母，但他们的心智还是不健全的，和同学们待在一起还是会有攀比心，比如这个同学周末去看了新上映的电影，那个同学又买了新鞋等等。我家的孩子比较关注名牌运动鞋。以前每次当他提出买新鞋的时候，我就会给他提出一些期望值，比如月考进步多少名，比如书画作品拿个奖，比如连续 15 天每晚跑步锻炼等等。当然这些期望值是基于了解自己孩子水平能力上提出的，只要他经过努力短时间内就能达到的。孩子经过努力，达到或接近期望值，我们一般都会满足他的愿望。

慢慢的，孩子每次跟我们提出想要什么的时候，不再需要我们给他提什么期望值了，他都会自己先在前面加上对自己的预期要求。“妈妈，这个周末我作业做完了以后想去看电影，漫威新的电影上映了”，“妈妈，这次期末考如果我进了班级前三的话，你带我去迪士尼玩一天”……孩子通过一次又一次的努力后有了喜悦的收获，而他对自己的预期要求也越来越高，相信他在今后学习和生活的道路上也会越来越努力。

在世界上，成功的家庭教育很多很多，各有各的奥妙和方法，但每个孩子的性格不一样，方法也不一样，即使把世界上最成功的家庭教育方法用在我的孩子身上，也并不一定是合适的。所以教育从来都是因人而异，没有定式。但愿每一对父母，在教育孩子过程中，都能够做个有心人，根据自己家庭实际情况和孩子的性格特点出发，用心探索，智慧引导，用最适合自己孩子，最行之有效的教育方法，陪伴孩子健康成长。

（作者系上海市奉贤区青溪中学秦昊学生家长）

后　记

青溪中学作为上海市郊的一所公办初中，上海市新优质项目学校，创校七年来在文化与管理、课程建设、教师队伍建设、育人创新等方面均开展了一系列扎实有效的探索与实践，赢得了社会各界广泛的认可。在 2015 年和 2018 年两次市级绿色指标测试中各项指标达成度高，在全市七百多所初中脱颖而出，充分证明了学校在教育教学各项管理中精细有序、科学高效。学校持续对办学提出新要求、高目标，深入研究两次学业绿色指标测试结果，挖掘了新的生长点：学习领导力提升。与此同时，学校也在规划新一轮的发展目标，迫切需要寻找突破口，求得更为广阔深远的发展空间。

在推进学习领导力提升工作过程中学校充分认识到以下三个方面：

一、加强公办初中学校建设尤为必要，但需要具有转型思维

作为政府投资举办的，不挑选生源，完成义务教育责任的公办初中，正在面临新的挑战和需求。1. 新中考改革和高中招生制度改革，日益关注学生综合素质评价，日益关注学生学习品质和学习方式；2. 义务教育优质均衡发展的深入推进，迫切需要初中学校提升适应学生差异，促进不同基础学生适应性发展的能力；3. 社会和家长的过度焦虑，对民办初中的追崇，都迫切需要公办初中对自身办学使命和行动，有新的理解和思考。2018 年上海市启动了初中强校工程，推动相对薄弱的公办初中发展。与此同时，我们发现，对于区域内相对基础比较好的公办初中，也需要有危机感，有预见性，要主动推动学校变革。2011 年上海市教委就提出进入优质均衡发展新阶段，要积极推动基础教育转型发展，回归教育本原，从“育分”走向“育人”，推动学校整体变革，办“家门口的好学校”。当前，公办初中的发展不仅仅是追求更高的分数，而是要提升“育人的品质”，不仅仅关注区域的排名，更要回应家长的新需求等。公办初中的发展，不是做简单的加减法，而需要树立新的办学文化以及实践系统，需要推动学校的转型。

二、公办初中的学校转型，关键在于聚焦学习，促进学习，提升学习领导力

世界正处于一个不断变革的时代。特里林与菲德尔认为，21 世纪最亟需的三套技能是：“学习与创新技能”、“信息、媒介和技术技能”、“生活与职业技能”。社会对学校的期望

越来越高，希望学校能培养出适应社会发展需要的新型人才。因此，学校面临着巨大的生存与发展压力，迫使学校进行变革，成功实现学校改进与转型。

在“学习与创新技能”的培养中，“教育领导”起着举足轻重的作用。Leithwood 等人曾对有关成功学校领导的文献进行回顾，得出这样的结论：学校领导是影响学生学习的第二因素，仅次于课堂教学。于是，在继“道德领导”、“变革领导”、“教学领导”等教育领导理论之后，美国学者又提出了“学习领导”理论，作为一种新的教育领导方式，它也引起了英美等发达国家研究者的广泛关注。学习领导力将改善学生学习、促进学校转型，培养适合时代发展的新型人才作为重要目标。

2008 年，经济合作与发展组织教育研究与创新中心开启了一项新的学习科学研究——“创新型学习环境”项目(Lnnovative Learning Environments，ILE)。研究成果显示，通过学习领导力的提升，可以提高学生的学习能力，提升教师的专业能力，促进学校发展。

三、探索公办初中学校发展的新样式和新路径

纵观已有研究，关注学校整体发展，多是从管理者视角出发，从提高效能着眼。很少有从学生学习视角出发来考虑学校组织变革问题的，事实上，学校一切工作的最终目的都是促进学生发展，由此，聚焦学习，构建以学习为中心的学校组织体系至关重要。学校将通过探索提升学习领导力，以学生更加主动的、创新性与个性化学习为目标，推动创新型的、强有力的、整体性的学习环境设计、实施与维系，重塑教师发展和领导管理，将学校办成一所以学生学习为中心的现代公办初中。这将为上海公办初中建设提供新的学校样态。

本书从学校校长、中层、教师、学生及家长等多个层面以学校文化重塑为中心、以系统思维为重点、以循证改进为依托、以合作参与为路径、以情意协调为侧重等几个维度进行策略研究。重点探索多个层面在重塑以学习为中心的学校文化中的角色担当、关键知识和行动要点。同时本书中反复强调的促进多个层面的学习，这里的学习也包含了四个维度：主动性学习，能够有较强的学习动机，元认知水平和自我管理水平；创新性学习，使批判性、发散性和创造性思维得到促进；个性化学习，让不同的孩子拥有属于自己的学习风格；社会性学习，使孩子善于合作学习，善于在社会真实情境中学习。

当然，各层面学习领导力的提升实践始终以学生发展为基点展开研究，探讨基于学生立场的、以学习为中心的学校转型策略。

薛晨红

（作者系上海市奉贤区青溪中学党支部书记兼校长）